入会訴訟『日誌』とその研究

―山梨県山中湖村・髙村不二義の日誌―

北條浩・上村正名・村田彰〔編著〕

御茶の水書房

山梨県山中湖村山中浅間神社
入会訴訟『日誌』とその研究

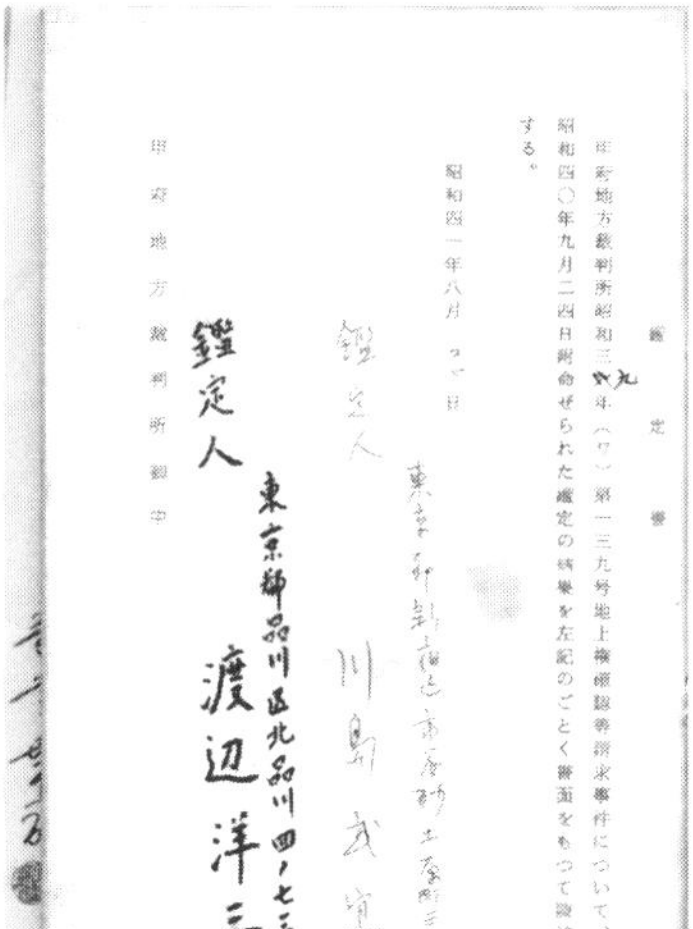

鑑定書

甲府地方裁判所昭和三九年（ワ）第一三九号地上権確認等請求事件について、昭和四〇年九月二四日附命ぜられた鑑定の結果を左記のごとく書面をもつて陳述する。

昭和四一年八月　[illegible]日

鑑定人　[illegible]　川島武宜

鑑定人　東京都品川区北品川四ノ七三三　渡辺洋三

甲府地方裁判所御中

鑑定書

川島武宜教授

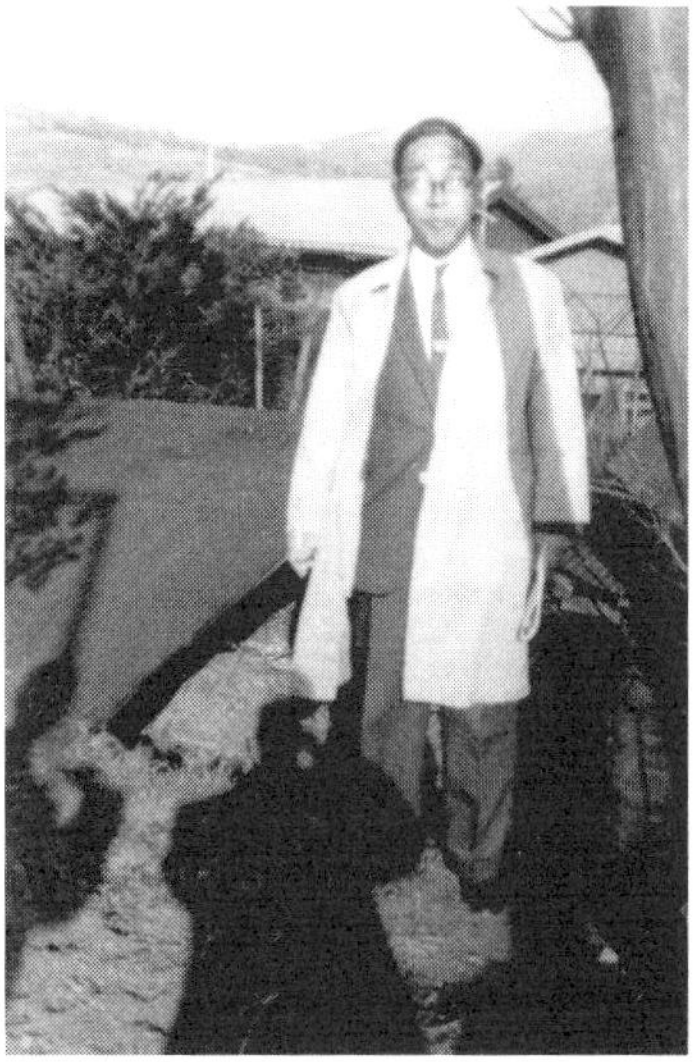

渡辺洋三教授

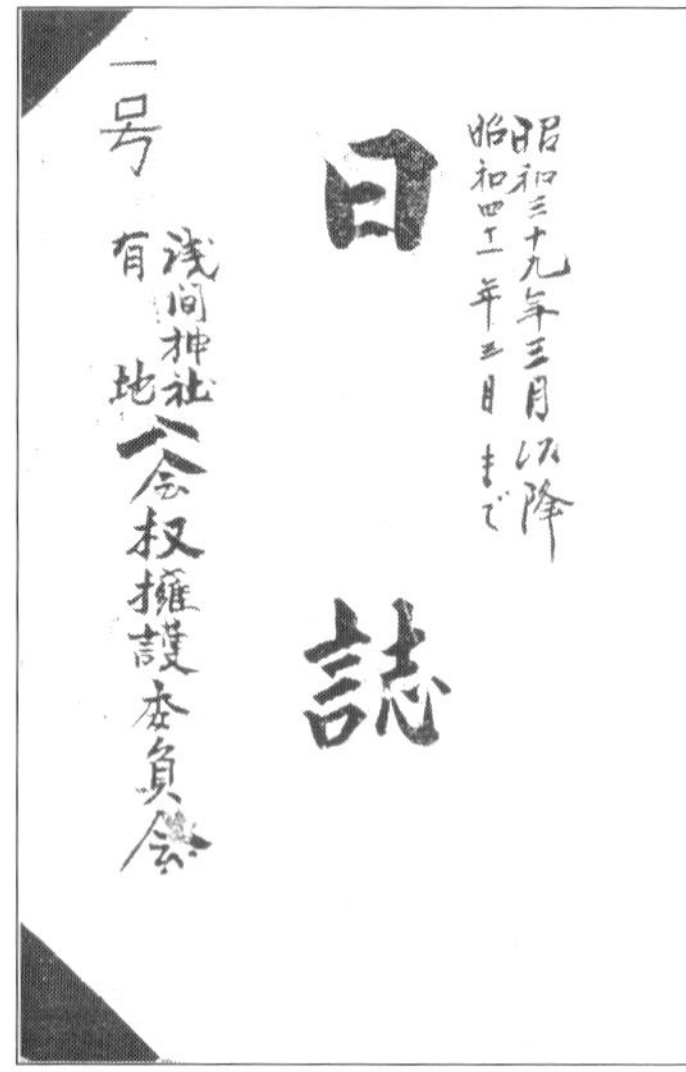
昭和三十九年三月以降
昭和四二年二月まで
日誌
浅間神社有地入会権擁護委員会
一号

日誌表紙

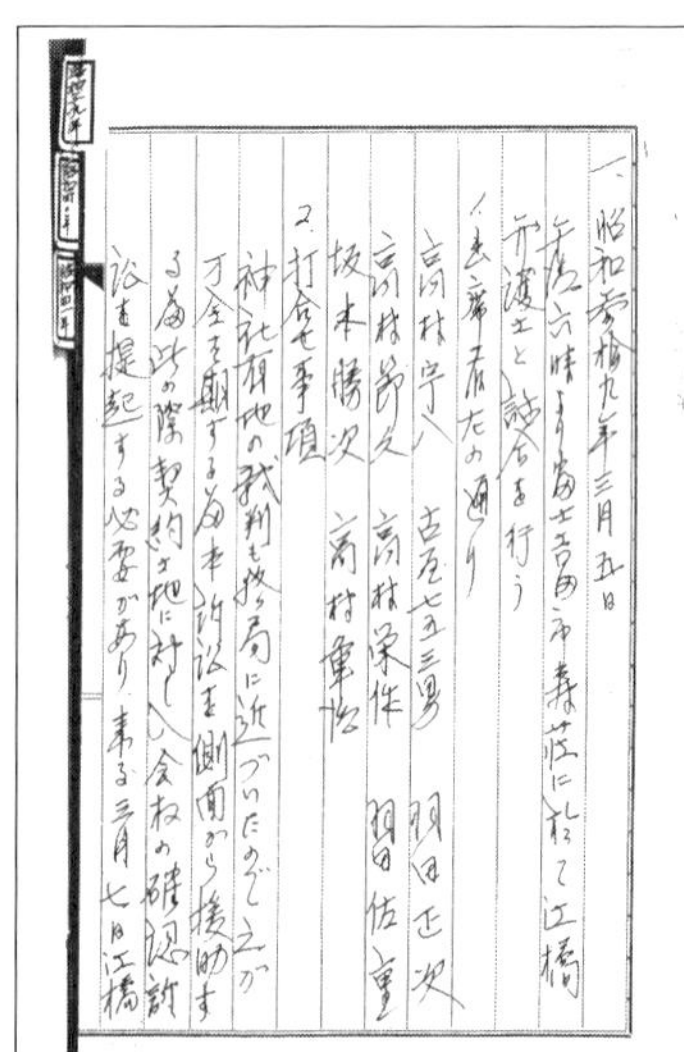
一、昭和参拾九年三月五日
午後六時より富士吉田市寿荘に於て江橋弁護士と話合を行う
1.出席者左の通り
高村守八　古屋七五三男　羽田正次
高村新久　高村栄作　羽田佐重
坂本勝次　高村重治
2.打合せ事項
神社有地の裁判も終局に近づいたので之が万全を期する為本訴訟を側面から援助する為此の際契約地に対し入会の確認訴訟を提起する必要があり来る三月七日江橋

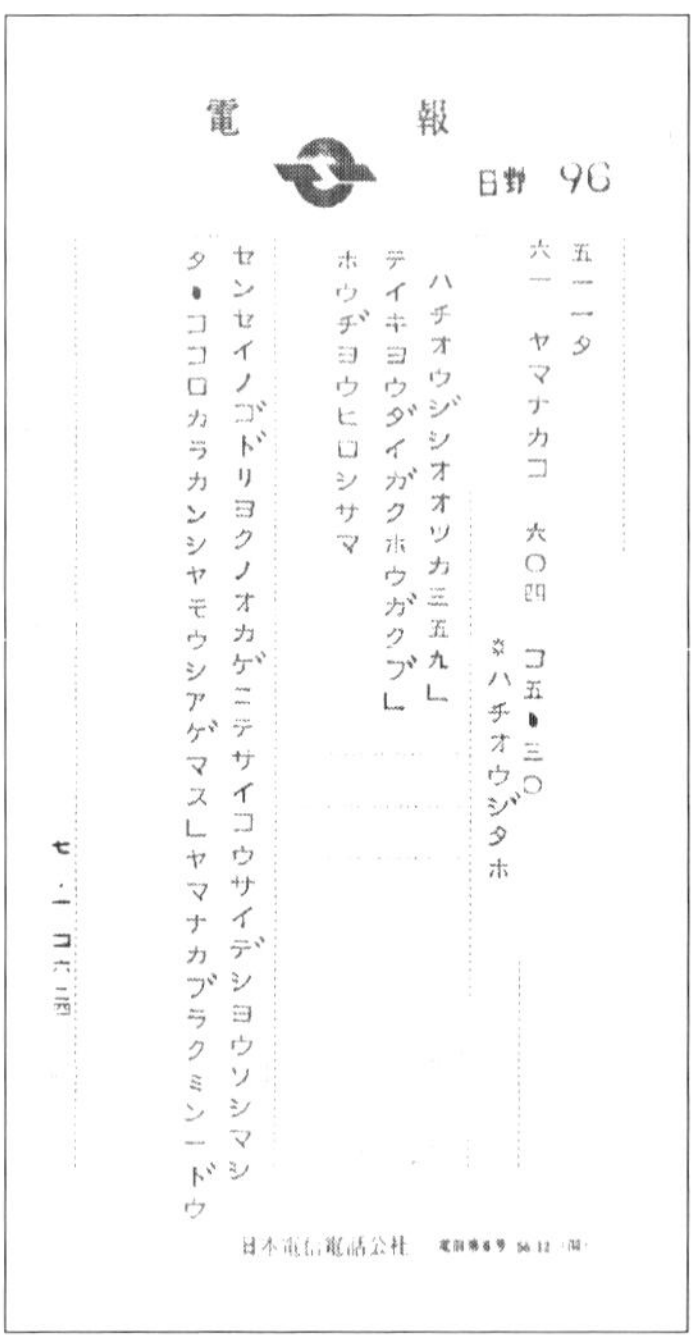
電報
日野 96
五一一タ
六一 ヤマナカコ 六〇四 コ五・三〇
ハチオウジタホ
ハチオウジシオオツカ三五九
テイキヨウダイガクホウガクブ
ホウヂヨウヒロシサマ
センセイノゴドリヨクノオカゲニテサイコウサイデシヨウソシマシタ・ココロカラカンシヤモウシアゲマス ヤマナカブラクミン一ドウ
日本電信電話公社

電報

井戸を調査中の川島武宜教授

井戸の調査

川島武宜教授と渡辺洋三教授

まえがき

本書の『日誌』は、山梨県山中湖村の山中浅間神社有地入会権確認訴訟を主導し、その後においても理論と実践によって富士北麓の入会集団を指導するとともに、いくつかの紛争と訴訟に主導的な役割をはたし、山中入会部落に確固とした入会権を確立し、さらには多大の利益を入会集団にもたらした髙村不二義氏（山梨県山中湖村山中）の手になる入会裁判を中心にした記録である。

髙村不二義氏の『日誌』は、もともと公刊や他見を意識して書いたものではなく、裁判ないしは紛争について記録したものであるだけに、裁判や紛争の経緯については客観的であり貴重なものである。しかし、『日誌』は備志録的なものであるから、本人は熟知していても、他人がみた場合には呑み込めないところもあろう。これを補足することによって、裁判や紛争の記録的全ぼうが立体的に明らかにされる。『日誌』は、その一部を髙村不二義氏が関連する刊行書に引用されただけで、長い間にわたって陽の目を見ないままにきたのであるが、われわれは、この『日誌』を「発見」し、その内容をみて、これを公刊することの意義が、地元にとっても重要な資料があるばかりでなく、学問的な価値の多大なることを知ったのである。とくに、編著者の一人である北條は、山中神社有地入会裁判に先行した山中浅間神社の裁判に危惧を抱き、新たに入会裁判を提起することを主張して、そのはじめから関与し協力とアドバイスをしていたので、とりわけ、『日誌』の記述によって山中入会組合の幹部や、一般の入会権利者の動向などを具体的に知ることができた。それは、与味などというものではなく、学術的に有意義なものである。

かつて川島武宜先生（故人、東京大学法学部教授）は、常日頃から北條にたいして、判決評釈や研究にあたり訴訟の記録を検討することを常に教示された。私はそれを、いくつかの判決について実践したのであるが、もっとも重要な訴訟記録の一つである『日誌』を、年余を経て見ることができたばかりでなく、これを、公刊することができたのである。

かつて、静岡県伊豆・弓ヶ浜の入会裁判に際し、川島武宜先生の『鑑定書』の作成のために実地調査を行ない、乏しい資料のなかから「日記」を発見してこれを分析して、川島武宜先生に提示したことがある。川島武宜先生はこれを全面的に採用されて『鑑定書』のキイ・ポイントとされた。こうした経験から、髙村不二義氏の『日誌』を「発見」して、紛争ならびに裁判の隠れた事実を見出すことと、その有用性から、これを学問として共有するために公刊をしたのである。

しかし、『日誌』をそのままで公刊しても、『日誌』が書かれた状況を知らなければ真実に接することはできない。『日誌』そのままでは、紛争や裁判を実際に経験し、主導した者たちにしかわからないことである。まして、訴訟の経験者がほとんど故人となった今では、さらに『日誌』の価値がわからなくなる。こうしたことから、『日誌』中の重要な事項については註記するとともに、研究を行なったのである。

このようなことは、これまでの法律解釈学や判決評訳ではほとんど行なわれなかったが、すでに戦前に、末弘厳太郎氏の論考では、法律解釈学をこえて、さらに法社会学的研究の視点からみても、他の追随を許さない判決の分析を行なっているのをみる。科学的法律学の前例はあったのである。

本書の中心となった紛争ならびに訴訟は、山梨県山中湖村山中の山中浅間神社の名義となっている神社有地における入会権の有無である。そのはじめの訴訟は二つあって、一つは山中浅間神社が被告となって、原告・渡辺正保から土地の借地契約の履行を求められた、「地上権確認並びに地上権設定登記手続及び土地並に地上物権引渡請求事件」（甲府地方裁判所都留支部）である。二つは、この裁判に入会権利者が当事者参加して、甲府地方裁判所に両者にたいして入会権の確認の請求をした、甲府地方裁判所での入会権確認の訴訟である。この訴訟は勝訴のあと、裁判は東京高等裁判所でも勝訴し、さらに、最高裁判所で勝訴した。

『日誌』は、昭和三九（一九六四）年三月の当事者参加に始まり、昭和五七（一九八二）年七月の最高裁判所の全面勝訴判決を得たところまでを一つの区切りとした。『日誌』は後続の入会訴訟も含めた六分冊までとした。

しかし、訴訟はそれにとどまらず、その後においていくつかの裁判が行なわれる。この点についても、最高裁判所での勝訴にかかわらず、関連する訴訟が起こり、これが『日誌』に記録されていて、これを精読することによって、その原因も明らかとなる。

いずれにしても、これだけの訴訟『日誌』を見たことはない。貴重な記録である。

『日誌』は半ば高村不二義氏の私的な文書であるにもかかわらず、これの公判を快諾されたことに感謝する次第である。

なお、本書は、本来ならば山中浅間神社有地入会管理組合が出版しなければならないのであるが、それができないためにわれわれが編集費を拠出して刊行した。このことについては、いずれ明らかにする。

入会訴訟『日誌』とその研究　目次

目　次

序・入会紛争

山中浅間神社有地の入会裁判の提起について

『日誌』は、昭和三九（一九六四）年の三月五日に始まる。

このときには、第一次訴訟の甲府地方裁判所都留支部での裁判が結審近くになっていて、関係者からは敗訴の可能性が高いことがうわさされていた。そのために、山中部落（入会集団）の幹部は苦慮した。打解策を見つけることができなかったからである。それがのちに或るきっかけによって入会集団が当事者参加して入会訴訟を提起することを決定して勝訴の結果につながるのである。

そのいきさつは、つぎのごとくである。

昭和三九（一九六四）年初め、大森新一氏（当時、恩賜林組合議員）が、恩賜林組合役場で入会調査に来ていた北條浩と会う。そこで大森新一氏は、北條に甲府地方裁判所都留支部での裁判の状況と、裁判の結果にたいして危惧を抱いていることを述べ、相談をする。裁判は、富士吉田市の出身で東京在住の渡辺正保が、山中浅間神社にたいして借地契約の履行を求めて甲府地方裁判所都留支部に訴訟をおこしたものである。渡辺正保は、山中浅間神社の土地を借地するにあたり、地上権の設定をした。神社側は、氏子総代・宮司・山中区長が契約書に連印した。しかし、この契約書について、宮司と氏子総代のうちの二名はその内容については知らないと言い、印を押したのは、渡辺正保が上京したことを示すためだという説明によるものだと反論した。しかし、問題は、それにとどまるものではなかった。山中浅間神社の土地を貸すことについてたびたび区の名称による入会権利者──当時、入会権利者を氏子、もしくは区民とよんでいたことがある──の総会や会合が開かれ、渡辺正保に土地を貸すことについての結論は、まだでていなかったのである。つまり、土地を貸すことについて、この土地に入会権を有する者の同意をえていなかったのである。とにかく、多くの人が先方の経営を見にいくことになった。その矢先に地上権をともなう借地契約が区長によって行なわれたのである。

このことを知った山中部落（入会集団）は騒然となり、入会権利者の大会を開いて契約の首謀者である区長と氏子総代二名を糾弾した。入会権利者の同意がなくて、なぜ契約したのか、ということである。どんな契約をしたのか、契約書を見せろと言っても見せないで、「皆さんにお礼を言われるべく契約をして来た」と言うのであった。大会では、権利者の同意を得ないでした契約は無効であると決議した。（この間のいきさつについては、『山中湖村山中部落入会慣行座談会』一九七二年、林野制度研究会。『山中村の歴史・下巻』平成二年、山中浅間神社有地入会権擁護委員会。『入会・入会権とローカル・コモンズ』二〇一四年、御茶の水書房、を参照されたい）

これにたいして渡辺正保は、昭和三六（一九六一）年九月に、契約地にたいして仮処分を申請し、裁判所の決定によって、一〇月に「地上権確認並に登記手続及び土地並に地上物件引渡請求」の訴えを甲府地方裁判所都留支部に起したのである。

裁判の進行に疑問をもったのは大森新一氏だけではなかったが、大森新一氏は、形式上は『地方自治法』の一部事務組合である（実質は、旧一一か村の入会団体）議員をしていただけに、入会についての知識があったので、その観点から訴訟の方法そのものにたいして違和感と不信感をもち、批判した。当時、北條は、東京大学法学部の川島武宜教授のもとへ内地留学し、研究室で温泉権・入会権・所有権の研究に従事していたので、裁判の内容を聞いて、訴訟資料に目を通してから、このような裁判の方法では負けることは明らかであるので、入会訴訟に切り換えるべきであると判断して大森新一氏に伝えた。そうして、東京へ帰り次第、川島武宜教授に報告して、判断をしていただくことにした。

一方、大森新一氏は、ただちに、高村不二義氏にこの事を伝え、有識者を集めて相談した。有識者たちは、いずれも裁判にたいして危機感を持っていたので、入会訴訟を起すことに反対する者はいなかった。むしろ、そのような訴訟が可能であるならばということで、積極的に入会裁判を起す方向で検討することにした。具体的にはどうしたらよいか、ということである。有識者達は、北條と会合して北條の入会判断について確認したあとで、最終的に川島武宜教授の判断を聞くことにして意見の一致をみた。

有識者達の代表として、大森新一・高村利雄・高村栄作・古屋七五三男・高村不二義氏が、北條の案内で東京大学に川島武宜教授を訪れて入会裁判の判断を仰いだ。川島武宜教授は、すでに、北條から裁判についての報告があり、その内容は知っていたために、代表等の説明を聞いて、この訴訟に勝訴する可能性はほとんどないことを伝え、これを打解するためには入会裁判しかないことを伝えられた。一同が、「救われた」と思ったのはこのときである。

他方、裁判に関与していた海野普吉弁護士は、北條と会って、入会裁判の可能性について意見を聞き、「自分も、あのような裁判の進行では敗けると思う。それには、言われるように入会裁判を起すしかないと思われる。良い弁護士がいるので、それに担当させたい」と述べる。

川島武宜教授・北條浩が、山中浅間神社有地を山中部落（基本権利者一三〇名に若干の新規加入を加えた入会集団）の入会権を地役の性質を有する入会権（『民法』二九四条）ではなく、共有の性質を有する入会権（『民法』第二六三条）と判断したことによって、浅間神社裁判に敗訴という暗い思いを抱いていた有識者たちは、愁眉を開き、安堵するとともに、会合を開いて入会裁判を提起することを決定し、その準備にあたった。

大森新一氏の入会についての知識と裁判にたいする認識と、そうして北條との出合いがなければ裁判は敗訴で終了したと思われる。

大森新一氏と北條との出合いは、裁判にたいしてその帰趨となる方向転換をもたらし、勝訴につながる決定的な契機となった。そうして、大森新一氏が北條の判断を高村不二義氏以下の有識者に伝え、有識者がこれにたいしてただちに反応し、高村不二義氏を中心とした指導体制でのぞんだことが、裁判を勝利にみちびいたのである。

山中浅間神社有地の入会裁判が勝訴し、今日、山中浅間神社有地入会管理組合にばく大な収益をもたらすもとになったことは、これらのいきさつと『日誌』にもみられるように、高村不二義氏の多方面にわたる活躍と指導がなければ実現しなかったことは明らかである。この原点を入会権利者は永久に忘れてはならない。

高村不二義氏については、裁判のはじまりから今日まで、長い間わたり接触してきた北條が一番よく知るところであるが、上村正名・村田彰氏は「誠実で私利私欲はなく、責任感が強く入会権について相当の知識がある」と印象を述べている。その通りである。プロフィルの一端については、『富士に立つ人――入会闘士・高村不二義の半世紀――』（二〇〇〇年、長江舎出版）が明らかにしている。

高村不二義の入会訴訟『日　誌』

はじめに

本書は、髙村不二義氏（山梨県山中湖村・山中浅間神社有地入会権擁護委員会委員長、のち浅間神社有地入会管理組合長）が、昭和三九（一九六一）年に甲府地方裁判所へ、いわゆる山中浅間神社有地入会裁判を起したとき（昭和三九年（ワ）第一三九号、地上権確認並びに地上権設定登記手続及び土地並びに同地上物件引渡請求事件」）の三月五日から、昭和五九（一九八四）年二月二二日までの裁判関係記録を主として記し、その後、平成三年一月一〇日までのごく簡単な記述までを五分冊としている。また、別のノートに新しく平成三年八月より平成二一年六月までを『日誌』としている。

『日誌』五分冊は、原本の表紙に「浅間神社有地入会権擁護委員会」と記されているが、この『日誌』は、公的なものとして公開を原則に作成されたものではない。この『日誌』が存在することを本人以外には知っている者はいない。それは、髙村不二義氏が裁判の経過ならびに関連事項を記すことは必要であるという認識から記されたもので、髙村不二義氏の几帳面な性格と裁判の経過を記録して置くという、裁判にたいする姿勢や使命感を物語っている。『日誌』は、裁判にたいする髙村不二義氏の私的な備志録という記録と、髙村不二義氏が浅間神社有地入会権擁護委員会の委員長の公的立場の記録との両様を持ったものであろう。したがって、この『日誌』は、業務日誌という側面を持っているために、一般的に言う私的な思いや考えというものはわずかしかみられない。ただ、事実を正確に記しているのである。

平成三年からの『日誌』は、「管理組合」ないし、「神社有地入会管理組合」と表紙に記されてある。『日誌』は、高村不二義氏宅の地下である書庫のようななかから偶然に「見つけた」ものである。その内容をみて、裁判を判決という面でしかみていないわれわれにとって、裁判の経過を詳細に知ることができるということは、研究上において訴訟の具体的な状況を把握することができる上で、重要な手がかりを与えるものである。

川島武宜先生は、裁判についての本格的な研究は準備書面や資料（書証）を検討することを教示されたし、鑑定書の作成や、重要な裁判については、準備書面・資料を見ることはしばしばであった。しかし、このような『日誌』をそれらに重ねてみることについては思ってもみなかったのである。

すでに述べたように、かって、川島武宜先生が伊豆・弓ヶ浜の裁判の鑑定を東京高等裁判所に依頼され、これを引き受けられたときに、私は同行して乏しい資料のなかから『日記』を見つけ出し、これを先生と検討して証拠にするとともに、先生はこの『日記』にもとづいて『鑑定書』を作成して裁判を決定づけた記憶がある。その実践的経験が『日誌』の価値を判断し、これを公刊するもとになったのである。

この『日誌』は、裁判の過程を或側面から客観的に明らかにしているということと、裁判にかかわりをもった人々の動向をも示すものである。その意味においても、高村不二義氏の『日誌』は、第一級の裁判資料と言ってよい。

今回、この『日誌』を出版するにあたっては、甲府地方裁判所・東京高等裁判所・最高裁判所での裁判の傍聴に参加した者の氏名を記したほか、若干の解説を行なったり裁判の記録を記載したほか、証人調書、鑑定書、判決も主要点を掲載した。

この裁判『日誌』を、なによりも川島武宜先生にお見せすることはできなかったことを残念に思うとともに、渡辺洋三先生・石井良助先生にも、お見せすることができなかったことをも残念に思う次第である。

一　『日誌』第一分冊

一九六四年

昭和三九年

一、昭和参拾九年三月五日
午後六時より富士吉田市寿荘に於て江橋弁護士と話合を行う
1．出席者左の通り
高村宇八、古屋七五三男、羽田正次、高村節久、高村栄作、羽田佐重、坂本勝次、高村軍治（註、高村不二義が記載もれ）
2．打合事項
神社有地の裁判も終局に近づいたので之が万全を期する為本訴訟を側面から援助する為此の際契約土地に対し入会権の確認訴訟を提起する必要があり、来る三月七日江橋弁護士と入会権訴訟担当の大野弁護士の来村をお願いし、それ迄に入会権に関する証拠書類を集めて内容を調べて頂く事に打合せをなす

一、昭和参拾九年三月七日
午後五時三十分より共和タクシーで大月駅迄、江橋・大野両弁護士を高村宇八、高村軍治の二人で出迎える。マウント富士に宿泊、古文書を手交し、研究を依頼す

一、昭和参拾九年参月八日午前拾一時より富士吉田市寿荘に於て江橋・大野両弁護士と共に四月一日に開廷される裁判に備えて打合せ会を開き入会権訴訟について両弁護士より説明があり、入会権確認訴訟を提起することを依頼す

1. この日の出席者左の通り
高村宇八、坂本勝次、高村栄作、高村軍治、羽田正次、高村利雄、高村節久、高村徳治
高村　嘉、河内　昿、天野音光（註、高村不二義が記載もれ）

一、昭和参拾九年三月九日、十一日　羽田佐重宅に於て入会訴訟に必要な古文書をリコピーにて複製する

一、昭和三十九年三月十二日午前十時　恩賜林役場助役天野総一郎氏より電話連絡ありて共和タクシーで、高村宇八、羽田佐重、高村栄作の三名出張し、東大北條先生と会見、入会権訴訟に必要な古文書を探して何時でも先生が山中へ来村の時見られる様準備しておく様話があり約して帰る

一、昭和参拾九年三月十四日午後一時より山中小学校に於て神社有地対策委員会を開く
1. 出席者左の通り
羽田萬作、高村忠吉、羽田貞義、高村利雄、高村平治、高村栄作、高村宇八、大森虎三、高村徳治、高村軍治、高村節久、河内　昿、高村　嘉、天野音光、羽田佐重、高村不二義
2. 協議事項左のとおり
入会裁判を起すには、現在の対策委員会とは別の会を組織する必要があるので、浅間神社有地入会権擁護委員会を作る事に決定する。又、委員長に大森虎三、副委員長には高村不二義、同槌屋晴尚両名を推薦、委員には現在の対策委員全員が就任することに決定す

一、参月十六日午前十時より小学校図書室に於て入会権訴訟に必要な趣意書並に委任状を作成翌十七日各常会一斉に委任状に署名捺印を行うことを決める

一、三月十九日午後一時、江橋・大野弁護士を出迎えの為、共和タクシーで大月駅迄高村宇八、高村不二義の二人出張、山中小学校到着午後三時三十分、それより両弁護士を交へて入会権訴訟について話合を行い、終了後大月迄大森虎三、高村宇八二人で両弁護士を送る。大野氏に五万円渡す

1. この日の出席者

羽田万作、羽田貞義、高村栄作、大森虎三、高村節久、河内　昿、槌屋晴尚、高村　嘉、高村徳治、天野音光、羽田正次、高村軍治、高村不二義

一、三月二十日午後一時より小学校図書室に於て入会権訴訟委任状（当事者選定書）を再録なす。出席者　大森虎三、高村不二義、高村節久、河内　昿、高村　嘉、槌屋晴尚、高村宇八

一、三月二十日午前十時より富士吉田市恩賜林役場へ入会裁判のことにつき大森虎三、高村不二義の両名出張す。尚古文書の閲覧と入会権についての講演を来る三月二十二日山中小学校でして頂く事に東大北條先生に依頼帰宅す

一、三月二十二日午前十時より東大北條先生を招き坂本諏美男宅所蔵の古文書閲覧をなす

立会人　羽田万作、大森虎三、高村不二義、槌屋晴尚、高村節久、高村　嘉、高村宇八

同日午後一時より小学校講堂に於て講師北條先生が入会権について講演をなす。聴講者別紙記載の通り

昭和三十九年三月二十二日入会権講演出席者　　於小学校

講師　北條先生　入会権とは如何なるものかについて

大森虎三、中村志郎、坂本守高、羽田信勝、槌屋晴尚、渡辺儀一、河内正一、江藤新之助、天野

音光、渡辺仁、坂本房助、高村節久、羽田万作、畑山武男、槌屋義明、高村文雄、三橋勝治、須藤美屋、坂本一雄、坂本敏、羽田義政、高村猛、坂本也一、渡辺邦夫、三井俊雄、高村信重、羽田延年、鈴木しず江、大森良雄、中山七郎、河合朝一、椙浦貞良、天野邦造、宮本友春、羽田林平、坂本松雄、渡辺松雄、高村菊弥、星野右三郎、池谷□□、山本芳胤、滝口菊雄、大森信太郎、高村徳夫、高村福夫、坂本法、広瀬市雄、乙黒久雄、高村昭八、森田盛雄、高村嘉、小野田義久、田中徳行、椙浦一在、天野福造、坂本嘉明、高村宗一、高村留夫、羽田正次、坂本良仁、渡辺安雄、高村文七、羽田八六、高村高光、中村佐夫、坂本藤人、坂本儀治、高村虎太郎、羽田英、坂本博、坂本菊次、高村宇八、堀内新内、高村佐武良、高村治雄、杉山直、高村清治、羽田勝、羽田佐重、高村利雄、高村章、今泉福寿、槌屋義明、橋爪定男、高村春友、羽田藤五郎、今泉徳義、羽田九三、山口久雄、宮本義友

一、三月二十三日訴訟に必要の為、訴訟地四十八町二反歩の固定資産税証明書の下附をなす。同日大森虎三、高村節久、天野音光の三名にて東京都土橋ビル内大野弁護士を訪問なし入会訴訟関係書類、並に当事者選定書を提出す

当事者参加の申出

参加人　　別紙のとおり

東京都港区本芝下町一三番地

原告　　渡邊　正保

山梨県南都留郡中野村山中一一番地

被告　浅間神社

右代表者　宮司　高村　宇八

参加者の趣旨

右原告被告間の御庁昭和三六年（ワ）第七七号地上権確認等請求事件について、当事者双方を相手方として訴訟に参加しようとするものである。

参加の理由

原告は本件の目的物である被告所有の別紙目録記載の土地について、地上権の存在を主張し、その旨の登記手続をなすべき旨を求めているが、参加人らは古来より右土地上に入会の慣行を有し、入会権を有している者であり、右は登記なくとも原被両告に対抗しうる権利であるから、民事訴訟法第七一条後段により当事者参加の申出をなす次第である。

請求の趣旨

原告及び被告は別紙目録記載の土地について、参加人らがその地上の立木の小柴刈りやといもやの採取下草刈り及び転石の採取について共同の収益を行うことを内容とする入会権があることを確認せよ。

原告は別紙目録記載の土地につき甲府地方法務局吉田出張所昭和三六年九月九日受付第四一三一号をもってなした地上権設定仮登記の抹消登記手続をなせ。

参加による訴訟費用は原告及び被告の負担とする旨の判決を求める。

請求の原因

一、参加人らは、山梨県中野村山中地区に住居を有し定住している者である。

二、本件土地は江戸時代より参加人ら山中区住民の先代が、生計をたてるため、その土地上の立木の小柴刈り、やといもやの採取、下草刈りを行い、又富士山の噴火によって生じた溶岩転石の採取を行ってきたところであるが、明治九年地租改正による官民有区分が行われた際、入会慣行が認められ、払下げの内示はあったが、当時の区民の申し出た代価が低かったため、払下げを受けられず、明治二十二年中に、一たん御料地として御料局の管理するところとなった。

しかし、その間も山中区民は引続き自由に本件土地に立入り、従前通りの入会を行ってきた。

そして御料局編入後も再三再四、民間払下げの請願を行ってきたがその都度却下された。しかし明治末年頃、本件土地が御料局から山梨県に再び編入されるや、払下げ問題は急速に進展し、大正四年の出願により、大正六年五月二十一日中野村に払下げになり、同年十二月十九日中野村から更に浅間神社の所有地となった。

山梨県から一たん中野村に払下げになった事情は、本来本件土地は古来中野村山中区（旧山中村）の住民のみが排他的に前述の入会を行ってきたもので、山中区民に払下げられるべきであったが、山中区は旧村合併で中野村となり、行政区画たる意味を失い、払下の直接の対象となる資格がないため、一たんは中野村（中野村は山中区、長池区、平野区の三区からなっている）が払下をうけ、その後に何らかの形で山中区民の実質的所有になるよう内部的に措置するとの話合がまとまったからである。従って、中野村村議会は払下を受ける以前大正五年三月一日に払下をうけた後は、山中区住民の氏神である浅間神社に転売することを決議し、これを条件に払下をうけ、大正六年十二月十九日参加人ら及びその先代を含む山中区住民は戸別割の拠金をして、代金二三四八円八〇銭也をもって中野村より浅間神社の所有地として買受けその旨の登記を行った。

浅間神社の所有に帰して後も、山中区民らは本件土地に従前通り入会って、小柴、やといもや、下草、転石等産出物の採取を共同して行ってきたのである。従って、本件土地には現在山中区住民が村中入会に準ずる、請求の趣旨記載の内容をもつ入会権を有している。

三、然るに、原告と被告との間に、地上権設定契約が成立したとすれば、右契約は自動車工場敷地及び観光地とした本件土地に開発することを目的としているから、当然その権利内容において、参加人らの入会権と牴触する。

そもそも入会権は登記なくして、第三者に対抗しうる権利であるから、それを侵害するような地上権を本件土地上に設定することは、入会権者たる参加人らに対する関係において許されないものである。

従って、原被両告に対し、請求の趣旨記載通り入会権の確認を求めると共に既になされた地上権の仮登記の抹消を求める次第である。

昭和三九年三月二十四日

甲府地方裁判所

都留支部御中

物件目録

山梨県南都留郡中野村山中字北畠八六五番地の二

一、山林一四万四千六百坪

参加人目録（選定当事者）

山梨県南都留郡中野村山中参拾番地　大森　虎三
山梨県南都留郡中野村山中五六番地　高村　敬二
山梨県南都留郡中野村山中参参九番地　高村　軍治
山梨県南都留郡中野村山中壱四八番地　高村不二義
山梨県南都留郡中野村山中五番地　高村　節久
山梨県南都留郡中野村山中壱七五番地　槌屋　晴尚
山梨県南都留郡中野村山中七弐番地　高村　嘉
山梨県南都留郡中野村山中壱四九番地　河内　曠
山梨県南都留郡中野村山中弐参五番地　天野　音光
山梨県南都留郡中野村山中壱四六七番地　高村　徳治
山梨県南都留郡中野村山中五九九番地　渡辺　仁

高村節久、河内曠、羽田延年、高村徳治、高村喜和治、杉山直、坂本スヅミ、高村福一、坂本胤夫、三枝たか子、望月徳蔵、三井俊雄、高村宝造、羽田豊秋、池谷勲、羽田房五郎、羽田与一、槌屋金造、高村利雄、羽田正次、大森新一、渡辺義一、渡辺光雄、坂本伝二、渡辺次郎、望月臣宜、坂本貞夫、天野貢、羽田重良、大森寛市、渡辺正治、中村悟、羽田美正、渡辺安男、山本芳胤、高村ふみ子、河合朝一、天野邦三、今泉福寿、中村三有恵、坂本松雄、宮本義友、大森良雄、渡辺長治、高村高春、羽田八六、羽田三一、羽田素広、柘植光男、高村貢、高村明治、羽田明春、羽田諏訪光、高村隣、坂本菊治、田中徳行、石橋文作、羽田秀俊、高村輝、高村初、羽田操、片山ふじ子、高村嘉、新井鐐太郎、古屋龍夫、高村あき子、古屋七五三男、高村よしの、高村孝、高村平一郎、高村昭八、高村十一郎、高村武教、渡辺勝正、椙浦貞良、宮本友春、池田一雄、鈴木貞次、高村嘉兵衛、高村寿三男、天野相佐、椙浦朝春、高村菊弥、高村正雄、羽田秋穂、川口洋、羽田かく、高村武雄、羽田恒司、天野音光、槌屋晴尚、羽田良昭、鮎川篤、山本仁三郎、高村宗一、松井忠、渡辺邦夫、高村三枝、乙黒久雄、高村章、小野田義久、高村修、高村清作、高村信重、坂本清治、坂本菊次郎、中山七郎、宮本恵治、坂本也一、中村志郎、羽田結一、羽田弥一、羽田治郎、畑山義正、坂本畝、高村一義、坂本照正、羽田耕栄、坂本佐内、高村猛、山崎竹次、高村治雄、三橋勝治、大森虎三、佐藤銀佐久、高村高元、高村栄作、高村一、滝口菊雄、須藤美屋、高村佐武良、坂本照治、槌屋和幸、中村正春、坂本隆利、中村永吉、坂本儀治、羽田盛武、坂本幸蔵、椙浦隆春、槌屋義明、坂本良仁、羽田重光、高村虎三、羽田佐重、高村安治、中沢昌孝、高村平治、畑山武夫、高村明、高村敏義、羽田萬作、高村正重、高村寿、渡辺仁、槌屋義昭、羽田昭二、平山久雄、平山深昭、高村敬二、高村佐十郎、滝口道義、羽田長治、浜野一郎、伊藤八十六、滝口忠孝、滝口米春、堀内新内、羽田重作、槌屋豊光、高村義雄、槌屋松太郎、山口久雄、高村米春、坂本博、大森照元、森田盛雄、坂本南賀寿、羽田信勝、高村明敬、高村寿雄、渡辺留春、高村きく江、槌屋絹美男、高村若治、高村三子男、坂本岩市、高村基大、高村虎雄、佐川福二、高村幸明、星野右三郎、羽田九三、羽田藤五郎、高村平治、高村文七、河内仁三夫、高村国夫、高村清治、高村勇夫、坂本一雄、坂本諏美男、高村不二義、江藤新之助、槌屋芳則、渡辺かつ代、高村良光、尾崎茂弥、杉崎正敏、坂本法、高村昭一、橋爪定男、大森虎千代、渡辺喜明、羽田聡、高村正勝、高村保蔵、高村留男、高村利昭、柘植定市、羽田祐雄、羽田克臣、椙浦信義、羽田ふさ子、高村桂、関野義麿、羽田一子、高村軍治、高村捷治、高村忍之助、坂本八七男、坂本勝次、坂本藤人、坂本善照、羽田林平、大森和三、高村春友、羽田英、高村玉市、高村朝清、高村昭雄、大森信太郎、坂本諏訪蔵、羽田長雄、羽田金吾、杉浦嘉三、羽田竜教、高村高光、坂本房吉、高村芳明、高村泰、高村篤、椙浦一布、島崎福造、槌屋寛、柘植憲行、高村亦男、坂本房明、高村勝治、坂本朝光、大森松治、坂本伝重、中村佐夫、中村静子、梶ヶ谷西作、坂本勝利、高村光元、大森半世、杉浦朝治、杉浦忠睦、杉浦武雄、高村虎太郎、高村進、高村友吉、羽田重雄、横山万吉、高村福男、河野徳男、天野福造、斉藤実、河内正二、羽田邦次、高村永治、高村五郎、今泉徳儀、高村文作、廣瀬市雄、菊池満房、高村啓介（註、すべて押印がある）

一、三月二十五日午前九時より裁判に必要書類の古文書のリコピーを高村宇八、高村不二義、羽田佐重の三名にて謄写した、一日中かかる

一、三月二十六日午前十時より谷村裁判所へ浅間神社及渡辺正保の訴訟事件に使用せる収入印紙額の調

査の為、羽田佐重、高村宇八、高村不二義の三名出張、帰りに富士吉田市、上小沢司法書士を訪れ、訴訟地の登記簿謄本の下附願を出し、その後高村軍治と四人で江橋弁護士と打合せを行う

一、三月二十七日午後六時より共和タクシーで富士吉田市木村弁護士と四月一日に開廷される裁判の打合せをなす為、高村宇八、古屋七五三男、羽田佐重、高村軍治出張

一、三月二十八日午後三時より山中区の書類中より入会権訴訟に関係する古書の書類をリコピーする
宮司

一、三月三十日午後一時高村不二義、宮司宅を訪問、裁判傍聴について打合せをなし、入会権確認裁判が四月一日提起されるので入会民多数が傍聴に参加する様通知書を発行する

一、三月三十一日入会訴訟の打合せの為、大森虎三、槌屋晴尚、天野音光の三名　木村弁護士を訪問し、尚、江橋、大野両先生とも打合せをなす

一、四月一日午前十時より谷村裁判所に於て民事第一審訴訟昭和三十六年（ワ）第七七号の第十六回口頭弁論裁判が開廷され前回に引続き被告高村宇八の証人尋問が行なはれる。その席上本委員会の委任する大野弁護士より当事者参加の申出があり、原告側が之を理由を述べて否認したので、次回六月十日迄に書類を以て釈明する

1. 当事者参加の申出は参加人代理弁護士大野正男が本裁判原告渡辺正保、被告浅間神社代表者宮司高村宇八を相手として参加人二百八十五名がその地上の立木の小柴刈やといもやの採取下草及び転石の採取について共同の収益を行うことを内容とする入会権があることを確認せよ

2. 原告は中野村山中北畠八六五番弐山林四十八町二反歩の土地につき、昭和三六年九月九日受付第

四一三一号をもってなした地上権設定仮登記の抹消手続をなせ

3．参加による訴訟費用は原告及被告の負担とす旨の判決を求める

以上の如き当事者参加訴訟を申出る

一、本日の裁判の一般傍聴者は記載せず

二、役員傍聴者のみ記入する

入会委員長	大森　虎三
副委員長	高村不二義
有志	高村　捷治
委員	高村　宇八
同	高村　軍治
同	羽田　佐十
同	河内　　曠
同	高村　　嘉
同	天野　音光
同	高村　利雄
同	坂本　勝次
同	高村　徳治
同	高村　節久

同　高村　清作
同　高村　栄作
十五名

一、四月二日午前十時山中小学校宿直室に於て高村利雄、大森虎三、高村不二義、高村節久、高村宇八計五名にて昨日申出た当事者参加訴訟についての記者会見をなす
一、四月五日午後一時より入会権確認の参加申請書を印刷の為、富士吉田市市民新聞社へ高村宇八、高村不二義と二人で出張す
一、四月十四日午後一時より市民新聞に頼んだ入会権確認参加訴訟の申出の印刷を持に不二義が出張、印刷代金四阡六百円
一、四月十六日午後三時東大北條先生が来て不二義宅で神社及社有地に対する歴史調査と入会権の打合せを行う。立会人高村宇八、高村不二義、先生に提出するもの当事者参加の申出の書類、四部
一、四月二十七日　大野弁護士より入会権訴訟準備のため左記要項による通知あり
1. 明治二十八年の地所払下御処分請願の控は誰が保管し、これと同じものが国へ提出されたと考へてよいか
2. 明治三一、四、二二の元詮議地所御引戻し件請願の控は誰が保管していたものか
3. 無格社浅間神社所有土地所得理由の原本は誰が保管しているか
4. 浅間神社所有前（大正五年前）の入会慣行を知り、法廷の証人となりうる人の氏名、年令、住所（三名）

5. 浅間神社所有以後の入会権の慣行を知り、法廷の証人となりうる人の氏名、年令、住所（三名）
6. 浅間神社の所有になった経緯、山中区民が出資した事の事情を知り、証人となりうる人　弐名
（右各証人は重複して可）
右の点につき調査して下さい
なお、御返答あれば五月中、下旬頃御地に行き証人予定者とも会い打合せしたいと思っています
尚前回証拠の原本（日誌、議事録は除く）お返しします。お確め下さい。六月十日の裁判には必要ですから持参して下さい
四月二十五日
大野正男
対策委員長
大森虎三殿

一、四月二十七日　北條先生古文書調査の為来村するので、十二時大森虎三、吉田迄出迎える。その後北條先生と羽田万作、大森虎三、高村不二義、高村節久、高村宇八　五名にて、高村捷治、坂本諏美男氏宅所蔵の古文書を調べる
一、四月二十八日　北條先生、高村宇八、高村不二義、大森虎三、坂本隆利にて高村武教、高村修、松井忠、羽田万作、高村宗一氏所蔵の古文書の調査をなす。北條先生は前夜に引続き長池の別荘に宿泊す
一、四月二十九日　大森虎三、北條先生、高村宇八、高村不二義の四名にて、高村教二の神社関係書類、浅間神社宝庫の山中区の古文書を調べる

一、昭和参拾九年四月三拾日　北条先生見送りの為、大森虎三、高村不二義、高村宇八の三名にてハイヤーで富士吉田迄出張す
一、昭和三十九年五月一日午後八時より小学校会議室に於て、入会訴訟証人選出に関して当事者会議を開催す
出席者　大森虎三、高村不二義、槌屋晴尚、高村軍治、高村節久、坂本隆利、天野音光、高村　嘉
協議の結果来る五月七日午後七時三十分より小学校に元老及各委員を招集して、そこで証人の選考を行うことにして、招集通知を発行することに決する
一、五月七日午後八時より小学校図書室に於て入会権訴訟証人の選出について元老及委員会を開催し、次の者を選任し、明八日午後より、正副委員長並に区長高村平治、羽田恒司氏に選出者の家を訪問して承諾して頂く事を申合せる
　入会訴訟証人に推薦した人の氏名
羽田万作、椙浦友吉、槌屋晴時、高村忠吉、羽田義隆、高村菊弥、羽田恒司
本日の会議出席者
羽田悦司、高村利雄、大森虎三、羽田正次、坂本隆利、槌屋晴尚、古屋七五三男、高村平治、高村房敬、高村不二義、高村軍治
一、五月十日午前十時より大森虎三、高村不二義の両名にて入会裁判証人の依頼の為、七日推薦した人々の戸別訪問して承諾を受ける
一、五月十一日午前十時より古文書の複写する。午後より北条先生、大森虎三、高村不二義、高村宇八

にて、前回の調査した古文書を各所蔵者より譯す為借用する

一、五月十二日高村不二義　古文書のリコピーをなし、先に四月二十七日高村捷治所蔵の古文書借用せるものが飜訳出来たので委員長大森虎三並に副委員長高村不二義の両名が代表して高村捷治氏宅に返戻する

一、五月十三日午前中、大森虎三、高村不二義、二名にて槌屋絹美男宅のリコピーにて浅間神社有地賃貸借の契約書案（昭和三十六年四月九日作成）を複写する。槌屋晴尚、坂本隆利の二名にて大野弁護士、江橋弁護士を共和タクシーで大月迄出迎え、途中富士吉田で中食を共にして午後一時山中小学校会議室に於ける打合せ会に列席す。又、一昨日より本村に宿泊せる北條先生も迎え、合同にて浅間神社有地の払下前後の入会の状況や契約当時の経過について、区の老人達より話を聞き、午後四時、三先生を送る為、入会副委員長高村不二義、対策委員長坂本隆利、同副委員長高村軍治の三名にて共和タクシーで富士吉田迄行き、夕食を共にして大月駅迄送る
今日の会議に出席せるもの左の通り
高村忠吉、高村菊弥、高村利雄、羽田恒司、槌屋義時、羽田義隆、椙浦友吉、高村平治、高村高元、大森虎三、高村不二義、槌屋晴尚、坂本隆利、高村軍治、古屋七五三男、羽田正次、高村徳治、高村宇八、天野音光

一、五月二十六日午後八時より小学校体育館に於て、入会権確認訴訟について及社有地の入会と私達の権利、今後の方針について入会権利者大会並に東大北條先生の入会権についての講演会を開催する。出席者八十七名　会議録別紙記載の通り

一、六月十日午前十時谷村裁判所に於て社有地問題の裁判開廷し、本裁判は事件重大につき甲府地方裁判所に於て合議裁判にて行う事に言渡しあり、当日傍聴の為に出席せるもの九十五名にて明細は別紙の通り

昭和三十九年六月十日入会裁判傍聴者　谷村裁判所

山崎竹次、坂本照治、羽田林平、大森照元、古屋七五三男、小野田義久、高村ちの、高村一義、高村武教、坂本隆利、中沢昌義、高村隣、高村米春、高村文作、高村宝造、坂本儀治、高村明、坂本傳重、高村軍治、滝口菊雄、伊藤八十八、高村栄作、大森虎三、島崎福造、渡辺喜明、槌屋進、高村不二義、高村常則、坂本守高、坂本良仁、坂本弥市、高村高元、石橋□□、須藤みや、坂本幸蔵、天野相佐、天野音光、畑山武雄、菊地満房、中山七郎、羽田房五郎、高村佐武良、柘植憲行、中村四郎、滝口道義、星野右三郎、羽田興市、槌屋松太郎、羽田房子、大森信太郎、河内仁三夫、椙浦信義、山口久雄、羽田佐重、渡辺達朗、三枝たか子、浜野せん、江藤新之助、杉山直、渡辺長治、坂本岩市、渡辺仁、高村徳治、大森虎千代、渡辺留春、坂本敏、高村平治、高村寿三男、高村菊弥、高村三枝、羽田恒司、高村利雄、堀内新内、高村福一、羽田正次、坂本藤人、高村正男、羽田邦次、坂本房明、渡辺勝正、椙浦定義、高村ふみ子、羽田盛武、宮本友春、羽田義政、高村友吉、高村村男、羽田藤五郎、坂本善照、滝口忠孝、鈴木定治、高村若治、高村宗一、槌屋和幸、坂本法

同日正午より富士吉田寿荘に於て、木村、江橋、大野三弁護士と入会委員　大森虎三、高村不二義、槌屋晴尚、坂本隆利、高村軍治、高村利雄、高村徳治、羽田佐重、天野音光、高村平治

有志　高村米春、羽田恒司の計十六名にて甲府裁判の打合せをなす

一、昭和三十九年七月四日、大野弁護士より八月二十七日午後一時より、甲府地方裁判所六号法廷に於いて入会権確認訴訟が開廷されるとの通知あり

一、八月十七日、入会山がどの様にして利用されて来たか、明治・大正時代の老人より聴取の為北條先生と高村不二義　二名にて羽田萬作氏、槌屋義明氏宅を訪問調査し、午後三時三十分ハイヤーにて北條先生を富士吉田迄送る。飜訳料一、八六〇円渡す

一、八月二十日午後一時より小学校会議室に於て、左記のことがらについて入会権擁護委員会を開催す。出席者　左の通り

羽田萬作、大森虎三、羽田正次、高村利雄、高村不二義、高村敬二、高村宇八

来る八月二十七日午後一時甲府地方裁判所六号法廷に於て、入会権確認の裁判が開廷されるにつき左記事項を打合せる

1．入会裁判に必要な為、役場にある当時の古文書会議録、申請書等につき調査のため、羽田正次委員が役場の都合を見て関係書類を前もって調査準備し委員長に報告、直ちに全委員で閲覧に行く事

2．老人の裁判証人となりうる人に当時の入会の記憶を文書にして後日弁護士と打合せる

3．八月二十七日の傍聴については、

イ、委員全員、各組より五名宛（二の橋組は二人）

ロ、乗物　富士急バス一台貸切

ハ、乗車場所、時間は山中旧道
二本木ロータリー　八時四十分
駐在所前　八時五十分
よしの食堂前　九時
ニ、当日の傍聴者の弁当は委員会支給のこと

八月二十七日午前八時三十分富士急行バスにて甲府地裁にて午後一時開廷される入会裁判傍聴の為、別紙出席簿に記載の者にて出発、十一時二十分甲府着、かど柳食堂に於て弁護士三名も交えて中食を共にし、裁判を傍聴する
裁判官は原告代理人弁護士に対し、契約地内の米軍演習場は契約後演習の使用を許すか、代理人許すと回答又、契約がなされた時、神社側に五拾萬円渡したのはどう言う意味の金か、代理人前渡金でその金は学校の一部の修繕に使用したらしい。第三に参加人等が入会権確認の訴訟を起したのにたいし、書類で異議の申立をするとあるがその通りか、この質問に対し、代理人はその通りですと答へたが、裁判官は、調べた処この申出は独立参加の申出で原告代理人の異議申立は無効であるとの申渡しあり、当事者参加人代理弁護士大野氏対し裁判官より演習地に接収されている国と浅間神社有入会地の入会慣行はどうかの質問あり、米軍演習地への立入りは、土曜日曜は許され、その他の日でも演習がない場合は入り会って使用収益しているので演習場による入会の阻害はないと答える。参加人代理大野先生より、一号から五号証迄の証拠古文書の写しを提出し認否に入る原告代理人不知次回迄に文書で回答すると述べ、被告代理人木村先生は一号より五号証迄の成立を認め、よって次回は来る十月二十二

日午後一時に開廷することを打合せ閉廷する。傍聴全員午後三時甲府出発笹子有料トンネルを経て六時頃帰郷す

本日の裁判には、北條先生、恩賜縣有材産保護組合の議員傍聴あり

諏訪組	一組	二組	三組
羽田興市	宮本友春	中山七郎	羽田盛武
羽田房五朗	高村嘉兵衛	山本仁三郎	中沢昌義
高村宝造	羽田悦司	中村志郎	槌屋義明
坂本松男	高村捷治	坂本也一	高村安治
羽田豊秋		高村　章	坂本儀治
			高村佐武良
高村徳治	高村節久	大森虎三	高村平治
高村利雄	古屋七五三男	高村清作	坂本隆利
羽田正次		高村　嘉	渡辺　仁
		高村栄作	
四組	五組	二の橋組	
浜野せん	高村寅男	菊地満房	弁護士
滝口忠孝	高村高光	大森虎千代	大野正男

土屋松太郎　渡辺かつ代　坂本　法　木村利男
山口久雄　羽田輝次　江橋英五朗
江藤新之助　学者
高村米春　北條　浩
高村不二義　天野音光　恩賜林組合
高村敬二　渡辺嘉明　舟久保精
河内　昿　高村軍治　傍聴者
計　五十二名
（以後、弁護士・学者等は省略する）

八月二十八日午後三時より羽田佐重、高村不二義、高村軍治、槌屋晴尚の四名にて富士急行吉田営業所へ昨日の裁判傍聴の為貸切ったバス料金の支払の為出張、壱万七阡円支払って来る十月二十二日に使用するバスの申込みをなし帰宅す
九月十二日午前十時、吉田寿荘に大野先生を迎えに行き、小学校会議室で入会裁判に対する打合せ会を開催する
出席者は出席簿による
大野先生は、本件物件中米軍の演習場として貸す事を最初に契約したのはいつ頃の事か
米軍演習場に接収帳の本件土地に対して、入会はどの様にしてなされて来たか

B地区に指定されてから立木の伐採が行なわれたか、大正六年以後の使用収益の状況はどの様になされたか。その他御料地、県有地時代の入会の事実等をたずね午後四時頃、共和タクシーで大月駅迄大野先生を送り散会す

十月十日大野弁護士より入会裁判準備書面作成の為打合せたいので、十月十九日午後三時頃、東京の大野弁護士の事務所へ来る様連絡あり、なお記録の写の費用一万二千二百八十円と東京に於いて北條氏との打合せ費用三万円持参する様、委員長宛速達郵便あり、当日は正副委員長三名にて上京することを約束す

十月十九日午前九時発　大森虎三、羽田佐重、高村不二義、槌屋晴尚の四名にて、大野先生との裁判打合せの為、東京大野弁護士事務所出張、午後二時三十分より同五時頃迄本件土地の内、米軍演習場として接収されて居る部分に対し入会の事実について説明し、又証拠として裁判に提出する古文書等を調整して弁護士へ裁判所記録並に打合会費用として金五万円を渡し、午後六時新宿発にて帰途につき、途中富士吉田にて夕飯を食べて午後十時帰宅す

十月二十日　二十二日開廷される裁判傍聴の為、委員全員並一般各組より五名宛の傍聴者に通知す

十月二十二日　甲府地裁で開廷される入会権裁判傍聴の為、富士急行バス一台貸切り、別紙出席簿記載の者にて、八時三十分山中出発、十一時三十分甲府着、かど柳食堂にて中食の後、午後一時裁判所六号法廷に傍聴する。入会権証拠古文書の内前回裁判に於て原告代理人鈴木俊光より証拠書類の全部成立を認めたので、大野弁護士より更に古文書の内本件土地払下当時の代表者に対する入会民の委任状を証拠として提出すると共に、準備書面を併せ提出す。原告代理人より入会権あっても本件土地契約

当時区長坂本好治が入って契約調印してあるので、区長は有志会の決議を代表して執行するので、入会権は区長の調印によって解消している。又当事者参加人代理の入会権主張に対する請求の趣旨及請求の原因の小柴下草、転石の採取では漠然としているので、もっと具体的に説明されたいと述べ、我大野弁護士は入会権確認の訴訟ではこの程度で充分であると答へ、次回は十二月二十四日午後一時に決定閉廷する

諏訪組	一組	二組	三組	
田中徳行	川口静子	高村宗一	坂本照治	
坂本菊治	高村　孝	高村　猛	坂本良仁	
中村三嘉恵	椙浦貞良	坂本清治	高村敏義	
山本芳胤	渡辺勝正	高村高元	高村正重	
宮本義友		坂本　敏	羽田秋芳	
		坂本也一	高村佐武良	
			羽田重宜	
高村利雄	高村節久	大森虎三	坂本隆利	
羽田正次			高村栄作	渡辺　仁
		高村清作	高村　明	

四組　　　　五組　　　　二の橋組

堀内新内　　島崎福造　　高村留男
滝口米春　　高村常則　　柘植定市
廣瀬市雄　　河野徳男　　橋爪定男
土屋豊光　　坂本隆利　　尾崎繁弥
高村米春　　平山久雄　　高村昭一
　　　　　　羽田林平
高村不二義　坂本房吉　　渡辺嘉明
高村宇八　　槌屋晴尚　　高村軍治

高村敬二　　　　　　　　天野音光　　傍聴者
　　　　　　　　　　　　　　　　　五十五名

十一月二十二日午後一時より山中小学校図書室に於て、左記の事項について委員会を開催する

出席者　大森虎三、高村不二義、羽田万作、高村利雄、坂本隆利、槌屋晴尚、高村栄作、高村　嘉、羽田正次、高村敬二

一、山中区入会関係史料集配布について

八拾部の史料集は、委員を優先的に一般にも入会歴史に参考になるので、一部五百円宛にて希望者に配布すること

二、入会裁判費用については、本年三月より、十月迄の入会裁判関係に使った費用の報告を副委員長高村不二義が説明し入会裁判は区が主体で入会民が提起した訴訟であって、山中区費一般会計より支出してもらう様当初の協議に基いて山中区長に要望することとする

一、昭和三十九年十二月九日午後一時より小学校会議室に於て大野弁護士を迎へ、入会権確認裁判に対する実証出来る証人の選出及神社有地として払下前後の入会歴史を老人より聴取した。証人として選考した者は次の通り

高村忠吉、羽田栄作、高村利雄、高村栄作、羽田恒司、高村高元、槌屋義明、高村平治、高村捷治、大森虎三、高村宗一

1．大正六年払下以前の入会山の利用状態については、農閑期等を使用して野火つけをなし木柴下草刈採石等は自由に立入って収益した。官民有区分になった当時は地盤の区分でその上の物件は直接問題でないので取り締りも緩やかであったが、御料地時代とくに明治の末期の縣有地時代の頃は厳しく盗伐として処分された者も居る。その頃には下刈、小柴の払下鑑札が発行された

2．大正六年以後には、落葉、下草、小柴、転石の採取は自由に立入って使用収益し、昭和年間に入って転石の採取は、自家用に限り氏子総代に申出れば自由に取ることが出来た。営業用の場合は立木、石ともに氏子総代有志会、常会等に於て、場所を定め価格をきめて競売し、その代金は山中の公共施設の建設、補修等に使用した。以上が老人の証言である

会議に出席した者は左の通り

高村忠吉、高村利雄、大森虎三、天野音光、高村徳治、渡辺　仁、羽田佐重、高村節久、

高村　嘉、高村不二義、高村栄作、槌屋晴尚、河内　昿
午後三時三十分会議を終え散会後、大森虎三委員長、副委員長高村不二義の二名にて富士急行吉田営業所へ来る十二月二十四日甲府裁判傍聴の為、バス一台配車してもらう様依頼して帰宅する
十二月十一日午前九時より大森虎三、高村不二義の二名にて羽田佐重氏宅に於て、前日の会議にもとづく古文書のリコピーを終日行う。古文書は高村利雄氏及高村寿雄氏所蔵のもの
十二月十二日午前中、委員長大森虎三、副委員長高村不二義二人にて老人羽田万作氏宅を訪れ、本件土地の払下前後の話を聴き、午後一時より不二義一名にて槌屋絹美男氏宅で、前日の残りの古文書のリコピーをなし、夕方より虎三、宮司、不二義の三名にて神社宝物殿の古文書中より神社有林の立木の競売、石の採取等の関係書類を探す
十二月十三日昨日神社宝物殿の中より探し出した古文書のリコピーを羽田佐重氏宅に於て午前中高村不二義一名にて行う。午後は午前に引続き槌屋絹美男宅に於て神社有林払下許可関係の書類をリコピーなす
十二月十四日午前九時より大森虎三、高村不二義の二名にて、前日の残り分及羽田万作氏より発見された大正十二年当時北畠林の入札、売買契約等の文書を羽田佐重氏宅に於てリコピーをなす
十二月十六日大森虎三、高村不二義の両名にて午前十一時東京虎ノ門の大野弁護士を訪問し、入会裁判資料中神社有地内の立木及採石等売買関係の証拠となる記録を渡し用談して午後三時三十分別れて林野廳に北條先生を訪ね、前に翻訳を依頼した古文書を受取り夕食を共にして、午後十時帰宅す。北條先生と会談の時、山中資料校正料（註、印刷出版費）として金五萬九阡六百円也を北條先生に支払う

一、昭和三十九年十二月二十四日午前八時五十分富士急行バスにて甲府地方裁判に午後一時開廷される入会裁判傍聴の為、別紙記載の傍聴者にて出発、十時かどやなぎ食堂に到着し、弁護士を交えて中食の後、裁判の傍聴なす
参加人代理大野弁護士より第二準備書面の内容について、細部の説明をなす。判事より原告、被告に対して右準備書面に対する答弁書を提出する様、次回には参加人より証拠の申出の出来る様、それに間に合う為期日前に送付されたい原告、被告共に了承する。更に、甲号証並に乙号証の原本を次回に参加人に提示されたい、これも共に了承する
参加人より新しい入会を証拠として丁六号証より丁九号証の一から四までを提出、原被告共に本証拠の全面成立を認め、次回は昭和四十年二月十一日午後一時と決定して閉廷する。大野先生に御歳暮三万円渡す

諏訪組	第一組	第二組	第三組
坂本傳二	高村十一郎	高村一義	槌屋和幸
高村　隣	天野相佐	坂本菊次郎	高村平治
高村　貢	高村正雄	山崎竹次	
羽田美正			
中村　悟			
高村利雄	古屋七五三男	高村　嘉	羽田佐重
高村徳治		大森虎三	高村　明

高村栄作　　坂本隆利

第四組

渡辺留春
坂本岩市
羽田信勝
滝口道義
伊藤八十八
高村米春
高村基大
高村不二義
河内　昿
高村敬二
高村宇八
羽田九三

第五組

中村佐夫
高村文作
高村福男
坂本勝次
槌屋晴尚

二の橋組

羽田房子
羽田克臣
高村保富
高村軍治
天野音光

傍聴者　計四拾三名

一、十二月二十四日午後六時より富士吉田丸一食堂にて委員の慰労会並打合せ会を行ひ、その席上弁護士への年末手当謝礼金として金参萬円支出したのに対し事後承諾を求め萬異議なく了承する

出席した者は本日の裁判の出席委員全員

一、昭和三十九年十二月二十五日午後三時北條先生来訪したので、委員長両副委員長と共に恩賜林役場に行き、明治末期より大正初期頃の恩賜縣有材産保護規定を十部コピーしてもらう様依頼して吉ずみにて北條先生を交えて会食なし八時頃帰宅する

一九六五年

昭和四〇年

一、昭和四十年一月十五日高村不二義一人にて槌屋絹美男氏宅のリコピーを借りて十二月二十四日提出の第二準備書面と次回裁判に提出予定の証拠の申出の書面を十一部宛複写なし証人宅へ配布する

一、昭和四十年一月二十日午前九時より大森虎三、高村不二義の二名にて恩賜林役場へ昨年十二月二十五日に依頼した保護規定を受取りに行き、尚富士急行へ次回裁判行のバス申込みをなし帰宅す

一、一月二十二日午前十時より北條先生、羽田万作、高村利雄、大森虎三、高村不二義、高村軍治、高村宇八、槌屋晴尚の七名にて、山中湖村役場内に保管する明治初年よりの入会関係の古文書閲覧を行う。特に山中浅間神社入会裁判に関係する箇所には目印をつけて役場吏員にコピーにしてもらう様依頼して、午後四時三十分頃閲覧を終了す。終了後北條先生を富士吉田まで送り帰宅する

一、昭和四十年二月九日大森虎三、高村不二義にて去る一月二十二日に依頼した村役場の古文書のリコピーの部数の足りない分を補充してもらい原本と照合して相違ない様改めて、その後稲荷神社の初午へお参りして同所に於て木村先生を交えて対策委員会を開催する

一、昭和四十年二月十日午後、大森虎三、高村不二義、槌屋晴尚の三名にて入会裁判打合せの為甲府市古奈屋旅館に大野、江橋弁護士を訪ね種々会談し同旅館に一泊する

一、昭和四十年二月十一日午後一時より開廷される入会裁判傍聴の為別紙出席簿に記載した五十二名にて中食し、裁判を傍聴す。当日は北條浩先生及恩賜林組合役場より舟久保精委員長もともに傍聴する。当日の裁判の状況は次の通り

裁判長　当事者参加人から提出された第二準備書面に対し、原告の答弁書が出されていないかどうか

原告　被告神社代理人に尋ねるが、浅間神社の管理規則はあるか、あるなら財産の処分についての規定はどうなって居るか

被告　山中区にはそのような規則はない

原告　参加人は昭和三十三年に定められた山中区条例を知っているか。この規約によって契約がなされたものであるか

参加人　参加人の出した第二準備書面に対し何等の答弁もしないで、山中区条例を知っているかと言われても、入会権確認訴訟に関係はない。山中区で規定したもので被告に聞かれたい。ただ入会訴訟上こういう為に必要だと主張するのであれば答弁する

原告　条例があるか無いか

参加人　入会権確認訴訟は、原、被告間に於てなされた契約がもし成立すれば、その権利内容に於て参加人らの入会権と抵触する。要するに入会権の侵害の主張で条例があるのか無いのかに答える必要はない

裁判長　原告の示す条例の写しはどこから出たのか
原告　今は申上げられない。有るとしたら契約は有効である。山中区に保管されていると思うので後日民事訴訟法三一二條によって提出を命令してもらう
裁判長　被告は参加人提出の第一、二準備書面に対する答弁はどうか
被告　第一、二準備書面とも記載の事実を認める
原告　参加人に対し条例の存立を認めるかの質問に対し入会訴訟としてはその必要がないと申されたが次回には原本を提示する。次回は四月一日午後一時

諏訪組	第一組	第二組	第三組
羽田三二	高村昭八	羽田弥一	中村正春
杉山　直	鈴木貞治	坂本也一	高村佐武良
宮本正次		高村治雄	坂本幸蔵
渡辺次郎		高村恵治	
片山ふじ子		坂本照正	
柘植光男		高村　寿	
大森新市			
高村利雄	羽田恒司	大森虎三	羽田萬作
高村徳治	古屋七五三男		坂本隆利
	高村節久		渡辺　仁

第四組	第五組	二の橋組
羽田長治	高村五郎	高村利雄
高村きく江	高村彦作	椙浦信義
高村平治	高村良友	柘植定市
森田盛雄、	斉藤房子、	
坂本南賀寿、	大森松治、	
高村米春、	中村志ず、	
高村勇夫、		
高村不二義、	坂本勝次、	渡辺吉明、
高村敬二、	槌屋晴尚	天野音光、
高村宇八、		高村軍治
羽田九三		

計　五拾二名

一、二月十二日午前十時より大森虎三、高村不二義、槌屋晴尚の三名にて役場保管の古文書中、入会裁判関係書類を閲覧し、引続き浅間神社に所蔵する関係書類及宮司宅の文書を調査する

一、昭和四十年二月十六日午後三時三十分より入会権擁護委員会　大森虎三、高村不二義、槌屋晴尚対策委員会、高村節久、高村軍治、氏子総代高村敬二の六名にて、神社有地裁判について合同打合せ

会を行う

一、二月二十四日午前九時三十分出発、神社有地裁判について打合せの為、大森虎三、高村不二義、槌屋晴尚、羽田佐重の四名にて、東京虎ノ門の大野事務所を訪れ打合せ後帰宅す

一、昭和四十年三月三日午後二時より小学校会議室に於て、左記の事項について委員会を開催する

本日の会議に出席せる委員　左の通り

村長羽田恒司、区長羽田九三、氏子総代長高村敬二、委員長大森虎三、氏子総代高村軍治、第一組長高村節久、副委員長高村不二義、同槌屋晴尚、委員高村利雄、氏子総代羽田佐重、第二組長高村　嘉

1. 入会権に基く入会の使用収益、利用形態及び歴史的実証に対する専門的調査研究の為必要な費用について、弁護士より電話連絡により、裁判の段階が鑑定の申出をなすについて、本件土地を含む山梨県内の元県有地現民有地に於ける入会慣行の存否その性格、内容及その権利たる性質について法律専門家及法制史家による鑑定を依頼する為、その専門的調査費が三拾萬円を要すると委員長から詳細な説明があり、一同裁判を勝つ為には、いくら使ってもやむを得ないので、必要な額だけ区の一般会計中神社有地保護対策費より支出することに決定する

2. 山中区条例制定当時の山中区居住者及条例署名捺印者等の調査書を一同に提示し、昭和三十三年度条例制定当時の居住者等について一同審査の上、相違ないので区長羽田九三の認証の署名をなす。午後四時三十分会議事項終了したので一同散会する

一、三月四日午後二時より羽田佐重、大森虎二、高村不二義の三名にて富士吉田市都留信用組合に大野、江橋弁護士を訪れ、調査費の金参拾萬円也を手渡し帰宅する

一、三月五日午前十時より大森虎三、高村不二義の両名にて富士吉田市恩賜林組合に北條先生を訪れて古文書中、入会訴訟に関する書類の打合せをなし中食を共にして帰宅する

一、五月九日午後三時より山中小学校図書室に於て、原告渡辺正保より送付された入会権を否定する準備書面の内容につき、種々調査研究する為委員会を開催す。来る十一日来村予定の大野、江橋先生が都合により列席された。本日の会議に出席したもの

大森虎三、高村不二義、高村高元、高村利雄、槌屋晴尚、羽田佐重、高村軍治、古屋七五三男、高村栄作、高村敬二、高村宇八、坂本隆利、河内　眩　以上十三名

一、五月十日午前九時より本件係争地の採石、採取木跡地の調査をすることを申し合せる明十日午前九時より係争地の現況調査し写真を撮る。現地調査に立合せるものは、大野弁護士、大森虎三、高村不二義、高村利雄、古屋七五三男、坂本隆利の六名。調査を終えてから若干書類の打合せをなし中食を共にして散会す

一、昭和四十年五月十五日午前九時三十分、大野弁護士と打合せの為大森虎三、高村不二義の両名にて東京虎ノ門法律事務所へ出張、用談後午後八時四十分帰宅す

一、昭和四十年五月二十日午後一時甲府地裁に開廷される入会権確認裁判傍聴の為午前十時三十分出発、裁判所着午後一時、終了後かど柳食堂にて中食して午後四時甲府発、山中帰宅午後六時。本日裁判傍聴者は出席簿に記載する五十二名

裁判官が変ったので本日は書類的な打合せと、参加人より準備書面（原告準備書面）に対する答弁書を提出、さらに丁七号証及至十八号証まで証拠として提出、認否は行なわれないまま、次回から

二回位は現在迄の書類を整理要約して提出するため、調査手続することになり、次回開廷日は七月五日午後一時に決定、閉廷する。次回には、本日携行せる役場決議録、個人日記植林通知の原本を持参する

諏訪組

羽田房五郎
大森新一
坂本菊治
坂本八七男
羽田八六
渡辺安雄
羽田三二
高村徳治
高村利雄
羽田正次
羽田　操
坂本すずみ

第一組

高村嘉兵衛
高村節久

第二組

羽田耕栄
羽田勝一
坂本也一
高村　嘉
高村栄作
大森虎三

第三組

羽田延年
中村永吉
畑山武雄
須藤みや
高村佐武良
高村　明
羽田佐重
坂本隆利
渡辺　仁

第四組

第五組

二の橋組

河内仁三夫　高村　篤　大森虎千代
高村倉造　杉山万吉　杉崎正敏
高村佐十郎　羽田邦次
高村義雄　高村勝治
羽田重作　梶ヶ谷西作
高村若治　羽田長男
羽田吉三
坂本房吉
高村不二義　槌屋晴尚　高村軍治
高村敬二　天野音光
羽田九三
高村宇八

傍聴者　計五十二名

一、五月二十三日午前九時より、虎三、不二義、隆利の三名にて富士急行へ二十日に使用したバス料金の払込みをなし、それより係争地の林相について林務署訪れ用談し、帝国興信所甲府支店に電話して、渡辺正保の身元調査を依頼して帰宅する

一、五月二十四日午後四時、帝国興信所係員山下龍氏、不二義宅を訪れ、昨日の依頼した件を正式に契約し内金四千円也を支払う

一、六月二十八日午後一時より山中小学校屋内体育館に於て、浅間神社有地入会権擁護委員会の権利者総会を開き、入会裁判の経過報告を行い、今後の対策について話し合い協力を求める。総会出席者は出席簿による

一、六月三十日大野弁護士と渡辺正保から提出された準備書面の内容について話合いの為、虎三、不二義　二名にて東京大野先生事務所を訪れ、三時間に亘って打合せ、午後八時三十分帰宅する

一、七月二日午前十時より共和タクシーで委員長大森虎三、副委員長高村不二義の二人で恩賜林役場を訪れて、入会裁判に必要な証拠について組合長天野総一郎氏と話合い「富士北面裾野山野の入会権と組合歴史」五部を神社有地入会裁判証拠にする為受領し帰り、午後二時よりの対策委員会に出席し木村先生を交えて打合せをなし、午後四時三十分会議を終り先生を吉田迄共和タクシーで虎三、不二義にて送る

一、七月五日午後一時開廷の入会裁判傍聴の為、共和のマイクロバスにて午前九時三十分山中出発、十一時三十分甲府着、中食後傍聴する。傍聴者は別紙出席簿の通り。本日の裁判は準備手続裁判にて各準備書面及証拠書類の整理を行う

裁判長当事者参加人は民事訴訟法第七拾一条後半の訴訟参加であるか

大野　その通り

裁判長　入会権は、地上権設定仮登記されると支障あるか

大野　引渡し、確認、登記全部支障がある

裁判長　入会権が登記なくとも第三者に対抗できる権利であることは明治三六年の判例法だが、そ

の点当事者参加人は請求趣旨で引渡しに言及していない

大野　登記抹消は、地上権設定登記がなされれば入会の使用収益が出来なくなる。所有権移転により所有者が変っても使用収益は出来るが地上権登記の場合は、債務者が使用する為登記されるもので入会民の使用は出来ない

裁判長　小柴、下草、やといもや等の種類、太さについて説明を求む

大野　小柴、やといもや、下刈は鉈切であって、立木の種類はなんでもよい

裁判長　参加人側の証人は次回迄に提出するよう

大野　証人は十名位又裁判所の入会の事実を見てもらう為、現地検証及学者の鑑定を依頼してもらう申請をする予定です

裁判長　原告側には入会を認否する証拠はなく、主として弁論的な反論しか出来ないと思う。地元の人なら証拠、証人はできると思う

裁判長　原被告、参加人各証拠の認否を次回迄にするよう

原告　丁十号証の認否については、鈴木俊光と打合せて行う。次回は九月十三日午後一時に決定する

裁判を終って午後五時より吉田壽荘にて吉田林務署係員と大野先生、当事者参加人で係争地の入会下刈手入れ状況について話し合う。午後七時三十分帰宅する

今回は準備手続き裁判のため一般の傍聴は中止して、代表者のみとする　弁護士は、大野、木村、江橋先生

入会権擁護委員長　大森　虎三
〃　副委員長　高村不二義
〃　委　員　高村　敬二
〃　〃　高村　徳治
〃　〃　高村　節久
〃　〃　河内　曠
〃　〃　坂本　隆利
浅間神社宮司　高村　宇八
計八名

一、七月十四日係争地下刈状況調査のため、東京大学教授の農学部造林担当の佐藤先生、北條先生を大月駅までお迎えし、高村不二義、大森虎三、坂本隆利、高村利雄、高村宇八の五名立会し、現地の調査をなす。調査を終えて撫岳荘へ先生を案内し、夕食を共にして帰宅する（両先生一泊）

一、九月十三日午後一時より開廷される入会裁判傍聴のため共和タクシー二台を貸切り、午前九時三十分山中発、御坂峠経由甲府着十一時二十分、弁護士三名を交え中食後傍聴に望む。本日傍聴に出席せるものは別出席簿による

判事　原告は契約条件をどう考えるか

原告　民法による契約のみでよいと思うが、登記所が統理の承認がなければ登記出来ないときは、被告の方でその手続を取る義務がある

判事　例えば農地を転用する場合、農地法で知事の許可が登記の条件になっていると同じものか
原告　唯統理の承認申請手続をなせば契約は有効であり、承認を受けることが条件でなければ、その必要がない
判事　原告は地上権確認等請求事件に定着物の引渡し請求をしていないが、その点どうか
原告　定着物は地上権に当然付き物で請求しない
被告　統理の承認が契約の内容になっている
原告　後で否認するが、統理の承認が効力発生の条件でない
判事　参加人の言う転石とは、どんな石か又転石と岩石とはどう違うか
参加人　転石は地表面に転がっている大小の石で、岩石は地下に埋まっていて動かない岩盤である
判事　原告の主張する地上権とは工作物設置の為使用するものか
原告　工作物および竹木を所有する為使用するもので、入会権については釈明し尽してあるので御結審願いたい
参加人　証拠、証人、鑑定の申立をして、現地の検証及最高の専門家に鑑定を命じてもらいたい引続いて丁十号証乃至十八号証迄の認否が行なわれ、十六号証坂本博の個人日記のみ不知、その他は全部成立を認め、特に丁十号証写真の撮影者並に説明書共に認める
原告　予備的証拠として、契約当時、山中区長が調達庁に対し、社有地の賃貸借解消通知書が出ているので次回迄に提出する
判事　次回迄に各当事者は書証、証人があれば提出すること。次回の開廷日は十月二十三日午前

十時、次回迄に鑑定人は決める。現地調査は十一月頃の予定にする
尚裁判終了後、大野、江橋両弁護士と打合せ、隣村の者で入会の事実を証する人達と十月十七日午前九時から富士吉田寿荘にて話し合うことを約す

（補註）北條浩は、入会については、裁判官・弁護士も無知であるために、専門の入会学者を鑑定人として申請し、裁判官の職権で鑑定人を選定して依頼することを強く主張した。入会裁判のはじまるときから、東京大学法学部・川島武宜教授を鑑定人として申請するほか、東京大学・渡辺洋三教授を川島武宜教授とともに山中浅間神社の入会についての鑑定人として予定していた。渡辺洋三教授は川島武宜教授の弟子であるが、渡辺正保側について山中部落の入会を否定した戒能通孝氏とも周知の間柄でもあったために、なんらかのかたちで戒能通孝氏の要請を受け入れると面倒になると考えたからである。また、旧山中村の村持地は、明治初年に国有地に編入されていて、国有地に編入された土地については入会権はない、という判決が大審院大正四年三月一六日があり（民録三二八頁。川島武宜監修・北條浩編『原本版・大審院最高裁判所入会判決集』昭和五四年、御茶ノ水書房）、それを原告（渡辺正保）が入会権否定の法律上の根拠とする可能性があると判断したため、法制史の専門家である東京大学法学部・石井良助教授と同・福島正夫教授にも大審院判決の否定の法律論を依頼した。

　川島武宜教授はもとより、石井良助・福島正夫・渡辺洋三教授は、鑑定人としての申請が行なわれる以前に、北條が案内して山中部落の調査をしていただき、少なくとも、国有地入会権肯定

の研究的立場を確認することであった。石井良助教授は日本法制史の大家である。また福島正夫教授は地租改正研究の大家であり、入会研究の第一人者であって、渡辺洋三教授も師事されていた。これらの方々は、北條が師事しており、かつ、学問的立場も同じであったことから、比較的容易に先生方の調査が決定したのである。北條が若干危惧したのは、石井良助教授が、大審院の国有地入会否定について、どのような論旨を立てるか、ということであった。そのためには、地租改正研究の第一人者であり、大審院の判決を否定されて、国有地入会存在を肯定している福島正夫教授を、石井良助教授を牽制することでお願いしたのである。また、東京大学農学部林学科の佐藤大七郎教授を林学の専門家として鑑定をお願いした。佐藤大七郎教授は、かって、北條が農学部大学院の古島敏雄教授の研究室で研究をしていたときに知り合い、林学について教示を受けていた縁固からである。

甲府地方裁判所は、鑑定人を、日本法制史・石井良助教授、民法・川島武宜教授、法社会学・渡辺洋三教授、林学・佐藤大七郎教授とした。

今日の裁判は準備手続裁判のため、代表者のみにて傍聴する　弁護士は大野、木村、江橋先生

委員長　大森　虎三　宮司　高村　宇八
副委員長　高村不二義　一般　高村　米春
委員　高村　利雄
〃　高村　栄作

古屋七五三男
〃　高村敬二　　計十二名
〃　高村軍治
〃　高村徳治
〃　坂本隆利
〃　天野音光

一、十月十一日裁判準備書面、証拠書類、打合せのため、虎三、不二義二名にて東京大野弁護士法律事務所を訪問用談して帰京す

十月十三日
午後一時より虎三、不二義両名にて富士吉田市の恩賜林役場及林務事務所を訪れ、裁判打合せを行なう

十月十七日
壽にて入会裁判、隣村関係証人及林務署係員等と話し合いのため、大野、江橋両先生と、虎三、不二義、晴尚、長池天野清、林務署杉本係長の話し合いをなす

十月十九日
大森虎三、高村不二義、古屋七五三男の三名共和タクシーにて忍野村忍草の天野健宅を訪れ、係争地の隣村証人に依頼して帰宅する

十月二十日午後一時山中小学校に委員会を開催する

本日の出席者及決議事項は、参考書綴りの会議録にあり、その他報告事項として
一、隣村証人選任について
二、係争地入会権について学者の調査実施について
三、学者の係争に対し育成状況の調査について
右三項目について、副委員長高村不二義、詳細に報告し午後三時閉会する

十月二十三日

入会裁判傍聴のため共和マイクロバス一台にて午前七時三十分山中出発、九時三十分甲府着、十時より傍聴する。出席者参考書。
本日の裁判は前回に引続き準備手続き裁判にて、裁判の順序、進め方について打合せをなす
現地検証を来る十一月二十日午前十時稲荷神社前に集合なし検証を行なう
次回の裁判日は十二月二十三日午前十一時、証人呼出を行なう。再尋問のため坂本好治証人と、貸借契約当時の区有志会の会議の様子について、高村捷治証人を尋問することになる。十一時三十分終了し中食後帰る
帰宅後、大森虎三、高村不二義、坂本隆利の三名にて、富士吉田の恩賜林組合に大森《（渡辺）》時雄氏を訪ね、隣村関係証人として依頼し、帰郷して明二十四日午前九時より東大、川島、石井、渡辺三先生が係争地入会鑑定人として現地及び山中区の住民より入会の状況、特に利用収益の下調査をするため、高村忠吉、羽田恒司、高村捷治三氏を依頼する
今日も準備手続き裁判につき、一般の傍聴は中止して、代表者のみとする

委員長　　大森　虎三　　　宮司　高村　宇八
副委員長　高村不二義　　　一般　高村　米春
委員　　　高村　利雄
〃　　　　高村　栄作
〃　　　　古屋七五三男
〃　　　　高村　敬二　　　計十二名
〃　　　　高村　軍治
〃　　　　高村　徳治
〃　　　　坂本　隆利
〃　　　　天野　音光

十月二十四日
午前九時より係争地に鑑定人東大教授川島、石井、渡辺三先生と、大野弁護士、虎三、不二義、宇八、相手方より鈴木弁護士、渡辺正保、管理人立会にて入会状況の調査をなす。十二時、下調査終了し旭丘にて中食し、午後一時三十分より山中湖村役場に於て鑑定人は山中区老人より係争地に関しての入会の状況、昭和二十六年当時、神社側と渡辺正保の間に行なわれた契約の前後の山中区有志会の様子等について高村忠吉、羽田恒司、高村捷治から聴取する

十月二十九日
午後一時より山中小学校体育館に於て神社有地入会権利者大会を開催する。本日の大会出席者

百二十六名　委員長挨拶に引続き、副委員長より入会裁判の経過報告及当事者参加訴訟の適法性と入会権について詳細説明をなし、高村高元氏より委員に対して感謝のことばがあり、引続き議事に入り、1．民事予納金納入についての説明をなし萬場拍手を以て賛成し報告通り承認する。2．裁判に伴う委員会の運営について、当事者参加訴訟は入会民全員の裁判なのに一般に無関心で他人事のように考えているものが多いので、一段の協力を要望、一同、協力を約し、委員会の運営を円滑にするよう引続き大会決議文を作成、朗読。一同入会権の確認される迄は幾年に亘るとも断固斗争を続けることを決議し散会する

十一月七日

係争地が自然林か育成林か又どのように手入等がなされたかを調査するため、鑑定人の東大教授佐藤先生及吉田林務署杉本係長来訪し、入会側大森虎三、高村不二義、槌屋晴尚、神社側、高村宇八、坂本隆利、高村軍治、原告側、渡辺正保と管理人立会にて現地状況を調査す。午前中に終了し旭ヶ丘にて中食し散会す

十一月十一日

午前九時より吉田林務署係長杉本鑑定人と助手、大森虎三、高村不二義、坂本隆利立会にて係争地の育成手入状況について調査をなす

十一月十二日

午後一時より山中小学校図書室に於て委員会並に証人の打合せ会を開催する

本日の会議の出席者、左の通り

高村栄作、槌屋義明、高村高元、高村徳治、高村宇八、大森虎三、高村不二義、天野音光、高村平治、高村利雄、高村敬二、高村十一郎、槌屋晴尚、古屋七五三男

一、弁護士大野先生より次の事項について聴取する

1. 北畠八六五の二の土地は誰の財産か

神社有財産であるが、払下当時二十円宛拠出した旧家の者とその分家の者で、財産の権利に加入金を納め（た）者及び山中区に二十年以上居住し、引続き永住の見込みを以って加入金を納めて資格を興えられた氏子が財産の処分や管理をする。言換えるならば神社のものであるが、実際には山中区住民全員一致した意志で管理している

2. 山中区民とはどう言う者か

山中区に永住することが条件で、警察官、学校教員、自衛隊員、季節労働者、東電従業員等は材産管理の仲間ではない

3. 神社有地の入会の行為は、氏子権利者でない。それに準ずる一般の区民でも認めているのか。山中区の住民で警察官、学校職員、東電従業員等をのぞいては誰でも入会の使用収益は出来る

4. 氏子と区民とは違うか

神社財産の処分管理する氏子と入会の使用収益する区民とは違う

5. 財産の貸借処分はどのような手続きでなされるか

区有志会で立案したものが常会（組寄合）の承認を受けて決めなければならない。これは慣例である

6. 大正十四年に東大へ神社有地を寄附しているが、その時はどのようにして寄附したか
山中区の有志会で東大よりの申込みに対し協議し、山中湖の開発のために寄附したらどうかと山中区住民百四十余名に相談して全員の同意を得て寄附したのである

7. 大出山が農地買収されて、誰外何名の共有地に何故登記されたのか
大出山は採草放牧地として農林省が買上げたものを、買収前が神社有地であったので、氏子であった権利者で農林省より再び買受けたものである

8. 係争地の内五萬坪は当時の有志会が貸す事を決定したのか
貸す事もよいが、貸すについては先方を良く調査してからと言う事で、五万坪貸す事は決議していない

9. 坪当り地代三十円と言う話しはあったたか
地代三十円と言う話しはあったが、決めたものではない

10. 係争地を契約するについて常会（区民）に相談したか
全然相談も同意も得ていない。有志会では貸すには相手の事業内容よく調査してからでなければ貸せられないので、バス二台でも貸切って東京の渡辺正保の事業所を見に行く事に決めてあったのを、少数の者が秘密に行って契約して来たのである

11. 二、三男対策として神社地を三〇〇坪宛住宅地に分割してあるが、その仲間に氏子としての権利のない者も含まれているが、それはどう言うわけか
それは終戦後、軍隊、徴庸等から帰還し、住宅地難の特殊事情のため、山中区の住民に貸付けた

ものて、地主はあくまで神社であって所有権を登記することは認めていない
二、来る十一月十八日川島、渡辺両先生が再度入会鑑定の下調査に来るので、当日の説明する者を、大森虎三、高村不二義、高村栄作の三名と決定する
十一月十八日　午前十時より、山中部落の入会慣習を調査するため来山した川島、渡辺両先生をホテルマウント富士に大森虎三、高村不二義、高村栄作、高村嘉吉、高村宇八の五名にて訪れ、神社有財産の管理処分分割及係争地五万坪の貸借について種々質問があり、説明の後は午後二時より山中部落の井戸、石垣、炊事風呂用の燃料を両先生並に代表者にて調査して、午後四時共和タクシーにて両先生を大月駅まで送る
十一月十九日　午前中、大森虎三、高村不二義にて昨日鑑定人の調査せる山中部落の井戸、石垣、薪など写真をうつし書類の整理を行う
十一月二十日　晴時々曇り
午前十時より裁判官、当事者参加人、原告、被告、被告補助参加人にて係争地の実地検証を行ない、午後は役場及山中小学校、山中部落、井戸石、石垣、薪、住宅基礎等を検証し、後マウント富士の展望より係争地の前景を眺め、種々説明して本日の実地検証を終る　時三時
本日の検証に出席せる委員左の如し
大森虎三、高村不二義、高村嘉吉、高村軍治、高村敬一、古屋七五三男、高村徳治、高村栄作、高村利雄、高村節久、高村　嘉、天野音光
十一月二十六日　晴

午後一時より大森虎三、高村不二義、高村軍治、高村嘉吉、高村宇八の五名にて富士急行吉田営業所に、裁判傍聴の為のバス一台を申込み、後恩賜林役場に北條先生を訪ね用談後、夕食を共にして午後八時帰宅す

十一月二十九日　晴

去る十八日撮影した部落の井戸、石垣、薪等の写真を大野先生の事務所へ郵送する。虎三、軍治、宇八、役場書記滝口菊雄の四名にて、県庁に出張し山梨県林政誌を借用して帰る

十一月三十日　曇

午前十一時より林務署の杉本、田辺氏が訪れ、虎三、不二義、晴尚の三名にて用談し中食後帰る

十二月一日　晴

高村不二義　山梨県林政誌の内容について、入会の研究を行う

十二月六日　薄曇り

午後一時より大森虎三、高村不二義の二名にて共和タクシーで吉田林務署の民有林課と係争地の事について会談し、それから役場の滝口書記を訪れ、用談後帰る

十二月七日　曇り

大森虎三、高村不二義にて大野弁護士と打合せの為、東京虎ノ門法律事務所を訪れ、次回裁判に対する種々打合せを行い、午後四時一〇分発の列車にて帰途につく。富士吉田で夕食、午後八時三十分帰宅する

十二月十日　晴

午後大森虎三、高村不二義の両名にて、共和タクシーにて富士吉田林務署民有林課を訪問、用談の後帰宅する
十二月十一日　曇り後雨
午後、大森虎三、高村不二義にて役場に行き、入会裁判に必要な書面の作製を行なう
十二月十三日　晴
午前中より大森虎三、高村不二義にて役場に行き、十一日行なった書面の整理をなす。中食後午後も引続き作製して帰る
十二月十四日　晴
午後、大森虎三、高村不二義にて富士吉田の恩賜林と林務署に用談し、後四名にて夕食なし帰宅する
十二月十五日　薄曇り
午前中、大森虎三、高村不二義にて、書類の整理をなし午後、山中湖役場へ出張印刷する
十二月十七日　晴西風強し
午前中、大森虎三、高村不二義にて役場に出張、北畠八六五の二山林調査報告の書類と参考写真を整理して正午帰宅する
十二月二十日　小雨
午前十時より、吉田林務署民有林課を訪れ、用談後、裁判所宛郵便物を吉田局より差出し帰る。虎三、不二義
十二月二十三日　雨後曇り

甲府裁判傍聴の為午前八時四十五分山中発富士急行バス一台貸切って甲府着十時四十分、十一時より神社有地上権確認等請求事件について、坂本好治の再尋問を傍聴する。高村捷治証人は都合により欠席する

本日の傍聴者は五十七名にて、別出席簿による

諏訪組	第一組	第二組	第三組
高村徳治	高村節久	大森虎三	高村省一
高村利雄	羽田恒司	高村嘉吉	羽田佐重
渡辺長治	古屋七五三男	松井　忠	坂本隆利
三井俊雄	高村十一郎	高村栄作	高村平治
今泉福二	高村武則	高村高元	高村敬介
高村喜和治	宮本友春	高村栄一	羽田重宜
羽田興市	高村正雄	坂本菊次郎	
		坂本也一	
		中村志郎	

第四組	第五組		二の橋組
高村不二義	槌屋晴尚	杉浦朝治	高村軍治

高村敬二　高村　泰　高村　進　柘植定市
河内　昿　高村明雄　高村安冨
高村宇八　坂本諏坊蔵
坂本　博　羽田　英
槌屋絹美男　鮎川　篤
佐川福二　羽田昭三
高村米春　高村　一
高村頼子　羽田良昭
高村壽雄　坂本朝光
高村且之助　杉浦忠睦
坂本房明
杉浦朝治
高村　進

計　五十七名

十二月二十四日　晴西風強

午後一時より小学校会議室に於て、区長引継に委員長及副委員長出席する

一九六六年

昭和四十一年

一月三日　午後一時より、小学校会議室に於て山中区四十一年度事業予算の有志会を開催し、委員長、副委員長出席す。神社有地保護強化対策費百萬也を承認する

一月七日　晴

午後一時より山中小学校会議室に於て委員会を開催する。本日の会議に出席者左の通り

大森虎三、高村不二義、槌屋晴尚、天野音光、羽田輝次、高村利雄、松井　忠、坂本　博、高村宇八、高村省一、羽田三美男、高村軍治、高村栄作、古屋七五三男、高村敬二、坂本勝次

本日の会議の詳細は会議録による

一月二十七日　晴

午後、大森虎三、高村不二義にて林政誌印刷と書類コピーの為、役場に出張。滝口菊雄氏に印刷を依頼帰る。西の風冷たく往復共和タクシー使用す

二月四日　晴

江橋弁護士　高村捷治氏宅を訪れ、高村軍治立合って打合せをなす。後、虎三、不二義、隆利、軍治にて、吉田ことふきに江橋先生へ同行、種々打合せて帰る

二月五日　晴

午前九時三十分、虎三、不二義、軍治、宇八、四名にて甲府地裁民事部を訪ね、去る十二月二十三日行なわれた坂本好治の証人調書の写を依頼して午後七時帰宅す

二月九日　晴
午前九時より虎三、不二義、軍治、嘉吉、宇八の五名にて役場へ行き、坂本好治の証人調書のコピー及佐藤大七郎東大教授の鑑定書を印刷して、午後富士吉田都留信用組合へ江橋弁護士を訪ねたが、不在のため三時頃帰宅し、改めて五時頃寿（荘）に江橋先生を訪問、証人調書を渡し用談後帰る
二月十六日　晴
本日午後一時より山中小学校会議室に於て、左記の件について委員会を開催す。詳細は会議録による
協議事項　大野先生より紹介について左記事項
1．神社有地を原告に貸すについて、区民が区長に契約の代行を委任した事実があるかどうかについて
2．坂本好治等が原告と神社有地を貸借契約後、氏子はどのような反対運動を起したか
猶本日、東京大学佐藤鑑定書及坂本好治の証人調書を出席委員に配布する
二月十七日　小雨
高村不二義、裁判のため必要なる書類の作製をなす
二月二十五日　小雨
午後一時より小学校会議室に山中区有志会を開催し、左記事項につき審議する。当日、委員長大森虎
三、副委員長高村不二義出席する
一、山中湖水利問題について
二、神号標建立について

三、水止め設置について

二月二十六日　薄曇り

午後二時より小学校会議室に神社有地対策委員会を開催する。弁護士、木村先生出席して、来る三月十五日開廷の裁判の打合せを行う。出席者は対策委員会に於て記録する

二月二十七日　雨

午後三時より虎三、不二義両名にて役場に出張し、滝口氏に依頼してあった山梨県林政誌の印刷製本なし三十部作って関係者で夕食をなし帰る。雨のためタクシー使用す

三月一日　晴

入会裁判打合せのため、大森虎三、高村不二義、東京虎ノ門大野先生事務所を訪れ、種々打合せを行ない午後九時三十分帰宅する

三月三日　晴

午後一時より山中小学校体育館に、山中湖水利使用問題と、神社有地裁判についての山中区民大会を開催す。出席者

神社有地裁判については、対策委員長より挨拶があった後、裁判の経過について高村不二義より報告し、引続き甲府地方裁判所に於て証人調が行なわれた際証人の坂本好治の証言は事実に反する嘘の証言がなされたので、その嘘の証言のため、裁判が間違っては大変なので、この点明にするため、事実報告をしたいから、皆の署名をお願いするとの説明をなし、なお証人調書読み上げ、権利者　　名の協力調印を得る。終って区長松井忠、別紙決議文を読上げ、満場一致確認して午後五時散会する

三月七日　小雨
午後一時より小学校会議室に緊急対策委員会を、左記の件について開催する
出席者　大森虎三、高村不二義、古屋七五三男、高村安富、高村徳治、高村敬二、高村嘉吉、松井忠、高村省一、高村宇八、坂本隆利、天野音光、高村栄作、高村軍治
協議事項
羽田貞義氏よりの申込みに対し、三日の区民大会に於て調印した報告書は、裁判証言が嘘のため偽証に使うものでは村が混乱するので、是非円満に話合って善処したいので取計らい願いたい旨の話しあり。委員会としては前の裁判に於ける好治、大蔵、吉三の証言は事実に反する嘘の証言なので、それを法廷に於て取消すことが確約実行出来るなら、話合ってもよい旨回答する
三月十二日　晴
午前中より虎三、不二義、軍治、隆利の四名にて、弁護士に報告する書類を整理する
三月十三日　晴
午後一時より虎三、不二義にて、役場に行って報告書、上申書、証人調書、比較対照等のコピーをなす
三月十四日　晴後小雨
午前中、虎三、不二義、隆利、晴尚四名にて吉田林務署訪問、用談後帰宅。午後、裁判打合せのため、大森虎三、高村不二義、坂本隆利、高村軍治、高村宇八、高村節久と次回証人の高村捷治にて甲府に出張、大野、江橋先生と打合せ一泊なし

三月翌十五日

午前十時甲府地裁にて、次回裁判の期日を打合せる。三月十五日開廷予定の裁判は、原告代理人が病気のため延期となる。次回は五月二十四日午後一時。裁判官との打合せ、原告正保、被告江橋、当事者参加　大野、虎三、不二義

1. 鑑定書が出るまでに原告、被告の側の証人調べをする
2. 特殊裁判なので昨年より集中的に審理する方針
3. 原告代理人鈴木俊光は証拠調べの申請をするといっているが、まだなんともないが代理人にその旨伝えるよう
4. 再尋問はなるべく早く申請されたい
5. 入会関係の証人は多くなるから夏休み前に終りたいので、現地に出張して証人調べは行なう予定である
6. 被告側は入会権確認については争わないと言っているが、被告に補助参加している国がその点なんとも触れていない。入会の事実を認めるのか否認するのか全然解らない
7. 次回までには学者の鑑定書も出揃うと思う

入会裁判傍聴者氏名

日時　昭和四拾壱年参月拾五日

場所　甲府地方裁判所裁判官室

本日の裁判は原告代理人鈴木俊忠が病気のため代表者のみにて傍聴する

職名	役名	名前
	入会委員長	大森　虎三
	入会副委員長	高村不二義
第一組長	入会委員	高村　節久
氏子総代	入会委員	高村　軍治
浅間神社宮司	入会委員	高村　宇八
	証人	高村　捷治
		六人

三月十七日　晴

弁護士へ報告する書類のコピーをするため、虎三、不二義　役場に行き午前中にて終了す

三月十九日　風小雨

午前六時共和タクシーにて江橋弁護士と打合せのため佐重、不二義、嘉吉、軍治、宇八の五名にて出発。東京着十時、渡辺正保より契約の手付金五〇万円を供託するため、弁護士に渡し、その他裁判に必要な書類を提出、用談後、大野弁護士の事務所を訪問、午後三時帰途に着く。九時無事帰宅

三月二十五日　曇

午後一時より小学校会議室に委員会を開催す

一、会議事項　詳細は会議録による

1. 神社有地下刈実施について、仮執行地域内北畠八六五の二
2. 当事者参加人脱印者の賛同書調印について
3. 三月十五日裁判打合せ報告について

二、出席者　十五名　出席簿の通り
高村嘉吉、高村軍治、高村保富、大森虎三、天野音光、羽田三美男、坂本　博、高村省一、古屋七五三男、坂本隆利、高村宇八、槌屋晴尚、坂本勝次、高村不二義、高村敬二

二 『日誌』第二分冊

一九六六年

昭和四十一年四月

四月五日　曇り後晴

神社有地北畠八六五の二仮処分地域内の立入許可に基き松植林地の下刈作業を実施す

実施に当って区長の挨拶と氏子総代より下刈許可と作業の実施上の注意、対策委員長より神社裁判に反対する者の下刈についての取扱い、対策委員より神社有地裁判と仮執行について経過を報告、後各組毎に一斉に下刈作業を行う

本日の下刈作業出動者数

四月六日　曇り

昨日に引続き神社有地の下刈作業を実施する

本日の下刈作業出動者数

四月十日　晴

大野弁護士と打合せのため共和タクシーにて、区長松井忠、高村宇八、大森虎三、坂本隆利、高村不二義の五名にて東京出張、用談後午後八時帰省

四月十一日　小雨

早朝より、虎三、不二義、忠、隆利、軍治、宇八、博の七名で、神社財産保護に反対する者に回答を求める内容証明書を作製するとともに書類の整理をする。書類の完了午後十一時三十分　散会する

四月十二日　晴

昨日作製の内容証明郵便二十一通を反対者宛送達する。引続き午後一時より委員会開催、会議録の通り

四月十三日　晴

午前九時より北畠八六五の二松幼会林の内、前回下刈の残部分を下刈する。本日の作業出動者はほとんど区全員で、午後四時三十分許可区域全域の下刈を終了する。本日の下刈作業出動数

四月十六日　晴

江橋先生と打合せのため、松井忠、高村嘉吉、坂本隆利、高村宇八、高村不二義の五名にて、共和タクシーで富士吉田寿旅館に出張、用談後帰宅午前十一時

五月二十三日　雨

高村不二義、坂本隆利、高村嘉吉、高村宇八、高村捷治の五名にて、明日開廷裁判打合せのため、共和タクシーで甲府湯村昇仙閣に宿泊。江橋弁護士と打合せをなす

五月二十四日　晴

甲府地裁の入会裁判傍聴のため、富士急行バス一台にて午前九時、区民傍聴者五十名にて出発。甲府市かど柳食堂にて中食、午後一時より傍聴する

本日の裁判では、神社側の証人高村捷治氏の尋問が行なわれる。神社側より契約当時の有志会を立証するため証人申請をなす。国側は当事参加に主張しない

原告は証人申請打合せのとき書類を提出する

鑑定書が出てから次回の開廷日を決める

諏訪組
高村　徳治
高村　利雄
羽田　素広
羽田　重良
望月　徳蔵

第一組
高村　節久
古屋七五三男
高村　捷治
高村　嘉平

第二組
大森　虎三
松井　忠
高村　嘉吉
高村　高元
高村　栄作
三橋　勝治
高村　猛
坂本　清治

第三組
高村　省一
羽田　佐十
渡辺　仁
坂本　隆利
高村　平治
高村　寿
槌屋　進

第四組
河内　曠
高村不二義
坂本　伝
高村　敬二
高村　宇八
槌屋絹美雄
河内仁三夫

第五組
羽田　輝次
坂本　勝次
坂本　房吉
高村　高光
天野　一美
平山　輝明
羽田　金満

二の橋組
天野　音光
高村　保富
高村　軍治
尾崎　茂弥
菊地　満房

高村　米春　　　高村　亦男
坂本諏美男　　　坂本　勝利
高村三子男　　　高村　進
　　　　　　　　坂本　朝光
計五拾名

六月十四日　晴
北條先生　古文書調査のため副委員長宅（高村不二義）を訪れ、旧字名、山中村戸数等を調べる　立会者　大森虎三、高村不二義、高村宇八、高村軍治、坂本隆利、終りて、富士吉田迄送り夕食後帰る
夜るは総代長高村嘉吉氏宅に於て、神社有地分割地内水道施設の無断工事についての取扱いの会議あり、入会擁護委員会より副委員長参画す
六月十六日　雨
午後一時より副委員長宅に緊急委員会を開催す。出席者十九名明細は出席簿による
本日の協議事項
1．入会権権利侵害について（北畠八六五の二分割地水道工事）
2．入会地の借地証明について（北畠八六五の二個人分割地内）
3．係争地の利用者に対する注意立札の建設について（神社有地の裁判中の土地を渡辺正保が売買する動があるので）
三項とも弁護士の先生の指示を仰いでするため、代表者が近日中に大野先生を訪問すること

六月二十日　小雨

本日東京都港区芝四丁目三番二号渡辺正保より、山中湖村山中北畠八六五の二の神社有地に温泉掘搾申請が役場を経由して山梨県知事及厚生大臣に提出されたので、現地は裁判中の土地なので、申請書類の内容を検討し、弁護士大野先生に報告のため、虎三、不二義、嘉吉の三名で調査のため村役場に出張する

六月二十二日　曇

大野先生と打合せの為、不二義、忠、宇八、三名にて東京出張す

打合せ事項

1. 神社有分割地内水道工事施設承認について
　事業者より、工事設計書並に事業計画書の提出を求め、それに基いて常会、大会等で権利者の同意を受け（同意は全員署名でなくとも同意決議書でよい）更に、地主神社と水道事業者との間に使用契約書を作ること
2. 神社有地個人分割利用者に対する借地証明について、書式一号様式にて宮司名にて証明すること
3. 北畠八六五の二は係争地であることを知らせるための注意の立札設置について予定原案通り立てること
4. 北畠八六五の二係争地内へ渡辺正保が温泉掘搾と工作物設置の申請を提出したので、之が対策について

県及厚生省に対し、この土地は裁判中なので仮工作物設置及温泉掘搾の許可申請がなされても許可し

ないでほしい陳情書を提出すること。午後九時帰宅す

六月二十三日　曇

午後三時より、山中小学校理科室に於て、左記事項について委員会を開催する。出席者及決議事項は会議録にあり

協議事項

一、神社有地分割地内水道施設承認について

二、神社有地個人分割利用者に対する借地証明について

三、神社有地北畠八六五の二は係争地であることを知らせる立札設置について

四、係争地内に仮工作物及温泉掘搾の許可申請が出されたので、之が対策について

六月二十四日　曇

副委員長宅に於て、山中区及神社の日誌、会議録、会計簿、その他財産処分に関係する書類について、左の事項を調査する

1. 入会権利者と氏子の関係

2. 氏子新加入と加入金はどのように決めるか（証する書類）

3. 常会の出席範囲協議事項（証する書類）

4. 財産処分の手続（公示、神社本庁承認、貸借、公売、全員賛否契約）（証する書類）

5. 神社財産より生ずる金を個人に配分した実例

6. 財産収入金の受納区分、用途

7. 過去に於ける財産処分の実例
8. 係争地を含む神社有地の入会はどのように行なわれたか、それを証する書類
午前九時より午後六時まで調査する
本日の調査に立会せる者
高村不二義、大森虎三、坂本博、松井忠、高村宇八、高村嘉吉
六月二十五日　晴後曇
昨日に引続き午前九時より書類の調査をなす。鑑定人川島東大教授入会調査のため来村するので、高村不二義　午後三時三十六分大月駅に出迎て、ホテルマウントに送る。帰宅して引続き書類の調査
午前九時より午後十一時四十五分迄の、十四時間四十五分の長時間に亘り調査する
調査に立合せる者
高村不二義、高村宇八、大森虎三、槌屋晴尚
六月二十六日　晴
午前九時よりホテルマウントに於て、川島、渡辺鑑定人による入会権確認訴訟の鑑定に必要のため、山中部落入会慣習の最終調査をなす
本日の調査に証拠資料を提出するとともに、事実を立証するため、区長　松井忠、氏子総代　高村嘉吉、羽田佐十、委員長　大森虎三、副委員長　高村不二義、宮司　高村宇八の六名にてホテルへ出張する
先生の調査及質問事項
六月二十四日に調査せる八項目について質問あり

猶次の事項について調査して来月三日午後一時に、その結果を東大に報告すること
一、山中区の戸数と入口及入会戸数、氏子戸数
二、各組毎の一般住民、氏子、入会戸主名簿
1. 大正六年社地払下当時二〇円出した旧家氏子戸主名簿
2. 新加入の加入者名、加入金額
3. 旧家氏子権利者中他町村に転出して氏子の権利を失格した者
4. 氏子と入会権利者との資格の差異
三、神社有土地取得理由は何故作られたか
四、神社財産処分契約（区長、宮司氏子総代、各別に、その他区長、宮司氏子総代連名の場合、諏訪堀処分の場合のもの）
五、昭和三十一年頃より十ヶ年間の区及神社の会計
1. 神社会計簿
(イ)一ヶ年毎の総収入（収入経路明細記入）
(ロ)区長渡しの金額及年月日
2. 区会計簿
(イ)神社財産より直接区会計の収入になった金額、収入年月日
(ロ)神社会計を経て受入れた収入金額及年月日
六、自家用以外の転石採取が出来なくなったのは何時頃か、何の会議で決めたのか

七、昭和二十四年に分割した文化住宅地の貸付についての会議、記録及借地料徴集の証拠
八、旧家割地分割理由と借地料を取らない理由、登記はどうか
右調査及打合せを終り両先生を大月駅まで送る

六月二十七日　小雨
午前中より虎三、不二義、帳簿の調査をなし、午後三時より副委員長宅に於て、緊急委員会を開催する。出席者氏名及会議詳細は会議録にあり
本日の協議事項
一、住民、入会住民、氏子、名簿作成について
二、十ヶ年間の会計報告書作成について
右は何れも鑑定人に提出するため必要のもの
去る六月二十三日の会議に於て購入することを決定したリコピー機を富士吉田市丸茂衡機の係員が持って来る。委員会出席者全員にて試運転及点検したるも原稿と感光紙が分離する機械と交換することにして、その機械が来るまでこの機械を使って居る

六月二十八日　大雨
四号台風関東南海上にあり、大森虎三、小学校にて文書のコピー、不二義、自宅に於て古文書調査、羽田佐重、高村軍治、槌屋晴尚三名にて会計報告書の作成にかかる
区長は役場に出張し、山中区住民氏名及戸数の調査をなし、副委員長宅に於て文化住宅地借地人名簿を作成したり、旧家氏名の検討をなす

列席者は、区長、代理者、宮司、委員長、副委員長、羽田佐十、高村軍治　夕食後散会する
六月二十九日　晴
午前中　不二義、宇八　二名にて書類の整理、午後　丸茂衡機、原稿と感光紙の分離するリコピー機来る。試運転及使用方法指導を受け、去る二十七日に入れた機械と取り換える
立会者　大森虎三、高村不二義、羽田佐十、高村宇八、高村軍治、高村敬二の六名
六月三十日　曇
不二義　終日書類の整理、川島先生より電話連絡あり。去る二十六日打合せた通り、七月三日午後一時東京大学、社会科学研究所に出張すること
七月一日　雨
虎三、不二義、宇八　三名にて副委員長宅で書類整理
七月二日　雨後晴
副委員長に於て、虎三、不二義、佐重、宇八、軍治、嘉吉、忠の七名にて、明日東大の鑑定の先生に報告する書類の整理、コピーをなし午後九時三十分散会す
七月三日　曇
東大法学部鑑定の先生に、関係書類提出のため、虎三、不二義、忠、宇八　四名にて、午前七時山中出発。途中代理弁護士　大野先生と会談し午後一時東大法学部に、川島、渡辺両先生を訪ね、去る六月二十六日調査報告を求められた書類を提出なし、更に説明して先生の了解を得、午後四時二十分退出し、午後八時三十分無事帰宅なす

七月十二日　晴

六月二十三日委員会に於て決定した、北畠八六五の二は係争地につき注意の立札を午前中設置する。

午後二時四十分より山中小学校体育館に於て、有志会に委員長、副委員長出席する。案件は山中小学校建築資金指定寄附について金額八百万円、三ヶ年分納を決め、二時三十分より入会権利者大会を開催する。出席者及決議事項は出席簿及会議録にあり

七月十三日　曇

午前十時より、高村不二義、松井忠、高村軍治、高村宇八の四名にて、防衛庁施設事務所、厚生省管理事務所、富士急行自動車部に各々用件のため出張　午後四時三十分帰宅する

七月十四日　曇

午後六時より大森虎三、高村不二義、高村軍治、松井忠、高村宇八の五名にて水道敷土地使用について契約書を作成するため、富士吉田市木村弁護士を訪れ、原案を作って帰宅する

七月十五日　晴

農業委員選挙

一、会議時間　午後

二、場所　山中小学校図書室

三、会議　区会、氏子総代会、入会委員の合同会議

四、議案

1. 水道敷土地賃貸借契約書案検討について

2. 水道敷使用賃料の額の決定について

五、出席者　十五名出席簿による

七月十六日　曇り

高村不二義、松井忠、坂本博　三名にて水道敷土地賃貸借契約書の整理をなし、副委員長宅へ申請人坂本虎雄、高村国夫、高村弘一の三名を呼んで契約書案を示したところ、各条項とも了承同意する。高村軍治　立合う。

七月十七日　晴

山中部落周辺の図面コピー、契約書案のタイプ及び渡辺正保よりの温泉掘搾の承諾書についての内容証明郵便が来たので、木村弁護士に相談するため、宮司、不二義にて富士吉田に来出、夜七時頃帰宅す

七月十八日　晴

借地証明書用紙の印刷に不二義、宮司で小学校に依頼し、夕方虎三、不二義、宇八、忠の四人で、去る四月五日神社有地の下刈中、負傷した大森松治氏妻を公傷として入院加療に係る医療費金壱萬五千円也を同人に支給する

七月十九日　晴

水道敷土地使用賃貸借契約書のタイプが出来上がったので、区民の承認を得るため、区長に書類を送達する

七月二十九日　晴

入会副委員長　高村不二義、神社宮司　高村宇八、対策副委員長　高村軍治、区代理　坂本博、神社会計　羽田佐十の五名にて、左記事項について江橋弁護士と打合せをなす。午後四時より、吉田市ことぶきに於て
一、温泉掘搾について、渡辺正保よりの内容証明郵便の取扱いについて。回答はださないこと
二、県道山中忍野線拡幅については、所属する県より正式に申込みがないので、忍野村よりの要請には応じないこと
三、神社有地分割地の借地証明を出す場合、名義人が死亡しているときの取扱いについては、登記所の事務に準じて処理すること

八月五日　薄曇
午前十二時、東大法学部鑑定人渡辺先生より、高村不二義に左記の事について電話連絡あり
一、鑑定書に入会の慣習を書くについて、その聴取した者の氏名の再確認をされる
高村忠吉、羽田恒司、高村捷治、高村宇八、大森虎三、高村不二義、羽田佐十、高村嘉吉、松井忠、坂本好治
右十名の氏名を報告する
二、鑑定書の証拠として、山中区入会関係史料集を九部必要なので、北條先生に郵送すること

八月十五日　曇り時々雨
午後二時より山中小学校図書室に於て、左記事件について緊急委員会を開催する
出席者　高村不二義、高村宇八、高村栄作、高村徳治、松井忠、高村嘉吉、古屋七五三男

会議事項

一、神社有地旧家割地に電柱建設申込みについて

1. 申請地は神社が地主のため、東電より正式に神社に対し承諾の申込みがあったときは、関係者の協議により同意することとする

2. 分割利用地を神社の同意受けずして借地人の任意により、権利の譲渡なし、転貸する者があるので、注意書を配布すること

3. 東電吉田営業所に行って旧家割地内の電柱建設の設計書を閲覧して、位置変更をするとともに、用地折衝に当っては地主である神社との間で行なうよう交渉する。右事項を決定し会議終了後、松井区長、高村宮司、氏子総代長高村嘉吉、入会副委員長高村不二義、氏子総代古屋七五三男の五名にて、富士吉田東電営業所に出張し、委員の決定事項を示し了承を得る

八月二十二日　雨

大野先生より打合せのため八月二十九日東京虎ノ門法律事務所に出張するよう電話連絡あり

八月二十九日　晴

高村不二義、松井忠の二名で東京、大野先生と打合せのため出張する

午後一時より虎ノ門法律事務所に於て、左記事項について打合せを行う

一、神社分割地の第三者への譲渡、転貸についての注意書には神社の名義で配布すること

二、県道山中、忍野線の拡幅についての忍野村長よりの申込みには応じないこと

三、神社有地内に温泉掘搾の同意についての渡辺正保からの要請には応じないこと

四、川島、渡辺鑑定書には既に裁判所に提出されているが、石井鑑定書も九月半ば頃迄には出揃うので、それが出次第大野先生が山中に持って来る

五、神社有地の借地証明を出す場合、名義人が死亡しているときは、その子供全部の協議書により名義変更する

六、温泉掘搾の反対陳情書は速やかに提出すること

九月一日　晴

山中諏訪神社の奥宮の祭に副委員長高村不二義、参列する

当日の例祭は明神山頂奥の院に於て行なわれ、宮司、氏子総代、区長、代理者、常会長並に平野区長等が参列して厳粛に行なわれた

九月十七日　曇り

木村弁護士より、山中浅間神社有地の甲府地方裁判所　昭和二九年（ワ）第一三九号地上権確認等請求事件の鑑定人　川島武宜博士、渡辺洋三博士の鑑定書を送付する。内容は山中部落民は北畠八六五の二山林一四万四千六百坪に入会権を有する。その性質は、民法に想定する共有の性質を有する入会権で、したがって本件入会地の処分には、入会権者全員の同意が必要であることは、うたがう余地はないというものである。

〔補註〕

〔鑑定書〕

山中浅間神社入会裁判において、石井良助・川島武宜・渡辺洋三教授が甲府地方裁判所に提出した『鑑定書』では、山中浅間神社所有地の法律的性質について、つぎのように述べている。なお、『鑑定書』は、一九六九年に『法学協会雑誌』（第八六巻第一号、東京大学法学部）に、として再録されている。これによれば、まず、川島武宜・渡辺洋三教授は、浅間神社有地の法制的鑑定について、つぎのように述べている。（主要部分のみ掲出）

川島武宜・渡辺洋三教授の、抗争地の法律的性質について。

一　総論

山中部落の構成員は、本件土地を含む神社有地に対し、上述したような使用収益処分の慣行を有する。この慣行の法的性質は、一種の総有である。そうして、山中部落における入会慣行の法的性格は、共有の性質を有する入会権であると認むべきである。以下、これらの点につき説明する。

二　入会権の主体

本件土地を含む浅間神社所有地は、入会主体としての山中部落（通常「区」と称される）の支配のもとにおかれている。前述したように、入会主体としての『部落』の構成員は、山中部落の地域に「居住」しているすべての住民であるのではない。それゆえ、法的には、入会権者によって構成されるところの・入会主体としての山中「部落」と、非入会権者を含む全居住者によって構成されるところの・

純粋な地域集団としての山中「集落」とは、性質を異にした別の集団である。しかし、山中集落に居住する総戸数約四〇〇戸のうち、入会権者は二八三戸で、その四分の三近くを占めており、非入会権者たる居住者は少数であるため、入会主体としての山中部落が、同時に地域団体としての山中集落（通称いわゆる山中部落）の機能をもあわせ兼ねている。それゆえ、区長は、入会主体としての部落の長であると同時に、地域団体としての集落の長でもある。また常会組織も、入会集団の下部組織であると同時に、地域団体の下部組織でもあり、常会長はそれぞれの組織の長としての機能をあわせもっている。このように、現実の生活のうえでは、入会集団と地域集団とは一見したところ一体をなしているような外観を呈するが、その内部秩序においては、入会権者とそうでない者との区別は明確になされているのである。

山中「部落」すなわち入会権者は、その構成員の交替にかかわらず、同一性を保持して、本件土地に対して全面的な支配権——したがって、本件土地を使用収益する権利——を有している。すなわち、本件土地の使用・収益・処分の内容は、入会権者の総体の意思によって決定（管理）されるのであり、その総体の意思決定のもとにおいて個々の構成員の使用収益行為が行なわれている。どのような使用・収益・処分をなしうるかについては、いかなる制限もなく、部落総体の意思にもとづいて自由にこれを決定することができる。したがって、この使用・収益・処分の権能の内容は無限定的包括的であり、部落は、あたかも所有権者が自己の土地に対するのと同様の全面的支配権を、本件土地を含む神社有地に対して有している。それゆえ、本件土地に対する入会慣行の性質は、「共有の性質を有する入会権」であり、狭義における収益のみならず地盤そのものに対する管理・処分もまた部落構成員に総有的に帰属しているものと解すべきである。

『鑑定書』では、山中部落入会集団の権利は、法律上において、『民法』第二六三条の「共有の性質を有する入会権」であることを明確に指摘している。したがって、山中浅間神社との法的関係についても、つぎのように指摘している。

神社が法主体として表面に登場するのは、宗教法人法との関係において必要とされる場合に限られており、それが必要でないときには部落が全面的に法主体として登場している。このことは、山中部落における神社有地がその実質において部落の総有的支配に属する部落有地であり、神社有という形式は、単に宗教法人法との関係が問題となる限りにおいて意味をもっているにすぎないことを示すものである。それゆえ、民法上の権利関係が問題となる側面においては、神社の所有名義ということは全くの形式であって、神社・氏子総代・氏子集団などは本件入会地に対するいかなる実質的権限をももっていない。国有地入会や公有地入会にあっては、地盤の所有権が国や公共団体に帰属したことにより、入会権は消滅しないとしても一定の変化ないし修正をこうむり、地盤所有権者の側にも或る範囲・限度での実質的権限が生ずるに至っている場合が少なくない。しかるに、山中部落における神社有地にあっては、宗教法人との関係を除けば、民法的次元において神社の有する実質的権限は何もなく、部落の総有的支配が純粋な形で貫徹しているのである。したがって、宗教法人法との関係を離れてもっぱら民法の観点から考察するならば、部落の総有的支配に属する入会地の所有権を神社の名義としていることは、いわば信託的所有の一種である、と解することができる。

すなわち、『鑑定書』では、山中浅間神社は入会財産にたいする法主体ではなく、神社名義の財産は、入会財産の仮装されたかたちに過ぎない、というのである。したがって、「神社・氏子総代・氏子集団」は、神社財産について、「入会地に対するいかなる実質的権限をももっていない。」と指摘している。

山中浅間神社の祭祀を司る氏子総代・宮司は、神社財産にたいしてなんらの権限をもっていないのであるから、この者たちが入会集団の同意なくして神社財産の代表者となることはできないし、神社財産に手をつけることはできない。それゆえ、これに反する行為を氏子総代・宮司らが行なえば、それらは無効であるばかりでなく、刑事事件となる。

以上によって明らかなように、『鑑定書』では、山中浅間神社の財産は、『民法』にいう「共有の性質を有する入会」であり、山中部落入会権利者総体の「共同の所有」であるから、したがって、氏子総代・宮司にはなんらの権限がないことを明らかにした。

川島武宜・渡辺洋三教授の『鑑定書』作成の背景には、山中部落での充分な現地調査はもとより、それまでの多くの実地調査や入会判決の検討、ならびに入会理論の研究がある。それだけでも、他の入会研究者の追従を許さない。

さらに『鑑定書』では、『民法』の入会権の規定（第二六三条）と山中浅間神社所有の財産との関係について、つぎのように詳細に説明している。

「共有の性質を有する入会権」においては、入会主体は、慣習上、所有権者と実質的に変わらない包括的支配権を有している。民法では、明文の規定をもってこれを承認したにもかかわらず、入会集団を法主体として明確に位置づけておらず、不動産登記法その他の手続法においても、入会集団が法的主体として取り扱われる途を技術的にみとめていない（ただし、民事訴訟法第四七条はその例外であるが）。そのため、入会団体たる部落は自らの名義でその慣習上の支配権を登記することができない。こうして、全国の多くの入会地においては、共有の性質を有する入会権を確保するため、さまざまな所有名義の形式を借りて登記する方法がとられてきたのである。代表者数人の共有、入会権者全員の共有、各種法人型態の所有、神社の所有等の登記名義がそれである。そのいずれをとるかは、さまざまな条件のもとでの入会主体の選択の問題であった。これらのうち共有名義や各種法人所有名義は、いずれも個人主義的原理を基調とする近代的所有の表示形式であり、部落の総有的支配の実態と矛盾する点が少なくない。これに対し、入会団体の実質に比較的近い型態としてえらばれたのが、本部落におけるような神社所有の型態である。ただし、わが国の慣習においては、当該部落の氏神たる神社は、入会団体の生活共同体としての性格を最も端的に示すシンボルであり、精神的には神社を中心として部落団体の統一が保たれてきたのであるから、部落の財産を神社名義とすることは、財産の主体の同一性を示す方法として最も適切なものと考えられたからである。この意味で、神社と部落は不可分一体であり、両社は決して相互に対立した法主体ではありえない。神社の財産は、部落とは別の法主体の財産であるわけではなく、部落財産の重要な一部を占めるものとして、人々の意識において受けとられてきているのである。それゆえ、全国の入会地において、入会財産を形式的に神社の所有名義とした例は、すこぶる多い。山中部落の神社有もまたその数多い例の一つであることは、その歴史的経過に照らしても、明らかである。

本件土地を含む神社有地としての形式は、入会財産としての部落財産の単なる型態変化に外ならない。部落有財産としての本質的同一性は、神社有の前後を問わず、一貫して存続している。また、神社有地の財産処分の収入を神社そのものの費用（神社の維持・管理の費用）に充てる場合も少なくないが、このことは、当該財産が、部落とは別個の独立した法主体としての神社の財産であることを意味するものではなく、むしろ、神社の維持管理がもともと部落（入会集団）の事務であったということの反射にほかならない。すなわち、たとえ本件土地が神社有名義とされなかったとしても、神社の維持管理の費用は、慣習上、入会地である本件土地の収入を含む部落財産から支出されなければならない性質のものなのである。これは、神社有型態をとらない他の入会地の場合にほとんど例外なく見られる現象である。それゆえ、本件土地の収入の一部が神社のために使われていることをもって、本件土地が部落とは別の神社の財産であることの証拠だ、と解することは許されないのである。

山中浅間神社の形式的所有となっている財産は、山中部落の入会財産であり、したがって、山中浅間神社は無権限の神社法人であることを法律論・歴史論として立証した『鑑定書』は、裁判所の判断を左右した。

九月二十六日

大野先生より電話連絡あり、受信者高村不二義
川島、渡辺両先生の鑑定書を謄写し、江橋先生に送付するよう、又委員にも配布して内容を良く読んでおくように。又石井先生の鑑定書が出たら、送付する旨連絡あり
十月二日　雨
虎三、不二義の二人で、坂本諏美男の裁判に必要な証拠書類のコピーをなす
神社有地北畠八六五の二の土地内に渡辺正保が温泉掘搾の申請をなし、去る三月中に県知事より許可になっているとの報があったので、虎三、不二義、軍治、宇八、忠の五名にて木村先生を訪れ、温泉法自然公園法、不動産登記法、鉱業法等の解釈を聴取し九時帰宅する
十月五日　曇り
不二義　午前中山中湖村役場に於て北畠の係争地内の温泉掘搾について県知事が許可したので、之に反対陳情するため、必要な関係書類並に関係法規の抜粋をなし、午後は虎三、不二義、宇八、博の四名にて、書類のコピーと製本をなす
十月六日　晴後曇り
係争地内に原告渡辺正保が温泉掘搾の許可申請をなし、これを去る三月十四日知事が許可した事を察知したので、委員会としては、仮処分並に裁判中の土地内に許可したことは不当であるので、これが取消のため県に陳情することになり、午前五時出発、知事公舎に於て、知事に実状を陳述なし、引続き温泉掘搾に関係ある観光課長及び医薬課長に陳情する
医薬課としては、渡辺正保から温泉掘搾の申請に添付書類として、昭和三六年四月二十九日に、浅間

神社と渡辺正保の間に締結した不動産（土地）貸借契約書並に係争地北畠八六五の二の登記簿謄本を提出したので、係員を現地に出張させ、調査の結果許可したものであり、許可した場所が仮処分並に裁判中であるという事は全然知らなかった

許可書は現在医薬課にあり、申請人交付してないし、そのような複雑な関係を有する土地であれば許可書の交付はしないし、事実上裁判が終らなければどうにもならない、そのように処理することで了承し、午後三時十分帰村する

本日の陳情者は次の通りである

入会権擁護委員長　大森虎三
同　副委員長　高村不二義
山中区長　松井　忠
代理者　坂本　博
氏子総代　高村徳治
同　高村敬二
同　古屋七五三男
常会長　高村　嘉
同　羽田輝次
村会議員　高村勇夫

十月八日　晴

午前中　大森虎三、高村不二義　二名にて、役場に出張し、温泉掘搾に対する反対の陳情書を提出後、大野先生と商工会議所事務所敷地借地申込みに対する神社側の処理方法並に鑑定書について打合せをなす

十月九日　晴

午前中　高村不二義、高村宇八、高村軍治の三名にて、江橋弁護士の別荘を訪問し、川島、渡辺、鑑定書の写を渡し、用談後帰宅する

十月十二日　曇

高村不二義、高村宇八の二名にて、温泉掘搾の反対陳情の経過を報告するため、木村弁護士を訪問、関係書類返済して用談後帰宅する

十月十七日　晴

午後一時より山中小学校図書室に於て、委員会を開催する。出席者及会議の詳細は、出席簿並に会議録による

一、水道敷土地使用並に賃貸借契約に対する入会権利者の同意について
二、大出山琴平神社境内と隣地坂本虎雄氏の境界確立について
三、川島、渡辺鑑定書内容の説明及配布について
四、温泉掘搾に対する反対陳情について

十月二十一日　晴

木村弁護士より石井東大教授の鑑定書が送達さる

〔鑑定書〕

一、石井良助氏（東京大学教授・日本法制史）

明治七年六月に山中村から山梨県令藤村紫朗に提出した山中村総計簿に

一石地五ヶ所　　村持

此地価金拾五円二十五銭

と見えている。「旧山中組地券一筆限帳」（第弐号）に

第八百六拾五号

字同所（北畠）

一石地　　　村持

とあるのは正にその中の一箇所であると考えられるから当時、北畠が村持地とされたことは問題ないであろう。丁第一号証の一、明治二八年中野村山中組人民総代による地所払下願一筆限り仕訳書に

字北畠第八百六十五番

一石地七拾弐町拾弐歩　　但反金七銭

此地代金五拾円四拾銭三厘

とあるから、北畠は七拾弐町十二歩の石地であったことがわかる。

この村持地である北畠に対して、山中村民は入会うことができたのである。いわゆる村中入会である。

（中略）
前記明治七年六月の山中村総計簿に
一林百六拾八町九反五畝　　公有地
此地価八拾四円五十銭
とあるのは、右規則によって、公有地と認定された土地である。
　公有地というのは、将来民間に払下げられる予定地のことであるが、この林が公有地であるのに対して、北畠は村持と認定されたのであるから、それが村の所有地とされたものであることがわかる。
（中略）
山梨県の通達にもとづき、中野村長坂本諏訪松は、同村大字山中の原野合反別五百八十三町九反九畝弐歩（その中に、本件土地北畠が含まれることは前記のとおりである）につき、明治十七年より二十年六月まで前後四回払下願を提出したが、毎回価格不相当の理由で許可されなかったので、明治二十二年一月七日付で、代価を金六百二十七円余として五回目の願書を提出したが、県より、価格を増すようにとの説示があったので、村では払下価格を七百二十四円に訂正して、願書を提出受理された。
　これら五回の払下願において問題となっているのは、常に「払下価格」であって、右の五百八十三町余の土地が払下適格の土地すなわち、「従前数村又ハ一村入会小物成官有山林原野」であることについては何ら問題とされていないのである。すなわち、この土地が入会地であることは官民ともに承認しているのである。

（国有地入会について）

たとえ、自然生の草木を採取していた場合でも、村民がこのようにして、その土地を村持であると考えるに至った土地については、これを官有地に編入することは問題だったと考えるが、かりに官有地に編入した場合においても、この種の入会の権利は当然には消滅したものではないと考える。成立の由来はともあれ、それは村の所有権に近い権利に成長したものであるからである。入会権といっても実質は村民の総有権にほかならないものと解すべきだからである。

それでは北畠の入会はどちらであったであろうか。江戸時代における同地の入会の態様を示す史料は見当らないから、直接にこれを指示することはできない。しかし、間接的にこれを示す史料がないわけではない。それは、前記明治七年六月の山中村総計簿である。この記録において、「石地五ヶ所」は村持とされているのに対し、「林百六拾八町九反五畝」は「公有地」とされていることは重要である。このことは、地券作成のときにおいて、右林野よりも石地上の権利の方がより強い権利――所有権に近い権利――であるとされていたことを示すものといえるからである。すなわち、この場合、公有地と村持との別は、前記山永野永を納める土地の両種の別に対応するものと考えられる。

すなわち、北畠に対する村の権利は右林に対する権利よりも強かったのであるから、その権利は前記所有権に近かったものと考えるべきであり、官有地に編入されることによって、北畠に対する山中村民の入会権は消滅することはなかったというべきであろう。しかし、形式上前記議定第三条が適用されて官有地とされ入会が認められぬ以上、これらの土地の利用を継続するためには、村としては、その土地の草木の払下または土地そのものの貸与または払下を受けるよりほかはなかったのである。

（浅間神社有地と入会権）

右土地（北畠ほか）は同六年五月二十一日に中野村に払下となったので、同年十二月十九日中野村から浅間神社に売却した。

中野村が右の土地の払い下を受けたのは（山梨県の規定による払下の手続上からであり）もとよりその所在地である山中（村）の村民の入会のためであることはいうまでもないであろう。前記明治三十一年中野村村長坂本諏訪松の元詮議地引戻願に「右原野ハ元山中村人民ノ日常生活ニ要スル薪並ニ耕牧ニ要スル秣等ノ唯一ナル供給地ニシテ、同村ノ存立ト相離ル可ラザル自然ノ関係ヲ有シ、古来事実上同村ノ共同所有地トシテ、其入会権ノ如キハ無制限ニ之ヲ専有シ………」という状態を再現しようとしたのである。

入会権の主体は山中組であるが、山中組は払下を受ける主体となることができなかったので、中野村の名義で払下を受け、それを山中組の団結の中心でもあり、またその象徴でもある浅間神社に売却する形式をとったのである。浅間神社が購入したとはいうものの、実質的には山中組が購入したものであることは、その代金を山中組の高村宗司以下の者が負担していることからも明らかである。浅間神社は信託的所有者に過ぎないのである。

このようにして、山中組の人々は過去における村中入会の慣行を復活させることができたのである。

（註記）石井良助教授は、北畠以下の土地が、古くから山中部落（旧村）の所有の権能をもつ入会地であり、所有名義が山中浅間神社となっているのは、登記法上で山中部落と登記できないために便宜上、神社名義としたものであり、神社にはなんらの権限も権能もない、と指摘している。また、北畠ほかの土地は、国に編入されたこともあるが、これによって入会権は消滅したものではない、と指摘している。

〔鑑定書〕

佐藤大七郎氏（東京大学教授・林学）

鑑定主文

㈠本件土地中アカマツ幼令林の部分は下刈を必要とする状態であり生育状況は不良、広葉樹林の部分は本件土地の条件の下では普通よりも良好な生育状況である。

㈡アカマツ幼令林の部分は植林、他の広葉樹林は育成林（林学上の用語では「人工林」）で、ともに自然林ではない。

㈢アカマツ幼令林の部分は苗木を植栽したもの広葉樹林の部分はミズナラを主とする「薪炭林」をつくる目的で「萠芽要新」により造成され、逐次「樹種の整理」を行ってミズナラの単純林に近いものに育成し「間伐」を行って保育してきたものと認められるこれらのことを証する事実は現存している。

（註記）佐藤大七郎教授は、係争地は自然の状態に置かれていて、これにたいして山中部落の入会権が、いわゆる「天生の産物」を採取していたのではなく、育林・植林・保護管理にあっていたことを林学者の立場から立証したのである。この点についても、渡辺正保に加担した戒能通孝弁護人の調査実証なるものは根拠のないものであることが明らかにされた。

十月二十五日
　富士吉田市吉田羽田印刷に電話して石井博士の鑑定書の写百部印刷を註文
昭和四十一年十一月十六日
山中小学校図書室に於て、午後二時三十分より左のことについて山中区有志会が開催され、当委員会より、大森虎三、高村不二義、槌屋晴尚の正副委員長出席する
　議案
　　1．加古坂神社風災害復元事業について
　　2．中部商工会敷地借用申請について
　　3．三期以上常会長表《ママ》方について
本日の有志会終了後、関係者に石井鑑定書の写を配布する
十一月二十五日　曇後風雨
大野弁護士より電話連絡にて、次回裁判の開廷日は十二月十日　午前十時より行なわれるが、原告、代理弁護士鈴木俊光が病気のため、正式公判でないので、代表者数名だけにて来用するよう

尚、鑑定のために使われた昨年百万円納入した民事予納金が四万五千円不足しているので、当日持参すること

十一月二十九日　小雨後曇

午後一時より開会予定の委員会は、羽田おじうの葬式のため遅れて、午後二時三十分より開催する

詳細は会議にあり

会議終了後、入会裁判の鑑定書も当事者側（入会民）に有利な結果が出たので、祝盃を挙げて会散する

十一月三十日　小雨後曇

大森虎三、高村不二義、高村宇八の三名にて午後三時より恩賜林組合役場を訪れ、渡辺総務課長と用談あと、委員会用事務用消耗品を購入後、木村弁護士宅を訪れ用談して帰る

十二月二日　晴

大森虎三委員長、高村不二義副委員長及び高村軍治氏にて委員会事務整理をなす

十二月九日

大森虎三、高村宇八、羽田佐十、高村軍治、高村不二義、松井忠にて、明日の甲府裁判についての打合せ及び会計の整理をなす

十二月十日　晴

本日午前十時より、甲府地方裁判所に於て、神社有地入会権確認裁判（手続）を開廷、次の代表が傍聴する

大森虎三、高村不二義、高村宇八、高村軍治、高村嘉吉、松井忠、高村節久、手続裁判の模様は次の通り

判事
　原被告参加人共鑑定書の主張に対し、異議及び変更の意志があるか

原告代理人　鈴木松太郎
　原告側としては、始めから入会権は否認しているので、鑑定書の内容については異議がある

被告代理人　木村利夫
　本件土地は神社の所有であり、鑑定書による共有性を有する入会権ではなく、むしろ地役権的性質を有する入会権であると思うが、次回迄に江橋代理人と相談して回答する

参加人代理人　大野正男
　本件土地は、神社所有で他物件（権）的意味を有しているが、実質的には部落有財産と意識されて居り、財産処分等は入会権者の決議に依って行なはれている。鑑定書の内容の通りである
　将来参加人の請求の趣旨を変更することもありうる

判事
　原告の提出せる証拠の申出の趣旨は

原告代理人　鈴木松太郎
　原告の提出した準備書面の作製について戒能通孝に依頼してあるので、その作成に関しいかなる調査に基くものであるか戒能通孝を承認として訊問されたい

判事
　戒能氏の証人は鑑定証人としての形で申請するのか
原告代理人　鈴木松太郎
　戒能氏に準備書面を作成してもらうについては現地調査をして作成したもので、その様子を尋問されたい
判事
　鑑定書の内容について、戒能氏は意見が違うと言うのか、もう少し詳細に尋問事項を示されたい。
　尋問事項を出し直してもらう
原告代理人　鈴木松太郎
　次回に訂正して提出する
判事
　被告本人尋問なされたか
被告代理人　木村利夫
　都留支部の調書はあるが、甲府地裁に於てはしてないので、今一度本人尋問をしてもらいたい
判事
　被告、当事者参加双方共、原告の主張する戒能証人の尋問の申出に対し異議はないか
参加人代理人　大野正男
　証拠の申出は、戒能氏の尋問以外にはないのか、外にあるとしたなら一括して申請してもらわなけ

れば裁判が遅延して困る

原告代理人　鈴木松太郎

今の段階ではないが、現地調査もしてもらいたい

判事

これまでの主張を変更することは困る。裁判長自身は実地検証はしているが、陪席判事が移動したので、民事訴訟法で申出があれば受入れなければならないことになっている。実地検証の趣旨は特別にあるのか。その理由を示されたい

原告代理人　鈴木松太郎

国道東側自衛隊のクラブの建っている方も同じ浅間神社の土地なのに、今は分割して別荘、寮等が建築され開発して、様態が変って、入会権が個人持になっているので、その様子を調べてもらいたい

参加人代理人　大野正男

分割したことは、準備書面にその事実を主張してあるし、建物があるのは本件係争地外で、本件係争地の土地利用状態が変っているところはない。すでに実地検証もしてあるし、何処を調査するのか意味が解らない

判事

分割地が入会権に関係なく分割している証拠を調べたのか

原告代理人　鈴木松太郎

利用状態が変っている
判事
検証の目的を明細に書いて中立てられたい。判事も変るので、なるべく前の調査ですすめたい。原、被告双方証人の申請で残っているのがあるか
原告代理人　鈴木松太郎
戒能氏と、原告本人である
判事
被告は、本件土地の契約について区民大会の承認がなされたかどうかの主張を何等していないがどうか
被告代理人　木村利夫
証人調べては乙十四号証の二の会議は方便として、神社本庁統理の承認を受けるために作ったもので、実際には区民の承認は受けた会議は開かれていないことを各証人共陳述している
判事
参加人の証人は古い事を知っている人から、証人調べをすることにしたい
参加人代理人　大野正男
古い時代の慣行を知っている人は、殆ど死亡している。払下前後の利用について調べてもらいたい。老人証人は現地、村役場の会議室を借りて調べてもらうよう出張裁判を願いたい
判事

参加人申請の隣村関係証人の内容はどういうことか
参加人代理人　大野正男
隣村証人は、入会の慣行ではなく、係争地が山中部落の単独入会地であったことの立証である
判事
原告の尋問事項はいつ頃まで提出するのか
原告代理人　鈴木松太郎
今月中に提出する
判事
次回の開廷日は二月二十日午後一時
尚集中裁判をするため、三月十三日、十四日、午前午後、二日に亘って開廷の予定。場所については次回に定める

十二月十五日　晴
午後二時三十分より副委員長　高村不二義宅に於て、左記の件について入会権擁護委員会を開催する。
会議詳細及び出席者は会議録にあり
一、神社有地裁判経過報告並に承認を求める件
二、契約を区民大会が承認していないことを裁判に於て主張することに同意を求める件
三、昭和四十二年度神社有地保護対策費予算案について承認を求める件

十二月十九日　曇り

午前十時より、大森虎三、高村不二義、松井忠にて、書類の整理及委員会開催通知書を作成する
十二月二十日　晴
午前中、大森虎三、高村不二義、高村軍治三名にて、神社有地北畠八六五の二の土地を契約するについて、区民大会を開いて区民の承認を受けた事実がないことを、代理弁護人を通して主張してもらうため、要請書の作成をなす
午後一時より、大森虎三、高村不二義、羽田佐十、高村嘉吉、高村軍治の五名にて、富士吉田市恩賜林組合に北條浩先生を訪問、種々用談後、戦後入会判例集三冊購入し、鑑定人の佐藤大七郎、石井良助先生及び大野弁護士に送付して戴くよう、代金壱千五百円也を渡し、帰宅する
十二月二十四日　晴
午後四時十分より、小学校職員室に於て、入会委員会を開催する。案件は左の通り
　一、中部商工会事務所敷地として神社有地の借地申請について
　二、代理弁護人に提出する御願書案承認を求める件
尚本日の会議の詳細は会議録にあり、出席者は出席簿に各人署名捺印せり
会議終了後、出席委員にて忘年会を松風荘でなす
十二月二十五日　曇
北條先生　釣のため山中湖を訪れる
十二月二十日恩賜林組合に註文した御料地と農民百冊到着する。尚川島、渡辺、石井鑑定書を北條先生に各四部宛、又恩賜林組合へ各三部宛贈呈する

十二月二十七日　晴
大森虎三、高村不二義二名にて、昭和四十一年度神社有地保護対策費決算書を作成する
十二月二十八日　晴
大森虎三、高村不二義、高村嘉吉、高村宇八の四名にて、木村弁護士宅を訪れ、昭和四十一年十二月十五日及び二十四日の委員会に於て承認決議された。係争地の契約に関し区民大会の承認が無かった事実について、準備書面を以って主張してもらうよう御願い書と神社有地貸付反対運動の経過を渡して依頼して帰宅する
十二月二十九日　晴
大森委員長宅に於て、午後四時より昭和四十一年度神社有地保護対策費決算承認の委員会を開催する。午後五時五分　委員会を閉会し、引続いて新旧山中区区長の事務引継が行はわれ、無事引継を終了して、新区長大森虎三氏の就任披露の宴会あり

一九六七年

昭和四十二年一月元旦　小雨
午前零時を期し、浅間神社に山中部落民が参拝、甲府地方裁判所に於て係争中の神社有地入会権確認裁判の勝訴祈願をなす
昭和四十二年一月十二日　晴
午後二時より山中小学校職員室に於て山中区初有志会が開催され、事業案並に予算案の審議をなす。

入会裁判に必要な、神社有地保護対策費として百萬円を計上され承認を受ける。有志会を終り引続き午後五時より入会委員会を開催する。出席者及び会議の詳細は会議録にあり

一月十五日　晴

午後一時より大森虎三、高村不二義、槌屋晴尚、高村宇八、高村国弘の五名にて、河口湖町小立の丸栄ホテルに北條先生の入会権の講演を聴き後、用談後帰宅する

一月十七日　晴

午後二時より山中小学校体育館に於て、入会権利者大会を開催す。出席者　百九十八名。会議の詳細は会議録にあり

二月三日　晴後曇り

午前十時より富士吉田恩賜林記念館に於て、新知事に対し演習地全面返還と入会権を認め、その上に立って開発をするという公約実現を要請するため、代表者会議を開催する。山中より参加せる代表、区長　大森虎三、入会委員会副委員長　高村不二義、氏子総代　高村軍治、代理者　高村国弘、組長　羽田輝次、高村登、高村安富、高村佐武良の八名なり

二月十八日　晴

午後二時より小学校職員室に於て、神社有地裁判について、木村弁護士来訪し対策委員会を開催する

打合せ事項

1．対策委員長辞職取扱いについて

2．二月二十日裁判に対する打合せについて

二月二十日　晴
午後一時より甲府地方裁判所一号法廷に於て、神社有地入会裁判開廷される
本日は手続裁判のため、次の代表者のみにて傍聴す
高村利雄、高村栄作、松井忠、大森虎三、高村不二義、羽田佐十、高村節久、高村軍治、高村宇八、槌屋晴尚、古屋七五三男、高村敬二
本日の裁判打合せ
1．原告申請の戒能通孝証人の尋問事項中第四項以降は、参加人代理大野先生よりの異議申請により尋問しないことになる
2．戒能通孝の証人調　四月十日午前十時より
被告本人高村宇八再尋問四月十日午後一時より、当事者大森虎三　証人調四月午後三時より、
高村宗人、坂本博の証人調四月十一日午前十時より
3．三月三十日午後一時提出の裁判をなすことを打合せする
二月二十六日　曇
大森虎三、高村不二義にて、大野弁護士に報告するため、神社有地財産処分及び鑑定書記載の入会権者と当事者参加日録記載の訴訟参加者との関係について、報告書を作成コピーする
二月二十七日　曇
山中湖の水利問題で、忍野村代表者と話し合のため午前中、甲府舞鶴会館に於て会合に出席し、甲府発十二時三十六分の急行で、大野弁護士と打合せのため、大森虎三、高村不二義、高村節久の三名に

て出張。昨日作成した報告書に従って説明し打合せをなし、午後六時新宿発の列車にて帰途につき、九時三十分帰宅する

三月三十日　曇後雨

甲府地方裁判所に於て、午後一時より裁判手続のため共和タクシーにて出甲傍聴する

傍聴者　大森虎三、高村不二義、羽田佐十、松井忠、古屋七五三男、高村嘉吉、高村節久、高村軍治、高村宇八

当事者各代理人は、各々準備書面を提出後打合せをなす

次回開廷四月十日午前十時　戒能通孝証人尋問

　午後一時　高村宇八　証人尋問

　午後三時　大森虎三証人尋問

　　四月十一日午前十時　高村宗一、坂本博の証人尋問

その次の裁判開廷日は、七月三日四日を予定する

四月九日　曇

明日行なわれる裁判打合せのため、大森虎三、高村不二義、羽田佐十、高村宇八、高村軍治にて甲府湯村、昇仙閣に一泊し、弁護士三人と共に尋問事項を検討し、宮司の証人についての予備知識を与える。床につく時は午後十二時なり

四月十日　小雨

甲府地方裁判所に於て、本日午前十時から行なわれる神社有地の裁判に列席のため、宿を午前八時

三十分出発。当日裁判傍聴のため山中を出た、入会民約四十六名と合流して午前十時よりの原告側証人の戒能通孝の証言を傍聴する。戒能証人は係争地の現場を見たところや、またその状況を見ても、この土地に入会権が存在するとは思われないと、否定した証言をした

午後一時より、大森虎三本人尋問が行なわれ、神社有地の入会の利用状況及び慣行について小柴、下草、転石の採取と立木伐採処分、分割利用等詳細な尋問が行なわれた。午後六時閉廷する

諏訪組
高村　徳治
羽田　三二
渡辺　光雄
渡辺　儀一
河合　朝一
高村　利雄
渡辺　次郎

第一組
高村　武教
高村　節久
高村　正雄
高村　孝
古屋七五三男

第二組
大森　虎三
坂本　敏

第二組
高村　宗一
松井　忠
高村　嘉吉
高村　高之
高村　登
高村　栄作
坂本　也一
小野田義久
乙黒　久雄
渡辺　邦夫
坂本　守高

第三組
高村佐武良
羽田　佐十

第四組
高村　清治
高村　敬二
槌屋儀三郎
高村　宇八
坂本　一雄
星野右三郎
坂本　博
高村　勇雄
高村不二義
河内仁三夫
高村　勇夫

第五組
槌屋　晴尚
坂本　勝次
中村　佑夫
河合　正二
高村　友吉
林田　邦次
高村　恭
高村　亦男

二の橋組
高村　保富
天野　音光
高村　軍治
尾崎　茂弥
羽田ふさ子

（戒能通孝氏の証言。主要点）
原告代理人（鈴木　俊光）・（註、渡辺正保代理人）
証人はさきほど調査した結果、結論的に入会権が認められなかったというご証言でしたが、いつといつ調査に行かれましたか。
昭和三十九年の九月十日、昭和四十年三月、四月に調査致しました。

調査の結果どんなことがおわかりになりましたか。

係争地は権利能力なき社団としての山中部落の所有であるということはわかりました。ゲヴェーレ的な入会権のついた土地ではないと判断しました。

ゲヴェーレ的な入会権のついた土地ではないと判断されたということ、もうすこし具体的に説明していただけますか。

まず第一に係争地が、建築用材の供給地であるかどうか検討しました。入会権の行使としては建築用材薪、草というふうなものが中心でございますので、建築用材の供給地かいなかということを調査致しました。現地にはえている木は必ずしも一樹種ではありませんが主として栂の木です。年齢はほぼそろっているという状態でした。いつか数十年前に皆伐したところに違いないところでありま す。皆伐以前のところは私にはわかりません。以後現在はえているものからは、建築用材の供給地ではないというふうに判断したわけです。

（中略）

係争地を含む山林の名目は、浅間神社有地になっております。けれども忍草部落でもそれは山中部落の所有地であることを認めており、山中部落も自分の所有地として処理しているということであります。必ずしも忍草部落が山中部落の入会地だということを言っているわけではありません。浅間神社有でないということを認めているわけです。

山中有地ということで入会地ということとは違いますか。

違います。権利能力なき社団としての山中部落の所有地であるということで、入会地であるということになりますと山中部落の人々がその土地にはいって、入会的収益をなしているということを含むわけでありますから、入会的要素ということが加わってくるわけであります。

（中略）

山中部落で部落民が下刈りや枝きりをするときにきった枝を持ち帰ったという事実をおききになったことありますか。

きいております。

そういうのは入会ではありませんか。

それは入会とは申さないと思います。というのは森林は一町歩につきまして、大体一年間十五人程度の人数がございませんと下刈りができないのでございます。そこで五、六町持っている森林所有者になりますと自宅だけでは労力の供給が不十分でございますので、同じ部落の人を頼みまして下刈り、枝きりというものをしているわけであります。そのときにはきった枝というものは必ず働いた人に提供しているわけでありますので、きった枝をもらったら入会権だということになりますと、入会の範囲が拡大されすぎて参ります。

そうすると証人としては、部落にそういう事実があるということは知っていたけれどもそれはいまだ入会とは言えないんだということで、入会権なしという結論が出されたわけですね。

そうでございます。

証人は以上の実地調査をされたほかに、何か調査をされましたかその間に。

訴訟記録をよく読みましたし、それから不動産登記簿謄本を取り寄せまして、土地の移動につきましては、調査致しました。

そういうものを調査されても、やはり入会権ありという心証には到達しなかったわけですか。

致しませんでした。

逆にそういう訴訟記録とか証人が、調査された事項のうちで、入会権と両立しないというようなものがございましたか。

参加人の名前が多すぎるということでございました。参加人の名前の中には地元出身者でない人たちの名前がはいりすぎているということでした。

それはどういう意味をもつのでしょうか。

地元出身者でない人たちがはいりすぎていましたので、その人たちの職業についても若干調査致しました。土地業者、旅館業者、クリーニング業者という人たちもはいっているわけです。農民でない人たちもはいっているわけです。山にはいって木をきるとか、薪炭用材をきるとか、草を刈るということを必要としないような、草の必要でない人がはいっていることを発見したわけです。これは結局入会というものについての記録がむかしはあったかもしれないけど、今では、忘れられているということだと思いました。日本の農民というのは大きなことには存外ぬけておりますが、小さなことには実にけちであります。彼らが入会権者であるかどうかということに対する争いというのは内部的には、部落では相当深刻でございます。よそものをずっと入会権者として名前を並べるということは、まったく稀有の事例であります。

証人はそういう稀有の現象がなぜ山中部落で今回おこっているというふうにお考えになりましたか。

今申し上げましたとおり、入会が忘れられている、要するに部落の中にいる人たち全部入会権者だというような部落の住民と、入会権利者である部落の住民というところの区別が忘れられていると思いました。

（中略）

それから証人はさきほどのご見解ですと、これは部落の所有地ではあるが、入会の採取の事実がないからそれで入会地とは言えないんだというご主張でございましたね。

そうです

入会をやったかどうかについては、事実については証人は直接本件土地へおはいりなったわけですね。

木の伐跡、草の状態というものを見れば入会地であるかどうかということはおおよそはわかります。

現在いろいろな小柴、枯枝等を燃料のように使用しているかどうかということについて調査をなさったことがありますか。

私は伐跡を見れば十分だと思いました。

裁判長

伐跡を見れば、十分だというのはどういう意味ですか。

燃料としてきったあとが非常に少のうございます。きるときに入会の伐跡でありますとできるだけかつぎだすのに容易のように、そしてもし集団的にはいる場合にはみんなでかつぎ出すのに容易のようにきって参ります。そこで全体としてもし本当に入会でございますと、ああいう入会地は樹海状をなしていないということになるわけです。かつぎ出すのに持ってきて自分の背中でしょえたり、馬にのせたりしやすい形で木をきるわけです。ここでぼつんと木をきって百メートルも離れたところでぼつんときると、そういうような伐跡はみられません。

当事者参加人、代理人　今のご返事は必要がなかったら、枯枝、小柴等を使用しているかどうかは調べなかったというご返答の趣旨に伺ってよろしいんでしょうか。

よろしゅうございます。

それから燃料用の小柴あるいは枯枝等をきったあとなどというのは、数年後に証人は鑑別できるとお考えですか。

それはむづかしゅうございますが、伐跡というものはこれはちょっと楢の木を説明しなくてはなりませんが、楢の木というのは、きりあとから枝がでてはえていくものでありますから、数年後にできる場合と、できない場合と両方でてまいります。

というのは、わかる場合もあるし、わからない場合もあるといわれるわけですね。

はいそうでございます。

（中略）

それから証人は過去においても、部落の人がここにいっせいに立ち入って草を刈ったかどうかについて、村の人の尋ねられるというような方法はとられましたか。

とっておりません。

証人を部落に案内した、坂本好治についても、証人はそういう事実を、お確かめになっていないのですか。

確かめていないのです。草の状態を見ればかたすぎまして肥料、飼料にならないのでそれだけで十分だと思いました。

（中略）

私が、お尋ねしたことは証人が常会やら総寄りがないということについて地元でだれに尋ねたのかということ、好治以外の方に尋ねられましたか。

尋ねておりません。

そういうようなことについて部落の人に尋ねるとかいう方法は、おとりにならなかったのはどうしてですか。

部落の人に尋ねることは、部落の中に入会権だと主張する人と入会権だと主張しない人とふたつがございましたので、できるだけ部落の人たちに、尋ねたくなかったんです。できるだけ訴訟にまき込みたくなかったわけです。

（中略）

ずっとむかしからそこで草を焼いて肥料にしたり灰焼きですね、そのまま草をしょいおろして飼料にしたということないとおっしゃるんでしょう。

あそこの草は、それに適しないと思います。

草に変化がありますから、長い年数にはね。

　はい、ございます。
あなた、いつ見たんですか、草は四回行ったね。
　四回見ました。
その草を見たのはいつですか、春ですか。
　草はいやおうなしに見ます。
いつですか。
　九月と十月ははっきり見ました。四月も見ました。芽がぽつぽつはえておりました。
芽で草のかたい、やわらかいがわかりますか。
　わかりません。九月、十月はわかります。
どんな草がはえていました。
　まあ、普通の雑草でございます。
雑草とおっしゃっても、大体ススキだとか、ヨモギだとか。
　そういう草ではございません。
ただ雑草ではわかりません。どんな草ですか。
　私どうも植物学、ちょっと試験されるのは困ります。
草の名前はわからない。
　はい。
かたいというのは、ススキのようなのがかたいというのですか。

　ススキとしてかたいと申します。

ススキはだいたいかたいものじゃないですか。

　かたいものです。

かたいものなら、やわらかいものはあったですか。あの広いところに。

裁判長
草として同じ種類の中でも、やわらかいものとかたいのとある。そのかたいほうだということですね。

　そうでございます。

被告人代理人（木村）

山中の本件の草は、どこと比較してかたいというんですか。

　火入れを常時している草にくらべて、かたい、やわらかいと申しております。

（中略）

被告代理人（木村）

入会権というものは、農民だけに専門にもたせておるものでしょうか。一般の住民でなく、農民でないものは入会権がないというのが、法則でしょうか。

　本末から申しますと、農村的、権利、権限、農民的権利であります。農民が入会権をもつというのが原則です。

農民でなくてもいいんでしょう。

　農民でないものというのは、どのへんまでおっしゃるのか。

商売人とか、勤め人、そういうもの。

勤め人が入会権をもったという事例はきいたことがありません。

農民以外は入会権は、ないんですか。

これ、意見にわたるかもしれません。入会権に対する考え方がふたつございます。ひとつは習慣による入会権以外には存在しない、契約によって、新しい入会権は発生しない。契約による入会権が発生するという考え方があります。のちの考え方は非常な少数であります。慣習による入会権の成立はない、慣習によってのみ、入会権があるんだというふうに言われております。慣習による入会権と申しますのは農民が入会権を持つということでございますんで、徳川時代からずっと農民たちだけが、入会権を持っているわけであります。ただ武士で農村にはいった人たちは、通常入会権者でなかったようであります。明治初年の判決録などを見ましても、武士で禄を失って、農村にはいった人は入会権者集団のほかに、名前を書いていたようでございます。

住民になれば入会権があり、住民から脱すれば入会権がないというのは、そういうことがありますか。

住民というのは、農民的住民です。

農民でなく、普通の住民で百姓というものは、土着ですからね。よそからきた人には、入会権はないというんですか。

そんなことは申しておりません。入会権利者として部落側でそれを認識しあえばもつようになっております。

農民以外でも

農民以外とは申しておりません。

それじゃ農民以外には、入会権はないとおっしゃるんですね。

農民以外には、農業というものを離れると入会の必要がございませんから、

（補註）

以上によって明らかなように、渡辺正保側の承認として証言した戒能通孝氏には、入会についての実態について、ほとんど知らないということである。たとえば、山中入会民から戒能氏が調査した野焼き前の四月の草は固くて刈ることはないし、また、同じく八月以降の草も固くて刈ることはない、と指摘される。火防にしても、山中部落の者が火防として築いたものを火防ではないとも答えている。入会権者は農業専従者であるということは戒能入会理論であっても実態的に、徳川時代以来、そのようなことはなかった。戒能氏は、入会民が入会民であることを認めれば入会権者になれるということに矛盾を感じる者も多かった。

いずれにしても、入会権についての研究不足がきわだったのである。

四月十一日　晴後小雨

昨日に引続き午前十時より、甲府地裁に於て、神社有地の入会裁判を開廷、被告神社代表役員　高村宇八の尋問が行なわれた。宇八証人については、神社有地の所有権、管理権、処分権、財産処分についての手続、有志会の権限等に就き尋問が行なわれた。

引続き、坂本博、高村宗一証人について文書の所持する理由と、記載事実について尋問あり。午前中で終了した。

次回開廷日は七月三日、四日両日とも午前十時より行なわれ、高村高之、高村捷治、渡辺正保が証人として出廷する予定である。本日の裁判傍聴者数

諏訪組	第一組	第二組	第三組
高村　徳治	古屋七五三男	高村　嘉吉	高村佐武良
渡辺　次郎	高村　節久	大森　虎三	羽田　佐十
高村　利雄	高村寿三男	松井　　忠	中沢　昌孝
羽田　　操	渡辺　勝正	高村　栄作	槌屋　　進
天野　　貢	古屋　龍男	高村　高元	
大森　良雄		山本仁三郎	
大森　寛市		高村　　修	
		中山　七郎	
		中村　志郎	
		高村　宗一	

第四組	第五組	二の橋組
高村不二義	羽田　輝次	天野　音光

高村　敬二　　高村　常則　　高村　軍治
河内　曠　　高村虎太郎　　渡辺　嘉明
高村　宇八　　高村　徳男　　橋爪　定夫
坂本　博　　柘植　憲行
槌屋松太郎　　杉浦　一布
堀内　新内　　坂本　藤人
滝口　忠孝　　高村　勤
滝口　米春
広瀬　市雄

計四十八名

四月十四日　晴曇

午後一時より小学校体育館に於て、三井俊雄他二七人の集会を開き、神社有地の入会権について話し合いをなす。本日の会議に出席せる委員　大森虎三、高村不二義、高村宇八、権利者二〇名、委員長より挨拶があり、副委員長より、裁判経過報告と準備書面中の二八名の取扱いと、その人達の覚悟についで話しをなす

五月十六日　晴

午後二時より山中小学校図書室に於て、神社有地入会権擁護委員会を開催する。出席者十九名。明細は出席簿にあり

会議の詳細は会議録を参照。入会の委員会終了後、対策委員会を開いて、対策委員長に高村軍治、副委員長に高村嘉を推薦する
五月二十二日　晴
大森虎三、高村不二義、高村嘉吉、高村宇八、高村軍治の五名にて、北畠八六五の二及び八六五の十二の下刈個所の下見分をなす
五月二十六日　薄曇り
今日は神社有地の下刈作業を実施する。諏訪、第一、第二、第三、第四常会は、外野道上より県有地に接する地域の下刈を実施する。第五、二の橋常会は昨年下刈を行なった残部の下刈をなす。出動人員二七二名。午前九時作業開始、午後四時作業終了
五月三十日　晴
神社有地裁判の証人調書の謄写を依頼するため、午前九時より高村不二義、高村宇八、高村軍治の三名にて甲府地裁に出張なし。久保川書記官及び伊藤代書人に依頼して帰宅する
六月十日　晴
大野先生より送付された四月十日、十一日の裁判に於ける証人調書を謄写印刷するため、不二義、軍治の二人で富士吉田の羽田印刷を訪れ、印刷を依頼して帰る
六月十七日
五月三十日に謄写を依頼した入会裁判の証人調書が出来上ったので、大森虎三、甲府地裁まで受取りに出張す

六月十七日　晴
羽田印刷よりがり版印刷の原紙更正が来たので、虎三、不二義、軍治、宇八の四名で、副委員長　高村不二義宅で、原本との読み合せをなしたが終らないので、明日も引続き行なうことにする
六月十八日　晴
昨日に引続いて虎三、不二義、宇八、軍治の四名にて、がり版印刷の更正をなす
六月二十日
七月三日、四日の裁判の打合せのため、大森虎三、高村不二義にて東京大野弁護士事務所を訪れ、次の打合せをなす。帰りに富士急にバスの貸切を依頼する。
一、旧家割地内に係争地が侵入して文筆登記されている部分についての下刈等使用収益するにつき、仮処分の公示札外であれば支障ない。旧家割地と係争地の境界に道路を作ることも同様
二、七月三日の裁判に出廷する証人の打合せは、七月二日山中で行なう予定。なお証人の人選も同時に行なう
六月二十三日　曇り
午後四時四十分より山中小学校図書室に於て、入会委員会を開催する。出席者　二十一名
会議案件
1．係争地と旧家割地の境界線設定について
2．旧家割地の下刈実施について
3．証人打合せについて

4．証人調書の印刷承認と、これが配布について

会議の詳細は会議録にあり

七月一日　曇り

大野、江橋弁護士と打合せのため、富士ゴルフ場に大森虎三委員長、高村不二義副委員長、高村軍治対策委員長の三名出張、用談後帰る

七月二日

午後四時より撫岳荘にて証人打合せをなす

弁護士　大野弁護士、江橋弁護士

証人　高村高元、高村栄作、槌屋義明　三氏

委員　大森虎三、高村不二義、高村軍治、高村宇八の四名

七月三日　晴後曇り

甲府地方裁判所で開廷される浅間神社有地入会権確認裁判傍聴のため、富士急バスにて午前八時山中発。九時三十分甲府着、午前十時より傍聴。本日の裁判傍聴者数

証人調べは次のとおり

高村高元証人　　午前十時より正午まで

高村栄作証人　　午後一時より二時三十分まで

槌屋義明証人　　午後二時三十分より三時まで

尚明四日引続き行う予定の裁判は、原告代理人鈴木俊光弁護士が病気のため中止となる

次回開廷日は七月三十一日午前十時十分

諏訪組
高村　徳治
望月　学男
渡辺　長治
鈴木　貞治
椙浦　朝春
羽田　龍教
堀内二三男
田中　徳行
高村　　炓

第一組
高村　節久
古屋七五三男
羽田　恒司
高村　捷治
高村十一郎

第二組
大森　虎三
高村　栄作
高村　嘉吉
高村　岩市
山崎　竹次
坂本　照正
高村　宗一
高村　高元
高村　文男
高村　恵治
高村　一義

第三組
羽田　佐十
高村佐武良
高村九二義
羽田　重宜
渡辺　　仁
高村　虎三
槌屋　義明

第四組
高村不二義
高村　敬二
高村　宇八

第五組
槌屋　晴尚
坂本　朝光
高村　村男

二の橋組
高村　軍治
高村　保富
天野　音光

高村　良光　　斉藤　房子　　高村　敬二（富士田屋）
高村佐十郎　　杉山　万吉　　高村　利明
江藤新之助　　高村　高光
槌屋　豊光　　槌屋　悦子
渡辺　留春　　渡辺かつ代
山口　久雄　　高村　清一
浜野　一郎　　天野　一美　　計五十九人
伊藤八十八
坂本　岩市

七月十二日
大森虎三、高村不二義、高村軍治の三名にて、午後四時三十分より吉田施設事務所並に恩賜林組合役場を訪れ、去る四月十日に行なわれた裁判の証人調書を、それぞれ手渡し、用談後帰る
七月三十日
午前八時三十分　北條先生、高村不二義宅を訪れ、用談後、去る四月十日、十一日の裁判の証人調書各十部を北條先生に渡し、各鑑定の先生に送付を依頼する。午後三時より大森虎三、高村不二義、羽田佐十、高村軍治、高村嘉吉、高村宇八、羽田恒司の七名、下吉田ことぶきに出張。委員長大野先生を大月駅まで出迎え、江橋先生を交えて明日開廷される入会裁判の証人尋問について打合せを行ない、

午後八時帰宅する

七月三十一日　晴

午前十時十分より甲府地方裁判所第一号法定に於て、浅間神社有地入会裁判の最終弁論が行なわれ、なお原告本人渡辺正保の尋問もなされた

昭和三十六年九月より争われてきた神社有地の貸借契約をめぐる裁判も、本日結審となる。本日の裁判傍聴者は数は五十二名

諏訪組

渡辺　次郎
高村　利雄
大森　新市
高村　徳治
大森信太郎
高村　文子
羽田　朋春
椙浦　貞良
坂本　貞雄
天野　邦三
杉山　　直

第一組

古屋七五三男
羽田　恒司
高村十一郎

第二組

大森　虎三
高村　　登
高村　嘉吉
高村　栄作
高村　高元
畑山　義政
羽田　　勝
高村　岩市

第三組

渡辺　　仁
坂本　儀治
槌屋　嘉明
高村佐武良

望月　利定
羽田諏訪光

第四組
高村　敬二
高村不二義
坂本　博
高村　宇八
羽田　九三
滝口　道義
高村　基大

第五組
羽田　輝次
坂本　房吉
槌屋　晴尚
大森　如三
中村　静子
平山　久夫
高村　文作
高村　福男
坂本　伝重
坂本　善照

二の橋組
高村　軍治
高村　保富
宮本　正
羽田　祐雄
羽田　聡
高村　桂
高村　村男

計五十二名

九月二十三日　晴

山中区主催の戦死者慰霊祭終了後、午前十一時より大森虎三、高村不二義、高村宇八、高村敬二、高村徳治、槌屋晴尚、高村利雄、高村佐武良、古屋七五三男の九名にて、係争地内の古墳塚に参拝する

十月十二日
午後四時より山中小学校図書室に於て、神社有地入会対策委員会を開催する。出席せる委員数二十名
協議事項
　神社有地裁判の終決に伴う今後の方針について
　会議終了後、富士吉田市月江寺松風荘にて委員の懇親会の宴をなす
十二月十五日
大森虎三、高村不二義の両名にて、大月駅に大野弁護士を迎え、打合せをなし、御歳暮三万円を渡し
帰宅す
十二月二十五日
午後三時山中湖村役場に於て、大森虎三、高村不二義、槌屋晴尚の三名で、北條先生と懇談会をなす

三　『日　誌』第三分冊

一九六八年

昭和四十三年
一月九日
左記の件について、午後六時より山中小学校理科室に於て委員会を開催する
一、昭和四十二年度神社有地保護対策費歳入歳出決算認定について
二、昭和四十二年度神社有地入会擁護委員会事務報告
二月四日
午後二時より浅間神社々殿に於て、厄除豆まきの式を行ない、氏子にて神社有地裁判の勝訴祈願をして散会する
四月六日
午後三時に北條先生来訪、大森虎三、高村不二義にて撫岳荘へ案内し、浅間神社の沿革、山中湖村の歴史的沿革、明治時代、大正時代の入会の使用について、文書に基いて説明をなす
七月二日
大野弁護士より、浅間神社有地入会権確認裁判の判決公判が、来る七月十九日午前十時より甲府地裁民事部に於て開廷される電話連絡あり
七月六日
神社有地の裁判について、神社本庁より電話があったので、高村不二義副委員長と本庁庶務の吉田氏と話し合う。神社庁としては、裁判の判決の前に相手渡辺正保と和解の話し合いをしたらどうかとの

ことで、神社側としては代表者と相談の上、回答する旨を約束し、直後代理人の大野弁護士にこの旨相談した結果、現段階としては不可能と思う、相手が話し合う意志があるなら、神社側は何時でも話しに応ずる旨回答することの指示あり。その旨神社本庁に回答する

七月九日

左記のことについて、午後八時より山中小学校音楽室に於て、神社有地入会委員会を開催する。出席者は二十名

一、神社有地判決裁判傍聴について

当日は、極めて簡単な判決の言渡しであり、代表者のみにて傍聴することとし、人選については当局に一任

二、神社本庁より七月六日の電話のあったことについて、高村不二義報告し了承を得る。引続き、裁判について種々懇談し、午後十一時散会する

七月十二日

山中区主催により、旧神社有地境内の下刈を実施す

七月十三日

神社本庁庶務の吉田氏より、神社有地裁判につき、渡辺正保原告より、条件つきで話し合いに応じたいとの申込みがあったので、神社側として文書を検討してもらいたい旨電話連絡あり

七月十四日

神社本庁吉田庶務より、次のような電話あり

神社裁判原告の渡辺正保は、昭和三十六年四月二十九日契約の条項については譲歩することはできないが、和解の条件として五条の定着物は考慮してもよいとの申込みがあったので、神社側として検討してもらいたい

七月十五日

午後七時三十分より宮司宅に於て、神社裁判和解についての原告渡辺正保から提出された文書を検討するため、役員会を開いて協議する

高村宇八、大森虎三、高村不二義、高村嘉吉、高村徳治、羽田佐十、高村軍治

協議の結果、渡辺正保の和解条件には神社側としては応ずることはできないので即時、神社本庁の吉田庶務に電話にて仲介の労を謝し、和解調停をことわる

七月十六日

渡辺正保より提出された文書コピーのため、虎三、不二義、役場に行く

七月十七日

午前六時　渡辺正保より神社裁判の和解調停について高村不二義に対し、次のような電話あり

一、神社本庁から、私の調停についての文書に対し、神社側の回答は聴いたが、判決による勝敗は山中があまりにも犠牲が大きいので話し合いで解決したい

答　それは神社側としても望むところであり、何回かそのような機会があったが、喧嘩を仕掛けた貴方が拒否していたのではないか

二、坂本好治さんの話では、貴方達が指導すれば村民を納得させて和解できると言っている。村のた

めを思って今迄争って来たと思うが、真に村を憂いて、判決でなく、調停するよう努力していただきたひ

答　貴方が申すとおり、初めはそうであったか知れないが、今は違う。村民一人一人が権利に目覚めて斗っているので、逆に我々が引き廻されている状態なので、村民が承知しないだろう

三、裁判も後二日しかないので、大野先生に頼んで、次の大安日の二十九日まで判決を延してもらい、その間に話し合って見たいと思うが、なんとか手配してくれないか

答　こちらは貴方から訴訟を起されているので、立場が違うからそれはできない

四、日延べができたら、その間に話し合ってもらいたい

答　和解調停というのは、当事者間が歩み寄らなければならない。貴方は契約書と念書の通りで、話し合いたいと主張しているし、神社側は村民の意志を無視した契約だから、白紙に戻してからでなければ応じられないと主張している。貴男が契約書と念書にこだわる限り話し合いは無駄だ。従って判決によるより他はないではないか

五、神社本庁が調停に乗り出したのだから、それを利用し、鈴木俊光さんから大野先生に話して、判決の日延べをしてもらいたい

答　その点は貴方の御自由にどうぞ

第一回の電話による会話を終ったり所要時間四十分間。追って第二回の電話あり、要旨次の通り鈴木先生に話した処、大野、江橋、木村先生に相談して日延をするよう努力するとのことであった

午前十一時大野先生に以上の経過について高村不二義より電話にて報告なす

七月十七日

午後三時より神社有地裁判につき、対策委員会あり

七月十九日

甲府地方裁判所民事部一号法廷に於て、午前十時三十分より昭和三十九年（ワ）一三九号地上権等確認請求事件の（山中浅間神社有地入会事件）判決公判あり

本日の裁判を傍聴せる山中区入会住民代表

大森虎三、高村不二義、槌屋晴尚、高村徳治、高村嘉、羽田佐十、高村栄作、高村登、高村佐武良、松井忠、高村節久、河内昿、高村国弘、天野音光、大森新一、坂本房吉、渡辺次郎、高村佐十郎、高村九二義、高村良光、高村嘉兵衛、尾崎繁弥

判決文

一、原告の請求を棄却する。

二、当事者参加人らが別紙目録記載の土地について、その地上の立木の小柴刈り、下草刈り及び転石の採取を内容とする使用収益権を有することを確認する。

三、原告は当事者参加人らに対し、別紙目録記載の土地につき、甲府地方法務局吉田出張所昭和三六年九月九日受付第四一三一号をもってなした地上権設定仮登記の抹消登記手続をせよ

四、当事者参加人らのその余の請求はこれを棄却する

五、訴訟費用はすべて原告の負担とする。

以上のとおり浅間神社有地北畠八六五の二山林四八町二反歩の入会裁判は全面的に山中部落の勝訴となった

〔判決の主要部分〕

（前略）各供述及び鑑定人川島武宜、渡辺洋三及び同石井良助の鑑定の結果によれば本件土地の地盤所有については次の事実が認められる。即ち、少くとも明治初年時には、既に本件土地は当時の山中部落民にとつては、いわゆる村持ちの土地と意識され、他部落の者からもこれを認められていたのであつて、そこで山中部落民は、なんらの対価の支払もなく、右土地から自由に草及び小柴などを採取していた。ところで明治七年、時の政府により地租改正に際してのいわゆる官民有区分が開始せられたが、本件土地については、山梨県は最初、山中部落の村持ちの土地であり、又部落民にとつて日常欠くべからざる収益行為が行われてきた土地であることも認め、その為これを官有地とすることを一時見合せ、「御詮議地」として未定地のままにした。しかし間もなく本件土地は官有地に編入されるに至り、その為土地の管理が厳しくなり、山中部落民の草、小柴、やといもや、転石の採取等も自由になし得ないようになつてきた。これが為、官有地編入当時は、右草等の採取さえ自由になしうれば良いとして格別本件土地の官有地編入を問題視しなかつた山中部落民も、その生活の大部分を右採取した産物によつて支えていたことから、官有地とされたままでは生活が危くなるとして不安を抱くに至り、そこで山梨県知事に対し本件土地の払い下げを強く求めるに至つた。これに対し、山梨県知事においては、結局部落住民は土地所有権そのものより草木の採取が自由になされうるか否かの方に関心があるものとして、その場合には官地貸渡しの名義をもつて相当の年期を定み、旧により入会わせ、植林保護等を住民に行わせるのが適当と考え、その為明治一六年に、従前の一村又は数村入会樹木芝草を伐刈した慣行があり、実際に官有地編入により生活に差支える場合には入会地上の立木芝草等の払い下げ（樹木については二〇年以内、芝草は五年以内の期間再度の払い下げ出願に及ぼずとする）な行う旨の布達を定めだ。しかし山中部落住民は、本件土地については前記の如く実質上これを村持ちの土地と考えており、また官有地のままでは将来如何なる制限を受けるかも知れないとして、強い不安を抱いて、右草木の払い下げを受けるだけでは不十分として本件土地自体を入会山林原野と表示してその払い下げを強く求め続けた。これに対し山梨県知事は、明治一六年一一月二日、丁第九九号をもつて、郡役所に対し、従前数村又は一村入会小物成官有山林原野の内、従前御詮議地とされていた土地は、国土保安に必要な部分以外はその入会つていた村に払い下げる旨の通知をなした。そこで山中部落住民は直ちに総代を選出して、翌明治一七年、本件土地を含めて約五八三町歩の土地につき江戸時代から部落民が入会つていた土地であるとして県宛に払い下げ出願をなした。しかし右出願は代価不相当として却下された為、その後山中部落民は、右払い下げ価格を増しながら明治二〇年六月迄に四回にわたり同様の出願をなしたが、右同一の理由でいずれも却下された。その後明治二二年に至つて始めて代価七一四円余の払い下げ価格の出願が受理せられたが、同年中に本件土地は他の土地と共にすべて御料地として御料局の管理に移され、払い下げ手続きは中断された。そこで山中部落民は御料局静岡支庁に対し引続いて明治二四、二六、二七年と払下げ出願をなしたが、御料局は払下げの為の規定の存しないこと、御料林草木払下規則により、本件土地生立草木については、従前山梨県から草木の払下げをうけた入会団体は、本規則に基づき、旧来のとおり永世払い下げを受け得られること等の理由から、右土地自体の払い下げ出願はその必要なしとしてこれを却下した。しかし前同様の理由から山中部落民はその払い下げ出願を続けたところ、明治四四年三月に至り、不時の災害をきつかけに本件土地を含めて山梨県下の入会御料林は山梨県に下賜されることになつた。そして山梨県は大正四年一一月に本件土地を含む不要存置恩賜県有財産め売払公告を行うに至つたので、払い下げ出願を続けていた山中部落民も直ちに本件土地をその周辺土地と共に売払いを受けることとしたが、当時山中村は既に他の村と合併して中野村の一行政区劃となつていた為右買受け資格が認められず、そこで本件土地は一旦中野村名義で買受けることにし、中野村もこれを了承した。ところが右中野村が本件土地を買受けた後、山中部落民自体がいかなる方法で本件土地につき権利を有することを表示するかについては山中部落民の間でも意見が分れ、その内には右買受けの為には山中部落住民各戸二〇円宛の拠金をしなければならないのであるから右拠金者の共有名義にするか、もしくは、部落有として他の何らかの方法でこれを表示するか等の意見も出されたが、結局部落有とし将来土地が分散したりせず、税金の問題解決にも有利であり、且つ部落の公共事業の為に用いやすい神社財産名義とすることに意見が一致した。そこで当時山中部落民の氏神であつた被告神社が選ばれ、中野村議会も、買受け後には「本村山中組浅間神社ニ売セントス」との決議をするに至つた。そこで山中住民は各戸平等二〇円の割合で買受け代金を拠出したが、当時裕福ではなかつた山中部落民中には右拠出金が払えない者も出、その者達は皆村外に去り、結局拠出者のみ約一二〇戸が残るに至つた。そこで本件土地は他の周辺土地と共に中野村が大正六年五月二一日に払い下げを受け、その後前記決議に従つて同年一二月一九日代価二、三四八円八〇銭をもつて中野村から被告神社に転売され、同日付で所有権移転登記がなされるに至つた。その際本件土地周辺の農耕可能な土地は二反程度ずつ右拠出者に分割してその使用を許すことにした。またその後、昭和二四年には、二、三男対策の一として、本件土地と共に払い下げを受けた神社有の「北畠」の土地の一部約二三〇反（本件土地に接続している）を、当時の氏子二二九戸が各戸一反ずつ独占的に利用することを認めた（以下二、三男割りという）。部落は最初分割に際して一戸から一千円の土地代金をとり、三年間は毎年一〇〇円ずつの地代をとつたが、現在ではとつていない。また、翌昭和二五年には、右同様本件土地に接続する神社有地の一部を、大正六年の払い下げ当時にその代金二〇円を負担した氏子及びその子孫一二七戸に、道路沿いの土地三畝、そうでない土地五畝ずつの割合で独占的利用を認めた（以下旧戸割りという）。右旧戸割りは前年の三、三男割りが旧戸、新戸平等になされた為、払い下げの際相当の犠牲を払つた旧戸から異論が出て行われたものである。右二回の分割で各戸の独占的利用が許されている土地の利用期間は永代であり、その利用方法は自由となつているが、転貸、利用権の譲渡は禁止されている。しかし実際には右土地は村外の者にも相当数転貸もしくは利用権の譲渡の契約がなされて、その者達が利用しており、殆んど個人所有地と変らない状況にある。

なお、前記払い下げ以後、被告神社の正式な氏子となるには厳しい制限があり（諸役テンマをつとめ、且つ二〇年以上部落に居住し、永住の見込みあるもの）、更に氏子加入金を支払わなければならないことになつている。払い下げ以後氏子となつたのは、大正一一年に二〇円の氏子加入金（もしくは入会――にゆうかい――加入金）を支払つて氏子となつた者一二名、昭和一七年に四〇円の加入金を支払つて氏子となつた者二八名、昭和二四年に三千円もしくは五千円を支払つて氏子となつた者二〇名のみであり、総計一八五名である。右氏子が他の部落民と異なる点は、前記の如き本件土地の分割の如き場合に、その割当てを優先的に受けられる資格を有するものと考えられていることである。本件土地の採取行為については他の部落民と何ら差異はない。

現在山中部落の戸数は約三九〇戸（別荘等は含まず）、そのうち約二九〇戸がいわゆる入会権者といわれている者であつて、そのうち本件訴訟に参加していない者は五戸である。そして右入会権者といわれている者の殆んどは、大なり小なり農業に従事している。現在山中部落には田は約五三町歩、畑は約九〇町歩あり、そこでは米、とうもろこし、大豆、小豆、そば、蔬菜類等が主として栽培されている。

3、利用行為の態様及びその変化

その成立に争いのない丁第一号証の一、二、同第二号証、同第三号証の一、二、同第六ないし第八号証、同第九号証の一ないし四、同第一一、一二号証、同第一三号証の一ないし三、同第一四号証の一ないし四、同第一五号証の一ないし七、同第一七、一八号証、同第一九号証の一ないし四、及び係争地内の写真であること当事者間に争いのない丁第一〇号証、証人坂本博の証言によりその成立の認め得る丁第一六号証の一ないし七、ならびに証人戒能通孝（一部）同槌屋義明、同高村宗一、同高村高元、同高村栄作、同坂本博及び当事者参加人大森虎三の各供述、並びに検証及び各鑑定人の鑑定の各結果を総合すれば次の事実が認められる。

㈠　草の採取

山中部落民は江戸時代から主として畑作営農と養蚕によつて生計を立てていた為、まず農耕馬の飼料及び細の堆肥として大量の草が必要であつた。そこで江戸時代から山中部落民は、部落に近い本件土地に毎年火入れをして原野としたまま草を採取していた。前記本件土地払い下げ前後からは、他の土地への類焼の危険等から火入れが行われなくなり、その為立木が成長したので、以後は主としてその枝下の草を刈るようになつた。その当時から人造肥料も使用され始めたが、部落民の農地の為に草による堆肥が良い為もあつて、その必要は徐々に減少してはいるが、なお現在も草の採取は続けられている。

一方、農耕馬の飼料としての草の必要は、昭和二〇年以降農耕馬の数が減少し続け、現在では主として観光用としての三、四〇頭を残すのみとなつているので、飼料としての草の必要は著しく減っている。

右草の採取については、前記認定のとおり官有地編入後県及び御料局とも、土地所有の有無は別としても、山中部落民における草の必要性が重要であつたことは認めていた為県においては相当の期間、御料局においては永世、草の採取を継続することを認め、但しその手続きとしては、草木払い下げ規定を作り、右規定に従つて払い下げられることとなり、また大正三年には、部落の区長が宇野村村長の許可を受け、その指示した期間内に採取すべきこと等の規約を他の周辺住民との間で締結したこともあるが、実際には部落民は殆んど自由に草を採取していた。本件土地を神社名で払い下げを受けてから後には何らの制限もなく現在に至っている。

なお、昭和二〇年一〇月から同二五年初め頃迄は、本件土地全部が米軍によつて接収されていた為、部落民は事実上本件土地へ立入ることができなかつた。しかし部落の強い要求もあつて、同年二月に日本国が本件土地を借り上げ、これを米軍に提供した形に改めた際、草の採取の為の本件土地立入りは演習に支障なき限り最大限に認めることになり、土、日曜日は必ず右立入りが許され、その他の日でも、米軍が調達庁を通じて村当局へ演習を行わないとして指定してくる期間は自由に立入ることができるようになつた。昭和三二年には、本件土地中A地区が返還され、以後右地区については前記の如く自由に草の採取を続けている。

㈡　やといもやの採取

右㈠項認定の如く、山中部落民は畑作と風時に重要な家内産業として養蚕を続けていた為、蚕がまゆを作るのに必要な「もや」を雪解け後木の芽が出る迄の三、四月に本件土地から必要量だけ採つてきていた。しかし昭和一五年頃には戦争の為採算が悪化して養蚕をやめる者が続出し、同二〇年頃にはこれをなす者がいなくなり、やといもやの採取も行われなくなつた。現在においても山中部落民で養蚕をなす者はいないが、将来養蚕を再開したいとして、用具を蔵している者はある。

右やといもやの採取についての県又は御料局による制限及び部落内の規約については草の採取の場合と同一である。

㈢　小柴の採取

主として炊事風呂等の燃料として用いる小柴の採取も、江戸時代から山中部落民において行われていたが、本件土地において立木の枯枝もしくは落ち枝を採取する形では、本件土地が払い下げをうける前後、立木が成長してきてから行われるようになつた。その必要性は、最近では他の燃料の普及により漸次減少しているが、これを全く用いていない家は稀であつて未だ相当程度、風呂、炊事用に用いられている。

右小柴の採取についての県又は御料局による制限、及び米軍接収等による制限については草の採取の場合と同一である。

(四)　転石の採取

本件土地は富士の噴火によつて生じた溶岩地帯である為地表に右溶岩が露出しており、山中部落民はそのうちそのままの形で運び出すことのできる程度の大きさの溶岩を転石と称して、これを井戸石、または塀の土台等に利用している。右の如き転石の利用が始まつた時期は明確ではないが、その利用方法からして明治以前からなされていたものと推認される。もつとも右転石の採取については、従前は何らの制限がなかつたにも拘らず、昭和初期からは被告浅間神社の宮司への届出を必要とすることになつたが、届出さえすれば自家用にする限り何ら制限なく採取することができることになつている。なお右転石採取についての米軍接収等による制限については草の採取の場合と同一である。

(五)　その他の利用行為

大正六年に本件土地が浅間神社名義になつてからは、前記のとおり立木が成長してきた為これを育成することになつた。そこでその頃から、山中部落では各戸から一定数の者が、春秋の二回必ず林の下草や林の育成に有害な小立木を刈りとる下刈りに参加しなければならなくなつた。但しその際採取された下枝又は小立木等は、各戸に平等に分配され、これは小柴と同様燃料又は畑作に利用されている。

また成長した立木（主として赤松、栖等）は、これを伐採して売却し、その代価をもつて被告神社の改装費にあてるのを始め、山中部落内の学校の備品、又は体育館建築資金、村の祭礼費、消防費等の為に用いられている。最近では昭和三二年に、本件土地の演習地内の栖の木を三町歩にわたり伐採し、その代金で小学校の体育館を建設した。

なお右昭和三二年の伐採時頃迄は伐採後はそのまま放任し、自然に若木が成育してくるのを待つてこれを育成していたが、右日時頃からは積極的に伐採跡に植林をなすようになり、その場合には、下刈りと同様部落の各戸一名ずつがその植林作業に従事することになつている。

また本件土地は、昭和二五年から日本国が神社から借り上げて米軍の演習地として提供しており、その賃料が現在では年四二〇万円程度になる。右賃料は一旦神社会計に入るが、神社に必要な費用以外は部落の諸費用に充てられる。

なお大正末期には、道路改修用に本件土地上の転石を大量に業者に売却し、その代価で消防団の法被を購入したこともあるが、その他には転石を大量に売却した例はない。

4．利用行為に参加しうる資格

前項掲記の各証拠によれば、右利用行為には古くから次の如き参加資格の制限があることが認められる。即ち

まず第一にその者が山中部落の地域内に継続して居住するであろうと一般に認められる者でなければならない。必ずしも独立の家屋を所有し或いは借りて居住していることは要せず、部屋借り（通常、親ないし本家の家の一室を借りる）をしている者でも差し支えない。第二にその者が諸役テンマをつとめたことが必要である。テンマとは、山中部落の共同生活の為の労働奉仕を主とするもので、下刈り、植林作業、道路補修作業、神社の清掃、葬式への協力等である。もつとも大正六年に拠金をしたいわゆる旧戸の子孫、又はその分家である住民は当然利用行為が許されており、又山中部落出身の者を妻として長年居住し、テンマをつとめてきた者も特に後記の手続きなくして利用行為参加資格を認められている。右以外の外来の

者は、右二要件を備え、且つその属する組の組長（常会長）を通じて利用行為の仲間への参加を区長に申し出る。右申し出は、通常下刈りで部落民が集つた現場でなされ、そこで全員の承認を求めて決定されることが多い。以上のとおりであつて、右以外の者、例えば警察官又は学校の教員等のような一時的居住者は利用行為に参加することは原則として許されていない。たゞ右の者らから燃料用の枝を分けてもらう為に下刈りのみ参加したい旨の申し出があつたような場合にはこれを認めている。

右の如くして本件土地の利用行為に参加を許されている者（以下利用権者という）も、その者が山中部落を離れることによつてその資格を失う。後に帰村した者について利用権者としての地位を回復した例もあるが、これについては一定の基準はない。

5．部落内の組織及び機能

第3項掲記の各証拠によれば、本件土地の利用についての部落内の組織について次の事実が認められる。即ち、山中部落は行政的には、当初山中村とされ、明治初年に他の村と合併して中野村山中となり、現在では山中湖村山中となつて単なる行制区劃にしかすぎないことになつたが、当初から村の行政機関とは別個に部落内の特有の組織を有している。

第一には有志会（当初はおもだち会とも呼ばれた）と呼ばれる組織がある。有志会は、区長（後述）副区長、被告神社氏子総代、現及び元村会議員、元助役もしくはそれ以上の役職についた者、各組長（常会長）等部落の有力者（いわゆるおもだち）約五〇名程度の者達によつて構成され、必要に応じて被告神社宮司等各種団体の長を参加させている。この有志会は区長が招集して、立木の伐採、風倒林の処分、地盤の貸与もしくは譲渡、分割、部落内の定例の行事等についてこれを討議するが、右行事の規模等の決定については有志会のそれのみでなしうるが、地盤の処分等については、後記の如き組（常会）又は区民大会等で決定さるべきものとされており、有志会はその為の原案を作成する機関ともなつている。但し有志会は、その構成メンバーからしても部落の最も有力な意思決定機関であつて、その為ここで決定されたことは、更に各組で討議される建前になつていても、事実上の強制力をもつことが多く、従つて区長も有志会の決定のみで後日各組へ討議の為議案を廻すことをしない例も多い。第二に山中部落は当初から山中区とも呼ばれ（財産区とは関係がない）その山中区が村の一つの行政区劃としての機能をもつてきた。その区には区長が選挙で選出されるが、区長は単に行政区劃としての長としてのみでなく、山中区内の本件土地利用集団たる山中部落民らの長たる地位も兼ね備え、対内的には部落の日常的な行事等を専行し、その案件によつては有志会、を招集する権限をもち、又有志会等の決定を執行する役割をもつており、また対外的には右山中部落を代表して事務を処理する権限をもつている。区長の右の如き二重性は、結局山中区の住民と、利用権者たる山中部落民とが、その大多数において重複していることに由来しているものと解される。第三に山中区には一組から五組迄と諏訪組及び二の橋組との七つの組（常会ともいう）がある。後二者は第二次大戦後人口の増加に伴つて新たに作られたものである。組にはその各々に組長（常会長という）が選ばれており、この組長が区長からの指示等により組を開催して事案を討議決定し、又区及び村からの連絡事項を伝達論議する。このようにこの組は、区もしくは部落の連絡事項の末端の伝達機構であると同時に、本件土地の重要な産物の処分等利用権者に重大な利害を及ぼすような案件が生じた場合には、その案件を論議する下部討論機関ともなる。従つてその案件によつては一時的な居住者を加える時もあれば（例えば環境衛生、道路、祭礼等に関する件）利用権者のみで集会が持たれる時もある。第四に、右の如き利用権者にとつて重大な利害を及ぼす事案について組において論議された後、全員の承認がなお必要な場合には、氏子大会、総寄り、権利者集会又は区民大会等様々な名称で呼ばれる利用権者の総会が開かれる。特に土地の処分についてはこの利用権者全員の意見に依らなければならず、然らざるため遂にその処分不可能となつた例としては、大正一四年部落の一部の者が若尾某に本件土地を貸与することにした際、他の部落民の反対にあい、総寄りで右貸与が否決された例、昭和三六年には、区長が自ら自己名義で前記割地の一部を防衛庁に貸与した為氏子がこれに異義をとなえたので大会の決定により契約当事者を神社名義に改めて変更した例がある。

以上の各認定に反する証入戒能通孝の証言部分及び原告本人の供述は、前掲各認定資料に照してにわかに採用し難く、他には右認定を覆えすに足りる証拠はない。

6．次に前示認定の各事実に基づいて順次判断を進めることにする。

(一)　本件土地が官有地に編入される迄の時期

まず、当時の山中部落の性格を考えるに、その組織、団体統制、各部落民の有した権能、負担等からすれば、山中部落はその生活協同体としての特質から、山中部落民の総体としての部落自体としても法的主体性を有すると共に、それと同時に（それと別にではなく）部落民個人も少くとも本件土地利用に関する限りはなおその法的主体性を失つていなかつたものといわなければならない。

右の如き性格は、団体としての単一性が明確にその構成員から独立し、その団体が構成員とは別の独立の存在となつている社団とも異なり、勿論契約によつて生ずる組合的結合、もしくは単なる個人の結合した場合とも異なるものであつて、民法上法主体として予想されない性格をもつた団体といわなければならず、結局これが講学上にいわゆる実在的総合人といわれるものに合致するといわなければならない。

ところで次に、当時右山中部落が存していたと考えられる本件土地上の利用権能について考えるに、前記認定のとおり、本件土地は既に山中部落の「村持ち」の土地と称され他部落民からもこれが承認されていたこと、実際にも山中部落民のみが専ら現実的、具体的な草等の採取を独占的になしていたこと、古くから山中部落が本件土地に対して火入れ等を毎年行い、部落の統制のもとに土地の維持管理につとめていたこと、官民有区分の際も直ちに官有地とされず、一時御詮議地とされたこと、等の各事実からすると、山中部落による本件土地に対する利用権能は、長期間の慣習により、もはや単なる債権的な弱い性質のものとしてではなく、その実質においていわば所有権に類似する程の強い土地に対する直接的、排他的な支配権能を包含する権能となつていたと認めるべきである。そうすると、官有地編入迄の本件土地に対する山中部落による利用関係は、前記の如き実在的総合人としての山中部落（以下山中部落という場合はこの意味に用いる）が、右の如き利用権能を有していた関係にあつたものといわなければならない。そこで、次に右の如き場合に、部落民の総体としての山中部落とともになお法的主体性をもつ山中部落民がいかなる権能を有するかについて考えるに、前項認定の各事実からすれば、本件土地利用行為のうち、部落民の草等の採取行為は、部落の有する土地利用権能の中心的なものであり、且つ部落としても、これを否定しえない性格のものとされていたと考えられることからすれば、山中部落民は、山中部落の右土地利用権能のうち、草、小柴、やといもや、転石の採取の権能に関する限りはこれを単に事実上許されたものとしてではなく、自己に固有な具体的権能としてこれを有するに至つたものというべきである。

そうとすると、山中部落民の本件土地に対する収益権能は、一定地域の住民が、日常の需要を満たす為に、一定の原野において、長期間共同してその土地利用に関し、一定の規制をなし、もしくは、共同の義務を負いつつ、草、小柴等の採取等を行つてきた結果、その採取等の慣行が単なる慣行にとどまらず、前記のとおり部落民によつてその権利性を意識され主張され、他の者も結局これを無視できないほど強固なものとなつてきた結果認められるに至つたものとして、現行民法上にいう入会権に該当するものであつたというべきである。

従つて、本件土地が官有地に編入される迄の間は、山中部落民は、本件土地に対し、草、小柴、やといもや、転石を採取することを内容とする入会権と同一の権能を有していたものというべきである。

(二)　本件土地が官有地とされていた時期

次に本件土地が官有地に編入されたことによつて、山中部落民の右の如き利用権能がいかなる影響を被つたかについて検討する。立の点につき原告はまず仮に山中部落民が入会権を有していたとしても、右官有地編入によつて消滅したとして大正四年三月一六日の大審院判決を引用する。

しかしながら、右判決は、当時の諸法令からすれば、村民が当該土地に対して「慣行証跡ニ照シ」て「単ニ天生草木等伐採ノミヲ為スカ如キ軽キ関係ヲ有シタル」だけの場合でその土地が官有地に編入されたならば、右村民の入会権は消滅するべきことを判示したものと解すべきであつて、右判決にいわゆる「村ノ所有地ト同視スルニ足ルモノ又ハ村民カ之ニ付テ樹木等ヲ自由ニスルコト土地ノ所有者ト異ナラサルカ如キ重キ関係ヲ有シタル」土地が官有地に編入された場合については何ら触れていないものと解すべきである。ところでまず本件土地に対して山中部落の有していた利用権能は、上記認定のとおり所有権に類似する程の強い排他的支配権能を包含していたものと認めるべきであるから、山中部落は本件土地に対し、右判決にいう「村ノ所有地ト同視スルニ足ル」重き関係を有していたものというべきであり、山中部落民もまた、前記認定のとおり本件土地において古くから火入れをして、良質の草を継続的に採取できるように努め、その採取も独占的になしていたものと認められるのであるから、その利用関係もやはり右判決にいう「土地ノ所有者ト異ナラサルカ如キ」ものであつたということができるのであつて、従つて、本件に前記大正四年の大審院の判決を引用することは妥当ではないというべきである。そこで次に、右の如き利用対象たる土地が官有地に編入された場合の部落民の入会権の消長について考えるに、当時の諸法令からすれば本来右の如き利用関係のもとにおかれた土地は、民有地となるべきであるが、これを誤り官有地となした場合、その土地上の入会権の存廃について、何ら法令には触れるところがないこと、土地の利用権たる入会権は本来地盤所有権の有無、もしくはその帰属者の変化とは直接関係がないこと、土地が官有となつたとしても、その土地が特別な行政目的に使用される為私人の利用を排するものでない限り、当該官有地上に私権たる入会権の存続を許さないとする合理的理由は見当らないこと、以上の諸点を併せ考えれば、山中部落の本件土地上の利用権能は右官有地編入によつては影響を受けず、有効に存続したと解するのが相当であり、また山中部落民の有する前記入会権も消滅しなかつたものと認めるのを相当とする。もつとも本件土地が官有地とされていた間前記のとおり県及び御料局によつて草木払い下げを規定されたが、右規定中には前示のとおり、入会権者への払い下げについて種々言及されている個所が多くあり、且つ前記認定のとおり山中部落民が官有地編入後も右規定に従つて本件土地上で草の採取等の利用行為を続けていたことからすれば、右は地盤が官有とされたのに、山中部落民の入会権を無視できないため、事実上これを尊重せざるを得なくなり、形式的規制を加えて、部落民に権利の実質を得しめたものと解するのが相当である。

㈢　被告神社所有名義になつてから現在迄の時期

そこで次に大正六年に至つて本件土地が被告神社所有名義になつてから後の山中部落民の入会権の消長について考える。

まず前記認定のところからして本件土地が被告神社に転売された頃は、造林が部落による収益行為としてなされるに至つたほかは、格別の変化を見出すことはできない。そして右造林が部落による収益行為としてなされるに至った原因は、後記の如く山中部落が本件土地を所有するに至つた結果とみられるのであつて、従前からの生産物利用についての山中部落の実在的総合人たる性格自体には何らの変化はないものと認めるべきである。もつとも、払い下げ後は山中部落の住民も増加してきており、区長等は行政機関としての性格も有するに至つているが、しかしなお行政機関とは別の部落独自の有志会、総会等の機構をもち、従前どおり本件土地の利用行為に参加するには厳しい資格制限があり、そこに団体的統制がなされ、利用行為を許された者はまた下刈りその他の義務をも負担しなければならないとされていることからしても、実在的総合人としての山中部落は、行政区劃としての山中部落として考えられている住民集団とは別に、なお存続しているものというべきである一方、本件土地所有の帰属について考えるに前記認定のとおり、本件土地払い下げ運動は専ら山中部落としてなされ、その払い下げ代金も当時の山中部落民全員の平等な拠出金によつてまかなわれたこと、払い下げ後、本件土地の所有名義を如何にするかゞ議論ざれ、結局所有名義は被告神社名義とし部落民の従前からの集団的な草の採取等の利用行為を確実且つ容易に継続することができるようにしてわざわざ共有名義を避けたこと、被告神社は払い下げには何らの貢献もしていないこと、後記判示のとおり、後日神社費用、公共物建築等の費用捻出か為本件土地上の産物を処分した際、その処分の決定権は神社以外の部落内の諸機関にあるとされていること、以上の各事実を併せ考えてみると、本件土地が被告神社所有名義とされたのは、本件土地が官有地に編入されたことによつてその利用に苦しんだ山中部落民が、本件土地を官有地編入前と同様に確実且つ容易に利用してゆく為に考えた一つの便法にすぎないというべきであつて、従つて本件土地自体の真の所有者は前示実在的総合人たる山中部落であるといわなければならない。もつとも本件土地が払い下げによつて神社所有名義になつてから現在迄、本件土地上の立木、風倒木、転石等を相当多量に売却する際、被告神社氏子総代会によつてこれが承認され、神社本庁に対してその処分許可申請手続きがなされている。そうすると一見本件土地が真実被告神社の所有になつたものの如くにも見られるが、しかし右産物の処分の決定については、前記認定のどおり実質的には有志会、または各常会の決定、もしくは区長の決定等によつて行われ、且つそれが必要とされているのであつて、これは本件契約についても専ら有志会においてその是非が論議せられ、その契約時においても区長が氏子総代とともに契約書に署名押印しているところからも明らかであろう。若し本件土地が真実神社所有であれば、このような事態は生じ得ない筈であり、財産処分については氏子総代役員会が最高の決議機関となつている筈である。それが実際には、右の如く財産の処分は部落内の他の諸機関において事前に決定され、氏子総代役員会は最後に形式的になされているだけということは、本件土地は部落民の集団的利用の便宜上信託的に神社所有名義にしただけで、その実質的所有権は山中部落にあることをうかゞわせるに充分であり、たゞ法形式上宗教法人法等の適用をうける神社所有名義にした為、その限りにおいて産物の処分の手続に右法律上の制約をうけているにすぎないものというべきである。

また右売却代金から神社の改修費用等被告神社固有の支出がなされていることも前記認定のとおりであるが、しかしこのととは本件土地が神社の所有になつた為ではなく、もともと被告神社の維持管理上、山中部落民が同時に被告神社の氏子であるための義務であつたところからなされているものと認めるのが相当であり、右の代金支出の点から直ちに本件土地が被告神社有地であると認めることは困難である。

また、本件土地は、その周辺土地とともに払い下げとなり、右周辺土地の一部が、払い下げ当時及び昭和二四、二五年に右払い下げ代金を拠出した者もしくはその子孫に対してのみ分割され、その独占的利用を許していることも前記認定のとおりである。すると、右事実からは一見本件土地は右払い下げ代金拠出者らの共有に属したのではないかとの疑念も生じ得るが、前記認定のとおり、右周辺土地も含めてわざわざ共有名義を避けて神社所有名義にしていること、及び代金拠出者らも、本件土地については分割請求権をもつているとは意識しておらず、たゞ部落により将来土地が分割される際には優先的にその割当てをうけ得る権能を有していると考えているに過ぎないことからしても（これは拠出金への代償と思われる）、本件土地を右代金拠出者らの共有に属しているとみることは相当でないというべきである。

以上の次第であつて、本件土地は払下げによつて被告神社所有でも、代金拠出者らの共有になつたものでもなく、従前と同様の性格たる実在的総合人たる山中部落が所有するに至つたものと認めるべきである。そうすると山中部落民の有する入会権も、従前と同様山中部落民が山中部落とともに主体性を有していること、しかも昭和一五、六年頃迄は、草、小柴、やといもや、転石の採取を継続していたことからして、右利用行為に関する限りは従前と同様に部落民に固有な権利として存続していたものといわなければならない。たゞ右入会権の基盤となる部落の有する利用権能が、所有権へと変化したことによつて、部落民の入会権は、いわゆる共有の性質を有する入会権になつたものといわなければならない。

そこで次に日時期以後山中部落民の入会権の内容について変化があつたか否かについて検討する。まずやといもやの採取については、前記認定のとおり昭和一五年頃からこれをなす者が少くなり、昭和二〇年前後には、山中部落民の一人としてこれをなす者がいなくなり、現在も復活せられず、且つ桑園の育成は容易でないことが明らかである。そうすると部落民の有する入会権の内容の如何は、現在継続して表現されている利用行為から具体的に決定さるべきであるから、仮に山中部落民が今後養蚕を復活し、これに伴つてやといもやの採取をなす意志ありといつても（これを部落として認めることは自由である）長期に亘つて現在まで右やといもやの採取をしていない限り、これを内容とする入会権を有するとはいえないものである。

次に草、小柴、転石の採取については、昭和二〇年から同二五年迄は一時全くこれが不可能となり、昭和二五年からは一定の制限内でこれを継続し、昭和三二年からはA地区では従前どおり自由にこれをなすに至つたものであることは前記認定のとおりである。そうするとこれらの利用行為が、全くなされなかつたのは約五年間であり、それも自発的もしくは必要がなくなつた為ではなく、全く外部事情によつてやむなくこれをやめたのであり、しかも五年後には右利用行為が従前と同様の方法によつて制限的にではあるが、再開継続せられているのである。従つて右利用行為ほこれを入会権に基づくものと認めるに足りる継続性と表現性を有しているものというべきである。

7. 結論

以上判示のとおり本件土地は名義上被告神社の所有とはなつているものの、その実質は山中部落の所有地であり、右神社は何らの処分権限も保有していないことが明らかである。

従つて原告の、本件土地が被告神社所有であり、その神社と締結した本件契約は有効であるとの主張はこれを肯認し得ないことになる。もつとも右契約は右山中部落の追認、特に有志会によるそれを予想したもの、もしくは他人のものの売買と同視しうる契約とも考えられるのでこれを考えるに、本件契約内容によれば、原告は主として観光開発の為に本件土地利用する目的を有し、その為にに家屋、駐車場、ゴルフ場等の設備を順次なしていく意思をもつていることが明らかである。従つてこれを認めるならば前記認定の如き山中部落民の入会権の行使は、三〇年の長きにわたつて阻害せられ、もしくはその一部を全く行使不可能とせられることになる。そうするとそのような事態を生ぜしめる事項についてこれを決定しうるのは、山中部落においては、前記の如く区民大会等による総会において、山中部落民全員一致の賛成の意思表示があつて始めてこれをなしうるのであり、有志会の承認事項ではなく、しかもこの点については、当時者参加人大森虎三本人の供述によれば、山中部落民と認められる者のうち、五名を除く全員である参加人らがすべて本件契約締結に反対していることが明らかであるから、仮に有志会が本件契約締結を承認したとしても、結局本件契約は山中部落による追認、もしくはその処分権の移譲はないものといわなければならず、本件契約はその効を生ずるに由がないといわなければならない。そうすると、いずれにしても本件契約の有効を前提として原告の求める地上権確認、及び本登記手続請求ならびに土地引渡しの各請求はその余の点を判断する迄もなくいずれも理由がないといわなければならない。

〔補註〕（判決について）

甲府地方裁判所の判決の意義と問題点は以下のごとくである。

浅間神社入会の判決当時は、最高裁判所の国有地入会肯定の判決はでていない。

国有地入会がとり上げられた、山中浅間神社入会事件の判決で、国有地入会肯定の判決が出されたという点では、入会判決上、重要な位置を占めているといわなければならない。

そこで、その論旨を検討する。以下に、官有地に編入されたことによって、入会権は消滅するか、否か、という点について判示した主要な全文を掲載する。

しかしながら、右判決（国有地入会を否定した大審院大正四年の判決――引用者）は当時の諸法令からすれば、村民が当該土地に対して「慣行証跡ニ照シ」て「単ニ天生草木等伐採ノミヲ為スカ如キ軽キ関係ヲ有シタル」だけの場合でその土地が官有地に編入されたならば、右村民の入会権は消滅するべきことを判示したものと解すべきであって、右判決にいわゆる「村ノ所有地ト同視スルニ足ルモノ又ハ村民カ之ニ付テ樹木等ヲ自由ニスルコト土地ノ所有者ト異ナラサルカ如キ重キ関係ヲ有シタル」土地が官有地に編入された場合については何ら触れていないものと解すべきである（中略）そこで次に、右の如き（「重キ関係ヲ有シタル」場合――引用者）利用対象たる土地が官有地に編入された場合の部落民の入会権の消長について考えるに、当時の諸法令からすれば本来右の如き利用関係のもとにおかれた土地は、民有地となるべきであるが、これを誤り官有地となした場合、その土地上の入会権の存廃について、何ら法令には触れるところがないこと、土地の利用権たる入会権は本来地盤所有権の有無、もしくはその帰属者の変化とは直接関係がないこと、土地が官有となったとしても、その土地が特別な行政目的に使用される為私人の利用を排するものでない限り、当該官有地上に私権たる入会権の存続を為さないとする合理的理由は見当らないこと、以上の諸点を併せ考えれば、山中部落の本件土地上の利用権能は右官有地編入によっては影響を受けず、有効に存続したと解するのが相当であり、また山中部落民の有する前記入会権も消滅しなかったものと認めるのを相当とする。もっとも本件土地が官有地とされていた間前記のとおり県及び御料局によって草木払い下げを規定されたが、右規定中には前示のとおり、入会権者への払い下げについて種々言及されている個所が多くあり、且つ前記認定のとおり山中部落民が官有地編入後も右規定に従って本件土地上で草の採取等の利用行為を続けていたことからすれば、右は地盤が官有とされたのに、山中部落民の入会権を無視できないため、事実上これを尊重せざるを得なくなり、形式的規制を加えて、部落民に権利の実質を得しめたものと解するのが相当である。

以上が、本判決中、大審院判決に触れた個所の全文である。甲府地方裁判所が大審院判決を正面からとり上げた理由は、原告が当該土地の入会権を否定する論拠として、大正四年の大審院判決を援用したからにほかならない。そこで本判決では、第一に、「山中浅間神社入会事件」にたいして大審院判決を援用することの可否を論じ、つづいて第二に、山中部落の入会のような場合には、山林原野官民有区別の際に出された諸法令に何んら触れることなく、また、入会権は土地＝地盤所有の変化にはかかわりないから、官有地上の入会権として認められる、というのである。

従来、大正四年の大審院判決を批判する者は、大審院が国（官）有地入会否定の根拠とした明治九年百二九日地租改正事務局議定別報一一号「昨八年当局乙第三号同第十一号達ニ付山林原野等官民所有区別処分派出官員心得書」（以下、「心得書」と略称する）の第三条但書の法律的効力をめぐってであった。ところが、本判決では、大審院判決にたいしてまったく新しい解釈をこころみ、大審院が官有地編入とともに否定した入会は、「単ニ天生草木等伐採ノミヲ為スカ如キ軽キ関係ヲ有シタル」ようなものであって、村の所有地と同じようなもの、または、村民が土地の所有者と同じように「樹木等」を自由にしているような「重キ関係ヲ有シタル」土地については触れていない、と解釈している。その限りにおいては、大審院判決を正面から否定したものではなく、従来、まったくとりあげられなかった――少なくとも見過ごしていた――次元において判旨を解釈し、支持したものとして注目される。しかしながら、これまで国有地入会の存否について判決上においても学説上においても中心的問題であった、「心得書」の法律的効力についてて本判決は、直接、これに触れていない。そこで、本判決は新しく重要な問題を提起した――当該裁判官の主観的意図とはかかわりなく、客観的な事実として――ことになる。

すなわち、「心得書」は、その法律的な拘束力のいかんにかかわりなく、事実として出されており、同時に、山林原野官民有区別に際して、実際にこれの認定にあたった地方官もしくは派出官――とくに派出官――の認定＝判断の基準となり、その限りにおいて彼等を拘束する。つまり、少くとも官民有区別の認定に際しては、「心得書」に準拠しなければならず、地方官である県令じたいもこの規準にしたがわなければならない。ただし、誤解のないよう念のために付言しておくが、右の実際問題は、「心得書」が法律ないしは法律と同等の効力を有するために生じた問題としてとりあげたのではない、ということである。結論的にいうならば、「心得書」はあくまでも、官民有区別を実際に調査する者のみが心得ていればよいのであって、人民の権利義務についての法律ではない。ということである、なお、県によってはこの「心得書」の基準を公然と無視したところもあった。

「心得書」によって土地の官民有区別を行ない、旧幕期以来、何んらかのたちで人民が利用して来た土地を、その証跡をみて官有か民有かにわけること。その際、官民有区別の実際にあたり基準となった「心得書」が、誤った基準を内容としている等については別の問題に属する。さらにまた、「心得書」にしたがってなされた土地の所有が官（国）に帰属したか、人民に帰属したかの当否についても別の問題である。本判決は「心得書」の法律的効力について、直接には論じていないが、大審院の判示の解釈にそって同じ入会であっても「軽キ関係ヲ有シタル」場合は、その土地が官有地に編入されたならば入会権が消滅すると解釈したのである。したがって、「心得書」によって当該官吏が、「軽キ関係ヲ有シタル」入会地を国有地として編入したのならば、それは誤ってはいないので、従来その土地に入会っていても、当然、官有地となった以上はそこにおける入会（権）は消滅する、というのである。

だが、「重キ関係ヲ有シタル」入会地については、「心得書」によるとこれを民有地として認定しなければならない筈であり、このような土地が官有地として編入されるならばそれは誤りというべきであって、官有地編入後も依然として入会権は存続するし、また、「重キ関係ヲ有シタル」入会地を官有地に編入したことによって、ただちに入会を廃止すべきだとする諸法令は存在しないのだから、当然のことである、と判示している。

以上の点を整理して要約するとつぎのごとくである。

一、大審院が、官民有区別に際して、官有地に編入された土地について入会権は消滅した、と判決した主旨は、「軽キ関係ヲ有シタル」入会地の場合であること。

二、大審院は右の判決において「重キ関係ヲ有シタル」入会地については触れていない。

三、「重キ関係ヲ有シタル」入会地は、当然、民有地となるべきであるから、これが官有地として編入された場合には、それは明らかに誤りであり、入会権は存続する。すなわち、この場合についての入会権の存廃について何ら諸法令に触れるところがない。つまり、この様な場合についての法令が存在しない。

四、入会権は、地盤所有権の有無、もしくはその帰属者の変化とは関係がないので、入会地が官有地となったにしても、入会権は消滅しない。

以上のごとくである。

右の要約によっても明らかのように、第四点の入会地盤と入会権の関連性が明らかにされている以上、大審院の判決はこの第四点ですべて片付くはずである。にもかかわらず、判決がなぜ大審院判決の判旨にまでたち入って新しい解釈をこころみたことは理解に苦しむ。あえて推測するならば、大審院の判決を正面から否定することをしないで、擁護するかたちをとり、日本法制史学の最高権威者である鑑定人・石井良助東京大学教授の鑑定を援用して新しい解釈をこころみ批判に耐えうるようにしたものであろうか。この点は、石井良助氏の学問的解釈も問題となるところである。いずれにせよ、「心得書」は直接に人民の権利義務を規律するものではないから、問題はそれ以外のところで生ずるといわなければならない。

そこで、大審院の判決ないしは「心得書」の法律的効力云々といったような問題を離れて、若干の問題点を指摘してみたい。この問題点は二点あって、その第一点は、明治初年の入会が旧幕期の入会とどのようなかたちでつながっているのか、ということであり、その第二点は、官有地に編入された前後の入会地についての具体的な究明が必要とされるということ、である。

まず、第一の点についてである。

ここで注意しなければならないのは、現在、法律上使用されている入会権の言葉概念を、無批判的に明治初年の入会について使用してはならない、ということである。つまり、今日で言う入会権とは、入会の使用・収益の事実として理解しており、権利を明認することができるものだけであると固定的に捉え、権利の抽象性について無視している。具体的に言うならば、民法において規定された法としての入会権は、その権利の内容は「慣習」であり、それが民法学者によると、たかだか、小柴下草の採取などというわずかな入会用益（収益）を内容としているだけである。入会権が所有権としての権利であることは理解されていない。

甲府地方裁判所の判決では、裁判官が明治初年に「軽キ関係ヲ有シタル」入会地が、国家権力によって強制的にとりあげられた――政府の表現によるならが、民有地であることが明確にされなかったために官有地として編入した――ことにより、その土地に存在した入会（権）が否定され、以後、土地所有と同じような入会利用ができなくなったとき、幕末＝明治初年にはこれに対抗しうる手段が存在したか、ということである。

これについては、その支配の絶対性についてみるべきである。とくに、近代法の体系が完備しない、封建法と交錯する明治初年においては、のちに、入会権について規定するような法体系が新しく制定されていなかったのは当然のことである。したがって、村所有地のように所有の書証がない場合には――入会地においては所有の書証はほとんどない。土地の移動がないからである――あくまで入会の事実にもとづいて判断しなければならず、この入会の事実のうちから、官有と民有との所有の確定を行なわなければならなかったのである。かくして、その規準となったのが封建法の体系のもとで入会の実証が可能となるもの、たとえば、「比隣郡村」の保障（村所有の確認）ならびに、事実としての慣習において入会の実証が可能となるもの、が摘出されたのである。「心得書」は、その両方を列挙したものである。明治初年の問題は、その意味において近代法の体系の成立という面からばかりでなく、封建法の側面においても捉えられなければならない。

さて、結論的にいうならば、官有地として編入された場合、そこに存在する入会が廃止されたり、または中止されたり制限されたりすることはあり得る。それは、法律（法令）上の問題としてではなく政策上の問題であり、国家権力の問題として把握されなければならない。入会利用の関係が「重キ関係」であるか「軽キ関係」であるかにかかわらず、当時においては地方官は支配者としてどのようにでも断行することができたのである。とくに、地方庁の主観的判断や政策が所有判定に大きなウェイトを占めた。そのために官民有区別の作業は全国で一律には行なわれなかったし、きわめて杜撰な個所が無数に存在するようになったのである。時の（領主権力に匹敵する）県令ならびにその下において官民有区別を実行した地方官の力と、人民の力とが、県令の自由裁量の枠を決定したのであって、それは、実際的には法令にもとづかないものである。したがって、そこには、法律上の根拠は存在しない。であるから、のちに地租改正＝林野官民有区別の誤り——主として官有地編入——を正すために「下戻法」という特別立法が制定され救済の道を開いたのも当然なことであった。入会の問題は実際上において、むしろ、官民有区別という所有の確定以後、官有地となった土地に実質的に入会が行なわれたか、どうか、という点に問題があり、それは、その地方において具体的に論証されるべきものである。たんに、その当時の全国的な動向のなかから、都合のいい部分だけを探し出し、それにもとづいて国有地入会の存否を決定するという方法では問題は解決しないのである。

国有地入会の存否の問題は、以上のように当該の地方において、どのようなかたちで入会が存在した——名称や言葉・表現・形式等の問題としてではなく——か、ということの実証にもつながるものといえる。つぎに、官民有区別によって、入会地は当然のことながら、その土地の所有が官有か民有かのいずれかに決定される。そうして、官有に決定された土地については、旧幕期における領主が直接支配する林野のように、そこにおける人民の入会をいかなる程度において認めるか、ということは政策上の問題として残されるのである。つまり、入会地を官有地として編入はしてみたものの、人民の抵抗が強いところでは、官有地になったというだけの理由からでは、入会を否定することはできない。官有地編入に際して入会を否定することができる法律がないからである。むしろ入会は認められているのである。そうすると、旧幕期の封建法下の慣習にならって、官有地上における入会を認めなければならないことになる。この認めることについての方法は、その形式に問題があるのではなく、人民の利用の方法に問題があるのであって、人民の利用が、いわゆる入会的利用であれば、当然のことながらそれは入会地であり、のちに、近代法の体系のもとで権利として自動的に認定されるべきものなのであることは明らかである。

さて、官民有区別ならびにその後における入会の問題は、地方によってはかなり偏差があり、したがって、官有地入会の問題は、地方によって具体的に究明されるべきことは前述した通りである。それならば、本件土地を含む山梨県においてはどのようになったのであろうか、という点が明らかにされなければならない。

まず、この点について判決ではつぎのごとく述べている。

本件土地が官有地とされていた間前記のとおり県及び御料局によって草木払下げを規定されたが、右規定中には前示のとおり入会権者への払下げについて種々言及されている個所が多くあり、且つ前記認定のとおり山中部落民が官有地編入後も右規定に従って本件土地上で草の採取等の利用行為を続けていたことからすれば、右は地盤が官有とされたのに、山中部落の入会権を無視できないため、事実上これを尊重せざるを得なくなり、形式的規制を加えて、部落民に権利の実質を得しめたものと解するのが相当である。

さきに述べたとおり、本件土地も含む山梨県の山林原野は、明治一四年、旧小物成地において九九％が官有地として編入されたのである。この点については後に関係者からも批判があり、また、官有地編入の解釈をめぐって問題ともなったのであるが、それはともかくとして、入会についてはどのような処置がなされたのであろうか、ということを明らかにしておく。

山梨県における山林原野官民有区別（地租改正）は、明治八年一二月二四日、「地租改正事務局達乙第十一号」（以下、「乙第十一号」と称する）が出されるにおよんで大きく変化し、さらにその後、同九年一月二九日に出された、「心得書」によって決定的となった。つまり、山梨県は、「乙第十一号」とそれの実地調査＝官民有区別の実際にあたる派出官の心得を、いいいいいい山梨県なりに適用し、官有か民有かの土地所有の区別を行なったのであり、その結果を「伺」というかたちの報告書として地租改正事務局総裁へ提出し、認可を受けたのであった。もとより、各県で行なわれた山林原野官民有区別は、この場合、入会地――この言葉を、厳密な意味で、人民（入会集団）が入会っていたという事実が存在する土地、もしくは、入会うことのできる土地、というように規定する――を官有にすべきか民有にすべきかの作業であって、従来、入会地でありながら、その土地の所有が書証上で明確にされていなかったことから起ったものなのである。封建制のもとにあっては、近代的な所有の法体系やその概念はもとより存在せず、したがって歴史家や民法学者は、領主の領有地土地所有と概念して、領主的土地所有（領主）、とか農民的土地所有（保存）、もしくはObereigentum上級所有・Untereigentum下級所有とかいったような概念をもって封建社会における土地の「所有」の内容を区分していた。つまり、強大な領主権力を背景として存在する封建制＝封建法のもとにあっては、農民的土地所有＝私「所有権」は、絶対的に独立・別個の権利として国家ならびに他の者にたいして対立し存在していない。それが「権利」として存在し得たのは、封建的年貢体系の一環としてくみ込まれ、農林業的な再生産の必要性と絶対的支配権としての存在が認められた限りにおいてはじめて領主ならびに他の農民的土地所有にたいして自立することができた、というのである。これにたいして、入会地は、共同体構成員の〈私的な〉持分権ないしは収益権を背景とした共同体的「所有」、もしくは共同体的支配を前提として利用、すなわち権利の存在と主張によって支えられている。土地支配を土地所有権として確定するという作業は、当該地方官吏が十分に調査した結果なのであるのか、否か、もしくは、当該地方官が何んらかの意図にもとづいて行なったものであるのか、否か、にかかっている。そうして、このことは、実質的には山林原野の官民有区別の正当性を反映したものではないが、形式的には正当なものとして報告されるのである。明治一四年一月一八日、山梨県令・藤村紫朗が地租改正事務局総裁・大隈重信に出した「山林原野官民所有定方に付伺」はその好例を示すものである。

当県下甲斐国各郡村寿山林原野之義、嚮きに地租改正の際、明治十一年十一月二十九日附を以て相伺候通、其証跡有之分は勿論、其他銘々に割当て、私有地同様各自進退致し来り候分は民有地とし、已に地租改正止相済、其他一村或は数村入会に係るものにて、所有区分一時難決を以て、追て取調可伺出旨開陳致置候分、調査として主任を派遣し、以て其旧慣及実際地界の然らしむる処に依り、夫々調査為致候処、嚮きに一旦改正之際、証跡無之趣申出候部分中、買得其他所有権を有する証跡等追々探出致し、各自より追願、其証跡全く信認すへきもの、及ひ旧領主に於て所有権利を与へ置きたるもの、又は人名割持の如く進退致来る、一村或は二三村入会、樹木草茅採刈等自由に為し来る証跡の可徴もの有之分は、明治七年第百四十三号公達、及ひ同八年貴局之第三号・同乙第十一号御達・九年貴局別報第十一号派出官員心得書により、各自及ひ入会村々の所有地とし、民有地第一種・第二種に編入致し然るへく信認するもの、則ち別表甲印に対する反別に有之、其他別表乙丙印に対する部分は、総て従来地上草木刈取に対し小物成と唱へ、若干山税相納め、樹木・草・茅採刈致し来り候慣行には候得共、民有地となすへき成跡の可徴廉無之に付、官有地に相定候見込に有之、然るに、右丙印に対する部分の如きは、其実際、或は耕地の間に星散し、又は居村接近の場所にして、且民有地に犬牙相接するもの或は地味の適する処を開墾（開墾地は已に民有地に改正済）し、官民有地自ら錯雑混入して、四至の境界相定むるに由なき実況なるものの類にして、之を官有地に据置候ては、却て向来煩雑を来す而已ならす、村民に於ては最も必要之土地にして、且つ其村々所有地として不都合無之区域なるを以て、其村々へ素価を以て御払下相成候得は官民両便と確認致すに付、（以下略。傍点・引用者）

右によっても明らかなように、山梨県下の山林原野官民有区別は、「明治七年第百四十三号公達、及び同八年貴局乙第三号・同乙第十一号御達・九年貴局別報第十一号派出官員心得書により」調査の結果、官有地に編入すべきものと民有地に編入すべきものとを区別したから、という簡単な「伺」というかたちの報告書で片付けられているのである。しかも、入会地については、「従来地上草木刈取に対し小物成と唱へ、若干山税相納め、樹木・草・茅採刈致し来り候慣行には候得共、民有地となすへき成跡の可徴廉無之」というだけで、官有地への編入を報告しているのである。したがって、具体的にはどのような基準もしくは調査をもって官有地編入を決定したのかは、これだけの「伺」からではまったく明らかにすることはできない。また、「伺」では、民有地として編入すべき理由のない土地を、「心得書」第三条の但書によって民有地と決定しているのがみられる。それの理由とするところは、「耕地の間に星散し…之を官有地に据置候ては、却て向来錯雑を来す而已ならす、村民に於ては最も必要之土地」というのである。これにたいして地租改正事務局総裁は、第四八号をもって「伺之趣聞届候事」と山梨県へ通達しているだけである。きわめていい加減であるとしかいいようがない。

このようにして、山梨県における山林原野官民有区別は、当該派出官の調査報告にもとづく県当局の判断によって終了したのである。しかしながら、この山林原野官民有区別は地盤所有についてのものであり、入会とは全く別個のものである。この点は本判決にとっても重要なので明らかにしなければならない。すなわち、明治一二年一一月、「甲第百六十九号」として出された山梨県の「布達」にはつぎのように記されている。

山林原野地租改正未済の地にして、従前、小物成場と称する山林の儀、官民有区別調査の上、自然宮有地に帰著するに至ては、樹木伐採するを得さる等の誤解より、此際故らに立木伐採候村方も有之哉に相聞、甚不都合の至に候。右は、調査の上、官地に帰するも、其旧慣あるものは詮議之上従前之通り可差許筈に付、心得違無之可致

右は、言うまでもなく、山梨県が県民に出した公文書であり、山林原野官民有区別調査中は人民の立木

伐採等を一時中止したことにたいする説明であるが、その内容は、少なくとも山梨県においては、官民有区別が土地所有の帰属を決定する事業であり、入会については問題としていないことを示している。すなわち、仮りに、官民有区別の結果、従来の入会地が官有地に編入されても、入会は従前の通り許される、というのである。入会と土地所有――この場合は官有――とは別の権利関係であることが明確に示されている。また、明治一三年一月、県は、各郡役所にたいして「地第二十号」を出した。そのなかにおいて、さきに出した「甲第百六十九号」について触れ、「昨十二年、甲第百六十九号御達の儀は、専ら即今相係り居候官民有区別調査中ニ干する旨趣にして、永伐採を禁するの主義には無之」と説明していることによっても、県が入会にたいしてとった官民有区別においては、入会の禁止・消滅等については問題とされていなかった、ということであり、入会はそのまま継続されることを明らかにしているのである。地租改正＝林野官民有区別の趣旨からも、また法律関係からみても、入会を消滅ないしは変更すべきなんらの法令もみないのであるから当然のことである。

　ところが、明治一四年二月、内務省は「乙第六号」をもって各府県にたいし、「各地方山林官民有区別調査之末、官有地ニ確定相成候山林ハ、渾テ官林ニ編入可致候（中略）実地林相ヲ為シタル筒所ハ渾テ官林ニ編入之積（下略）」という通達を出したのである。官有地のうち、「実地林相ヲ為シタル箇所」が官林に編入されることによって、そこに存在する入会が禁止されるという法令はないが、明治一四年三月二八日、山梨県令はつぎのような「官有地第三種山林原野処分之義伺」を内務卿・松方正義にたいして出している。

山林原野之儀は、多く従前小物成地と唱へ、若干山税を収入し、而して地上草木伐採方等人民適宜に任せたる慣行に有之、其所用之概略を挙くれは、或は山間僻地にて耕作に乏敷より、稼業の為め、板角物其他諸器物を製作し、又は薪炭として売粥鬻し、其他該村道路橋梁、及ひ各自家屋建築の用材、日用に供する薪炭の為め、柴草を刈取等、何れも農家一日も欠く可らさる所用に有之、（中略）今之を官林に編入し、入山差止るに於ては、第一、目下差支を生する而已ならす、自然民心の居合に相関し、何等の変を醸生せんも難図、（中略）事情難止分に限り慣行に依り、官地貸渡の名義を以て、旧の如く入山御差許相成候様

山梨県令が危惧している、官林編入の結果、入会ができなくなるであろうということは、いったいいかなる理由にもとづくものであるのかは明らかではない。公式文書にはこのような指令が存在しないからである。しかし、そのような危惧は、かなり現実的であったことは疑う余地がない。たとえば、右の「伺」にたいする農商務卿・河野敏鎌の回答――所管は農商務省に移動――は「書面伺之趣難聞届候事」であったことによってもその一斑は知れる。ただし、「伺」は「普通官林」に編入しないで、「員外の部」に編入し、「旧の如く」に入山を許して欲しいという具体的な方法にたいする回答なのである。しかし、人民の利用をまったく禁止したものでないことは、回答の但書に「但官林へ編入の後は、実際不得止事情ある分は、立木は輪伐法を以払下の積、其他下草刈取等の処分之見込、更に可伺出義と可相心得候事」とあることによっても明らかである。つまり、官林と決定した土地であっても、人民の利用を全面的に禁止しない、ということである。

山梨県の例においては、官有地編入当時の具体的な事実についてみると、入会慣行にもとづく官有地利用が認められており、それがひき続いて官有地編入後においても変化することなく、手続上においても認められるというかたちをとっている。

山梨県は、明治一四年六月、「官林草木伐刈方出願心得並手続」（乙第四四号）を制定し、入会利用についてつぎのごとく規定したのである。

第一条　官林（従前入会秣場等にして今般官地に帰したる土地）中、従前一村又は数村入会の慣行ありて、事情止めを得さるものに限り、其情願に依り、左の所用の為、樹木及芝草等、相当代価を以て払下くへし。其所用の種類左の如し。

第一種　稼業の為め、板又は角物等に供する用材の伐採

第二種　稼業の為め、薪・炭に供する木材の伐採

第三種　各自用に供する薪・炭材の伐採

第四種　肥料、秣の為め、芝草の芟刈

第二条　立木・芝・草等、払下を受度村は、一村又は入会村々総代連署、左の箇条を詳記したる願書を、所轄郡役所を軽て筆出すへし。

さらに同年八月、「乙第六十六号」をもってつぎのごとく郡・町・村役場に通達している。

今般に官有地に確定した山林原野の中、従前の慣行を以て樹木・芝・草採刈致し来村々に於て、実際に差支候向は、願により特別を以て草・木払下の儀可及詮議旨

つづいて明治一六年一月、『官有山林原野草木払下条規』（甲第二号布）を制定した。その第一条ならびに第六条はつぎのごとくである。

第一条　官有山林原野（従前入会秣場等にして、官有地に確定したる土地）中、従前一村又は数村入会の慣行ありて、事情止を得さるものに限り、其情願により、樹木は二十ケ年以内、芝草は五ケ年以内の年期を定め、相当代価を以て払下くへし。

第六条　凡そ、立木・芝・草等払下けを受け度村々は、先つ、一村又は入会村々総代連署、左の個条を詳記したる願書を、所轄郡役所を経て差出し、允可を受くへし。

一、所用の事由

一、従前慣行の詳細

この『官有山林原野草木払下条規』については、県令が同年三月に各郡役所に出した「第二十七号」布達では、つぎのように述べられている。

必竟従前ノ幣習ヲ矯正シ、山林繁茂ノ道ヲ設ケ、其村々ニ於テ、後来需用ノ材料欠乏ノ憂ナカラシメ

ンカ為メニ有之候条（以下略）

また、同日、租税課長が出した通達には、「旨意ニ付テハ、該山野ハ、郡チ永ク其村投々ノ需要ニ供スル草木ノ府庫ニシテ、決シテ他ニ移ル可キモノニ無之、」とある。

以上によって明らかなように．山梨県が官有地編入後の入会地について行なった政策にたいして、つぎのような事実を指摘することができる。

一、『官林草木伐刈方出願心得並手続』ならびに『官有山林原野草木払下条規』は、ともに、従前において入会慣行が存在した村（部落）にたいして、その必要とする「草木」を「払下」ることを目的としたものであり、その趣旨は、「第二十七号」布達ならびに「地第百二十号」通達に示されているように、「其村々」、すなわち、入会村々において乱伐乱採等の結果、将来の需用がなくなることを防ぐ意味での管理規則なのであって、当該土地は入会村々が権利主体として利用する固有のものであり、決してその権利が他に移るべきような内容をもっていない、ことを明らかにしている。つまり、入会という固有の権利を認め、入会物の乱伐・乱採による荒廃を防止し、永遠に入会人民が利用できるようにするための林野政策上の見地から管理規則を設けたものであることを明らかにしている。

二、払下げの区域は、従来の入会地の区域であるが、この「払下」というのは、実際的には、当該の入会地において入会村（入会集団）が入会うことを意味しており、それ以外のなにものでもない。したがって、「払下」という言葉＝表現そのものは、それのみでは実質的な内容――法規の内容――を示してはいない、たんなる便宜上のものである。
三、したがって「払下」の受益権の主体——入会権者、これを村としている——は、一村入会の場合はその村、数村入会の場合は村々の総代が連署し、「従前慣行の詳細」を「詳記」して（『官林草木伐刈方出願心得並手続』第二条『官有山林原野草木払下条規』第六条）提出しなければならないとされている。このことは、旧幕期における入会慣行をそのまま認めたことを意味している。
四、以上のように、旧幕期以来の入会慣行を法規の上において認め、入会集団を受益権の主体としたことは、「払下」、つまり入会の実際（入会うこと）については、当該の入会集団もしくは入会集団間、（実質的には入会集団）が決定することになった、ということである。
山梨県における官有地入会は、以上のような経過を経て成立したものである。

したがって、官有地における入会を否定しようとした政府の政策——法律ではない——は存在しても、山梨県に関する限り、その政策は実施されなかった。むしろ、官有地入会が明確にされた点で、国有地入会についての重要な意義を、理論上においても実際上においても提起しているものといえる。（この点に関する限り、本判決は正しい）。

そこで、つぎに、入会集団と入会との関係を、村落共同体という面から考察する。すなわち、従来の入会についての判例ならびに研究は、必ずしもこの関係について正しい判断を下してはいない、ということであり、むしろ、入会についてのかなり誤った理解をこの関係のなかから持つようにいたっていると思われるからなのである。

ひと口に入会といい、慣習といっても、その具体的な内容は多種多様であるが、それは、法律家の通説によるようなかたちで、その内容が超歴史的に規定されたものではない、ということをあらかじめ断わっておかなければならない。ここで無用な誤解を避けるためにつぎの点を付言する。

第一に、ここでは、入会ないしは慣習を、部落民（入会人民）が当該入会地にたいして主として一般的に行なっている収益内容＝種類――、たとえば小枝を払うとか、小柴・下草・萱を刈るとかいうような――を、或時代――多くの場合、旧幕期――に支配的であったかたちをもって確定し、その状態が入会権の内容であるとして今日まで固定化してきているような、そのようなものをさすのではない、ということである。

第二に、右の点に関連して、入会行為の当事者である部落民（入会権者）は――或時代、多くの場合旧幕期――の収益の事実にしたがってその権利者としての資格を決定され――たとえば戒能通孝氏のように農民でなければ入会に参加できないし、また、入会権者となる資格はなく、さらには、その一部落が農業から離脱していけばもはやそれは入会集団たり得ない等――、以来、今日にいたるまでその性格を維持しなければならない。ということを意味しない。

まず本判決は山中部落の入会についてつぎのごとく述べている。

本件土地は既に山中部落の「村持ち」の土地と称され他部落民からもこれが承認されていたこと、実際にも山中部落民のみが専ら現実的、具体的な草等の採取を独占的になしていたこと。古くから山中部落が本件土地に対して火入れ等を毎年行い、部落の統制のもとに土地の維持管理につとめていたこと、官有地区分の際も直ちに官有地とされず、一時御詮議地とされたこと、等の各事実からすると、山中部落による本件土地に対する利用権能は、長期間の慣習により、もはや単なる債権的な弱い性質のものとしてではなく、その実質においていわば所有権を類似する程の強い土地に対する直接的、排他的な支配権能を包含する権能となっていたと認めるべきである。そうすると官有地編入迄の本件土地に対する山中部落による利用関係は、前記の如き実在的総合人としての山中部落（以下山中部落という場合はこの意味に用いる）が、右の如き利用権能を有していた関係にあったものといわなければならない。そこで、次に右の如き場合に、部落民の総体としての山中部落とともになお法的主体性をもつ山中部落民がいかなる権能を有するかについて考えるに、前項認定の各事実からすれば、本件土地利用行為のうち、部落民の草等の採取行為は、部落の有する土地利用権能の中心的なものであり、且つ部落としても、これを否定しえない性格のものとされていたと考えられることからすれば、山中部落民は、山中部落の右土地利用権能のうち、草、小柴、やといもや、転石の採取の権能に関する限りはこれを単に事実上許されたものとしてではなく、自己に固有な具体的権能としてこれを有するに至ったものというべきである。

そうすると、山中部落民の本件土地に対する収益権能は、一定地域の住民が、日常の需要を満たす為に、一定の原野において、長期間共同してその土地利用に関し、一定の規制をなし、もしくは共同の義務を負いつつ、草、小柴等の採取等を行ってきた結果、その採取等の慣行にとどまらず、前記のとおり部落民によってその権利性を意識され主張され、他の者も結局これを無視できないほど強固なものとなってきた結果認められるに至ったものとして、現行民法上にいう入会権に該当するものであったというべきである。

従って、本件土地が官有地に編入される迄の間は、山中部落民は、本件土地に対し、草、小柴、やといもや、転石を採取することを内容とする入会権と同一の権能を有しているものというべきである。（中略）

（神社有地より現在までは――引用者）本件土地が被告神社に転売された頃は、造林が部落による収益行為としてなされるに至ったほかは、格別の変化を見出すことはできない。そして右造林が部落による収益行為としてなされるに至った原因は、後記の如く山中部落が本件土地を所有するに至った結果とみられるのであって、従前からの生産物利用についての山中部落の実在的総合人たる性格自体には何らの変化はないものと認めるべきである。（中略）

そうすると山中部落民の有する入会権も、従前と同様山中部落とともに主体姓を有していること、しかも昭和一五、六年頃は、草小柴やといもや、転石の採取を継続していたことからして、右利用行為に関する限りは従前と同様に部落民に固有な権利として存続していたものといわなければならない。（中略）

そこで次に右時期以後山中部落民の入会権の内容について変化があったか否かについて検討する。

まずやといもやの採取については、前記認定のおり昭和一五年頃からこれをなす者が少なくなり、昭和二〇年前後には山中部落民の一人としてこれをなす者がいなくなり、現在も復活せられず、且つ桑園の育成は容易でないことが明らかである。そうすると部落民の有する入会権の内容の如何は、現在継続して表現されている利用行為から具体的に決定さるべきであるから、仮に山中部落民が今後養蚕を復活し、これに伴ってやといもやの採取をなす意志ありといっても（これを部落で認めることは自由である）長期に亘って現在まで右やといもやの採取をしていない限り、これを内容とする入会権を有するとはいえないものである。

次に草、小柴、転石の採取については、（利用行為が中断されたのは——引用者）全く外部事情によってやむなくこれをやめたものであり、しかも五年後には右利用行為が従前と同様の方法によって制限的にではあるが、再開継続せられていられるのである。従って右利用行為はこれを入会権に基づくものと認めるに足りる継続性と表現性を有しているものというべきである。

右の判決に示されたなかから問題点をつぎにかかげる。（「　」内は原文のまま）。

一、山中部落入会の原基型は、明治初年までに出来上っており、それは、(イ)「長期間の慣習」によって、「いわば所有権に類似する程の強い土地に対する直接的、排他的な支配権能を包含する権能となっていた」こと。(ロ)「部落民の草等の採取行為は、部落の有する土地利用権能の中心的なものであり」、とくに「草、小柴、やといもや、転石の採取の権能に関する限りは」、「自己に固有な具体的権能」となっていること、(ハ)したがって、部落民の収益権能は、「一定地域の住民が、日常の需要を満たす為に、一定の原野において、長期間共同してその土地利用に関し、一定の親制をなしもしくは共同の義務を負いつつ、草、小柴等の採取等を行ってきた結果」、それはたんなる慣行としてではなく、いわゆる入会権に該当するものである。

二、大正六年前後においては、「造林」が「部落による収益行為」としてつけ加えられた。

三、「部落民の有する入会権の内容の如何は、現在継続して表現されている利用行為から具体的に決定さるべきであるから」、長期にわたって採取されていないものは、「これを内容とする」入会権を有するとはいえない。「継続性」と「表現性」が入会権にもとづく「利用行為」にとって必要とされる。
四、山中部落の入会地は、土地の所有名義が神社となっていても、民法のいう「いわゆる共有の性質を有する入会権」である。
以上である。

裁判で、当事者参加人（山中部落）が主張した点は、神社有地における「立木の小柴刈、やといもやの採取、下草刈り及び転石の採取を内容とする使用収益権」つまり入会権であるから――その主張そのものに問題があるが――、判決じたいもこの点をめぐってなされたのであり、その限りにおいて、右の収益内容のみについて判示すればよいといえる。したがって、それ自体では異論を生ずる余地はない。そこで、ここにこの判決をめぐって問題を提起するのは、いったい入会収益行為、つまり入会うというのは何にもとづくものなのであるのか、ということにたいしてなのであり、入会集団の性格を明らかにすることなのである。

もちろん、本判決では、入会集団（ここでは山中部落）の組織機能についてきわめて適確に把握している。しかしながら、入会集団内部の統制機能の明確な把握にもかかわらず、つぎのような点で疑問が生ずるのである。すなわち、さきに記した問題点にそって言うならば、まず、山中部落の入会慣行がほぼ明治初年までに確立したという点についてである。ここで、確立されたものが、土地利用全般なのであるのか、草・小柴等の採取に関してなのであるかは明らかではないが、少くとも、山中部落に関する限り、たんに「日常の需要を満たす為に、長期間共同して」採取する慣行があったがために、それが入会（権）となった、と判示している。ここには、問題点が二つある。その一つは、使用収益の内容について、その二つは、長期間の使用収益が入会となることについて、である。その前に、第二の点について判示からもう少しつけ加えておく。(イ)「長期に亘って現在まで石やといもやの採取をしていない限り」、(ニ)「継続性と表現性」をもたなければ、入会権とは認定されない、としている。

　さてそこで、第一の点である。結論的にいうならば、「共有ノ性質ヲ有スル入会権」と判示されるような山中部落の土地の場合は、その土地の利用（入会）については何んら制限はない、ということである。入会地は入会集団によってどのようにでも利用することができるのである。また、入会地をなんら利用することもなくして放置してもよい、ということなのである。「共有ノ性質ヲ有スル入会権」とは、所有権の形態にほかならないからである。したがって、その収益内容は一定不変のものではなく、その時々における生活状態、商品生産の展開の度合などによって常に変更された。山中部落民は、古来より、農業を専一に生活していたのではない。地質が劣悪なうえに狭少な土地では、農業だけで生活を継続することはほとんど不可能である。したがって、当然のことながら「余業」といわれている——実は、「余業」がほかならぬ本業なのであるが——各種の職業に就くことが要求されるのである。山中部落の場合、そのもっとも代表的なものは、絹織業とそれの販売、駄賃稼、山仕事である。農業はその生活にとって僅かな地位しか占めていない。入会は、農業のためにのみ存在するのではなく、「余業」という名でよばれている本業や、その他自分達の生活のために行なわれたものである。入会人民（入会集団構成員）による入会収益は入会地利用を固定的に捉えることができないのは言うまでもない。本件土地での入会は、入会土地そのものの直接的利用——たとえば、耕作——と入会地上の産物の採取にわかれて、ともに入会集団の規制のもとで利用することができたのである。村持地は村単独所有なのであるから他村との関係がまったくない。したがって、村（総村民）が独自にどのようにでも利用することができるのは言うまでもないことである。数村入会については村々との関係において規制がある。

つぎに第二の点であるが、入会収益の認定については、これを長期にわたって行なわなければ入会（権）としては認めることができないのであろうか、ということである。この点については、さきに述べた点とも密接にからんでくるのであるが、村持地（村中入会）のような土地での入会については、「継続性と表現性」を考慮することの必要はない。なんとなれば、入会地の利用方法は、入会集団にとって都合のいいように決定されれば、それがすなわち入会となるのであるから、限定された特定の産物を長期間にわたって採取するという慣習は必要としない。必要なのは、この土地利用を決定する集団性なのである。

村所有はなによりも、この「共同体」的結合の存在を前提とする。入会は入会っているという状態によってそれが認定されるのではなく、また、長い間にわたって入会っているという事実が慣習として入会となるのでもない。利害関係を同一とする地域集団＝村落共同体の本質が、そのまま何んらかのかたちで維持されてきている限り、入会集団ならびに入会は存在するのである、入会は、権利と規範をかなり具体的に同時的にあらわす共同体規制のもっとも具体的現象的なかたちである。入会の集団性は、共同体のもっとも具体的・現象的なものであるということができる。

村落共同体は、その構成員にとって全体的な見地から必要とすることを遂行しなければならないとともに、これにたいしての強制力もまたもつのである。そこで、村落共同体（の本構成員）が入会集団というかたちにおいて行使する、目で見ることができる、もっとも一般的かつ現象的なものが、草刈り、小柴や下草刈りなのである。この、目に見える日常的な行為（入会う）は、それが日常必要とする物資を対象とすることにおいて、くり返され、長期にわたって行なわれていた、というそれだけのことなのである。あたかもそのことが入会のもっとも重要な慣習であり、その永続性こそ慣習なのであると誤って解釈されただけのことなのである。もちろん、採取内容が限定されている入会も存在しうる。たとえば、旧幕府時代において富士山北面の一一か村入会地では、村によって入会地の利用方法や採取物ならびに採取方法が限定されているのをみる。だが、この差等入会も、明治初期において一一か村の合意によって解消される。このように、長い間続けられてきた数村入会地における差等入会（慣習）ですら変更が行なわれるのである。しかし、村持地（村中入会）のような場合には所有なのであるから、入会集団そのものが問題なのであって、入会収益の内容などはまったく問題とするに足りないことを明らかにしておく。

明治期の土地登記法においては入会集団そのものを権利者として登記する方法がなかった。山中部落（入会集団）の土地が浅間神社有地として登記されたのは、登記法上において入会の権利主体である山中部落を登記することができなかったために、古くから山中村＝部落の氏神である浅間神社の名義で登記することがもっとも安全かつ適切であったと考えられたからにほかならない。戦前ないしは戦後においても、浅間神社には宮司がいたわけでもない。氏子総代は神社の祭りを司祭することが専門であって、神社や神社の財産などは山中部落で行なっていたからである。新しく神社名義とする土地について、氏子総代がこれにたいして独自の機関としてはまったく関与することができる余地はなかったのである。部落の財産の運営や三か村・一一か村の入会については、その基本方針や管理・監督などは部落の役員たちが行なっていたからである。

たしかに、山梨県から中野村を経由して部落の財産が有償をもって返還されたときには、この費用を部落構成員が拠出して負担した。当時、部落有財産の整理・統一が強力に進められていたときであるから、県＝国としても、浅間神社の名義とすることについては反対しなかったのである。浅間神社といっても、独立した組織の法人格をもつものでもなく、ただ、神社がそこに存在するというにすぎなかったのである。山中部落の氏神として崇敬されていたであろうが、神社を所有し、これを維持し管理しているのは山中部落にほかならなかったのである。これらは部落が所有するところの――山中部落では入会組合――、いわゆる総有財産Gesamteigentumなのであるから、これらを処分したり、広い面積の土地を貸したり、大規模なかたちで開発したりすることは神社関係者（宮司・氏子総代）だけではできない。なんらかのかたちで大多数の権利者の同意を必要とすることはいうまでもない。ここで私が大多数と言ったのは、政治的なあるいは対立的な立場などから反対のための反対で困らせてやるという者が、権利の乱用にあたいする行為をしたり、いつまでたっても回答や意志表示がないことを考慮してのことなのである。講学上言われている全員一致の原則というのを杓子定規で適用してはならない。

つぎに、判決で山中部落が浅間神社有地にたいしてもつ入会は、民法第二六三条でいう「共有の性質を有する入会権」であると認定している。この点については、従来、法律家がこの第二六三条にたいする解釈をはなはだ現象的にしか捉えていなかったことにたいする批判ともなっており、その判旨からみても、正しいものと言わなければならない。このようなかたちで入会にたいする認識が、今後、多くなることを期待したい。

さて、もう一度、さきの問題に立ちかえってみると、問題点の二としてあげた、大正六年前後の造林についてである。本判決では、この造林について、これを入会慣行としている点もあるので、これを、さきに判示した「継続性と表現性」との関連でどう把握すべきかということになる。たとえば、当該土地にたいしてまったく新らしく植林をした場合、それは入会慣行とは認められないか、ということである。なるほど、立木の成長に伴って「継続性と表現性」は附加されるであろうが、行為の当初において、もしそれが入会の一つの型態として認められないものとすれば、入会は「継続性と表現性」のたて前から、旧幕期からの収益行為のみということになり、新しい行為規範、もしくは断続的な入会は入会ではないということになる。山梨県下富士山麓のように、一、二年利用すれば、あとは一〇年から三〇年、長いときには五〇年も放置するようなところでは、ある一定の時点だけを捉えてみる限り、それはもはや、入会ではなくなるであろう。しかし、このような現象的な面で入会を捉えることの誤りであることについては、すでに明らかにしたが、ともかく、右のような場合でも、「おれたちのもの」であるという意識が、近代法の体系ではとうてい律することのできない、旧時代からの共同体的存在＝意識に支えられ、そのもとにおいて、共同体的にすべてのものごとが処理されている限りは、そこに共同体の存在、したがって共同体の活動の一部表現である入会の存在もみられるし、また、そこには、共同体規制の一部反映である入会についてのとりきめも存在する。いいかえるならば入会を可能ならしめる共同体の存在がなければならない、ということである。慣習とは、入会を可能にする集団＝共同体がいかなるかたちで存在しているのか、ということを明らかにしない限り解明することができない。入会は、採取という面からみると、通常、二つの面をもっていることを指摘しておく。その一つは、入会は私的所有＝個人的消費が前提であること。その二つは、入会は、共同体的所有＝消費が前提であること。以上である。この二つの関係は、たえず利害を一つにしているようではあるが、決してそうではない。むしろ、対立している場合が多いのである。それはさておき、これまでは第二の面である共同体的なものを中心として論ぜられていたのであるが、実は、入会そのものは、その多くが私的所有＝消費を背景として行なわれており、それが共同体的規制に擁護されながら貫徹しているのである。そうでなければ、旧幕府期以来の入会は存在しなかった。いわば、入会というものは、私的所有＝消費の自己主張の場であり、それゆえに、入会にたいする必要が存在したものといえる。そこでは土地の分割（わけ地）的利用のみが持分（権）でないことも注意しておく。

旧村持地、あるいは旧村入会地が土地登記の名義上において、その財産が実質的な所有主体をなんらあらわさない表示となることは一般的な例である。それは、さきに指摘したように、土地法上において右の権利主体を登記することができないという法のたて前があるからにほかならない。したがって、その歴史的経緯と背景を明らかにしないかぎり、軽々しく土地所有について論ずることはできないのである。土地所有表示の実質が権利主体を法的にあらわすのであるから、形式的名義そのものにはなんら法的な権利も効力もない。これは、これまでにいくつかの判決が指摘している。入会権が登記なくして第三者に対抗できるのはこのことをあらわしているのである。

山中浅間神社は、旧時においてはその社屋も小さくて見るべきほどのものでもなく、ただたんに氏神として存在しているにすぎないものであった。返還された土地をこの神社の名義にしたことは、一つには便宜上のものであるが、山中部落の氏神ということであり、氏子も部落の者であって、この神社にかかわるものは部落のみであり、かつては、宮司の存在もなく、氏子総代なる者の存在（はたして、当時において今日のような氏子総代の存在があったのか、文書上においても、伝聞上においても確認できない）もまた同じであった。浅間神社を部落が所有していたからこそ、単純にその名義としたまでのことなのである。

山梨県としても、部落有財産の整理・統合のたて前から、部落の財産を他の名義に変えればよいのであって、神社財産となることには難色を示さなかった。このことは、一般的にいって部落所有の神社に共通するものである。祭典に関することについては、慣習によって宮司ならびに氏子総代において執行することができるが、慣習に反すること、ならびに慣習を変更することについては宮司・氏子総代だけでこれを行なうことができない。ましてて、神社財産の処分については宮司・氏子総代ともになんらの権限をもつものではない。紛争当時、宮司や氏子総代もこの財産の性質は十分に知っていたはずである。宮司が、この財産の契約について部落の同意を要すると主張したのはこのことを物語っている。判決が神社所有はたんなる名義にしかすぎない、と判示したのも当然である。山中部落が実質的にこの土地を所有しているのであるから、神社関係者にはなんらの処分権限はないと判示したことは正当である。

判決は、個々の解釈や表現等について若干の疑問はあるが、おそらく、従来、深く考えていなかったいろいろな重要な問題をいくつか提起しているという点で、興味ある判決である、ということができる。しかしながら、重要な課題として今後に残されているのは、入会収益行為の現実と、入会集団＝共同体との関連性であろう。入会集団については比較的正しく論証しているのにもかかわらず、なお、入会収益との面で関連性を欠いているのは、裁判官の理解力や資質の問題はともかく、入会についての一般的な研究水準がそこまで達していないことを反映していることに起因するものと思われる。結論的に言うならば、入会集団の論証を確実に——本判決のように——得たのならば、もはや、入会収益について論ずる必要はない、ということである。すなわち、本件では入会収益を決定することのできるのは、常に、この入会的共同体の存在＝意志なのであって、そのことが法としての慣習なのであり、したがって、入会収益の現実が慣習ではない、ということである。入会的共同体（厳密には「共同体」）の存在こそ、入会（的利用＝権利）の存否を決定するものである。つまり、入会地は入会集団の所有（総有）なのであるから、この土地をどのように利用するか、しないかは、すべて入会集団の自由なのである。

七月二十二日

神社有地入会裁判の勝訴に伴う判決報告会の開催についての打合せ会を、午後八時より山中小学校に於て、入会委員会、山中区、対策委員会の合同会議を開催する

合同会議決定事項

一、報告会は実施することとし、日時は来る七月二十六日午後七時に開会すること

二、入会民に対する報告会は御旅所で行ない、その後で全員で提灯行列をして浅間神社に参拝すること

三、祝賀花火打上

四、勝訴記念品を弁護士に贈呈

五、祝賀提灯行列

六、浅間神社に勝訴報告祭

七、祝宴

以上のことを決め、細部については当局一任とする

七月二十三日

勝訴判決報告会実施するについて、細部に関しては当局に一任されたので、午後七時三十分より、これが検討のため副委員長高村不二義宅に於て協議する

参画者　高村不二義、槌屋晴尚、高村宇八、羽田佐十、高村節久、高村嘉、大森虎三、高村軍治

報告会準備事項

一、会場の照明設備　　責任者　佐十
二、祝　勝訴幟一　　不二義
三、祝の酒の発　受取　　嘉吉、晴尚
四、ツマミ　　嘉吉、晴尚
五、マイク、音楽隊の依頼　　虎三
六、提灯の注文と花火の交渉　　不二義、宇八
七、弁護士への連絡　　不二義、宇八
八、弁護士へ贈る記念品の購入　　軍治、晴尚
九、赤飯　婦人会に依頼　　虎三、国弘
十、勝訴記念手拭　三〇〇枚　　虎三
十一、道路使用許可　　虎三
十二、新聞社へ連絡　　不二義

勝訴判決報告会々順

一、開会の言葉

二、委員長挨拶
三、弁護士の紹介
四、経過報告
五、判決文の説明
六、感謝の言葉
七、祝辞
八、記念品の贈呈
九、勝訴神前報告祭
十、祝宴
十一、万歳
十二、閉会の言葉
以上の細部事項を決めて散会する
七月二十六日
本日は快晴午後一時役員出動して準備する。午後八時部落民参加者約五百人。盛大に報告会を開会する。弁護士、木村、大野、江橋三先生及来賓、村長、恩賜林組合長列席、九時より浅間神社で報告祭十時終了
七月二十九日
浅間神社有地裁判は去る十九日の判決で山中部落の入会民が全面的に勝訴したが、敗訴した原告渡辺

正保は、本日東京高等裁判所第四民事部に控訴す

八月五日

高村不二義　午後三時より恩賜林組合役場に、北條先生を訪問、第一審判決文を渡し、用談後帰る

八月六日

午前十時より恩賜林組合役場に於て、判決について川島先生、北條先生と大森虎三、高村不二義、高村軍治、羽田佐十、高村嘉にて話し合いをなし、正午帰宅す

八月九日

午後八時より山中小学校図書室に於て、左記の件について神社有地入会委員会を開催す。出席者は出席簿にあり

会議事項

一、神社有地入会裁判控訴に伴う今後の対策について

1. 神社有地の裁判が第一審原告の渡辺正保が七月二九日、東京高等裁判所へ控訴したので、第一審で入会権の確認を受けた入会民として、この裁判を受けて立つために、委員会の同意を求めたところ、万場異議なく、原案に賛成する

2. 控訴審に於ける入会民側の代理弁護人は、一審に引続いて、大野弁護士に依頼したい旨、委員会に諮ったところ、当局の案に賛成する

二、判決文の配布について

今の度判決文を百五十部印刷したので、これが配分について一同に諮ったところ、左のとおり配布

することに決定する。

1．入会委員会、浅間神社、山中区、山中湖村役場、恩賜林組合、弁護士、鑑定人、北條先生、委員会委員、選定当事者、証人、古文書提供者、防衛施設事務所、昭和三七年以降の山中区々長、常会長、氏子総代、委員会委員

以上の者には無料にて配布する

2．その他部落民で希望者には実費で販売する。委員会終了後、山中区有志会に切替えて、山中―内野線の道路の拡幅と舗装工事について、村長から協力方の要請があり、地主と分割利用者の承認は、山中区が責任を以って行なうことを決める

有志会終了後、氏子総代会議を開いて、神社有地内の送電線と電柱設置について話し合い、改めて東電より土地使用承認願いを提出させることを申し合せる。午後七時三十分神社有地入会裁判控訴について打合せのため、大野弁護士来村、高村不二義宅に於て、虎三委員長と三人で用談する

九月二十五日

東京高等裁判所第四民事部より、浅間神社有地裁判の控訴審の通知あり

十月九日

神社有地控訴審、神社側当事者参加人代理弁護人大野弁護士を委任のため、代表者で東京虎ノ門法律事務所へ出張す。大野先生に委任してから、江橋弁護士を訪れ、神社の代理人として委任する

本日の出張者　大森虎三、高村不二義、高村節久、天野音光、高村嘉、高村宇八、羽田佐十の計七名

十月二十一日

山中小学校に於て区有志会に引続いて、午後四時三十分より神社有地入会権擁護委員会を開き、神社有地北畠八六五の二の山林下刈について協議する

1．下刈は入会委員会が主体で実施する

2．下刈実施は十月二十四日至二十五日の間にする

3．裁判非協力者並に入会否認者の入会の参加は、本人の誓約書及び通告書を委員会に差入れることによって認めること

出席者並に会議の詳細は、出席簿と会議録による

十月二十二日

神社有地裁判控訴審に対する神社側主任弁護士を委任するため、入会委員会と神社の代表者にて、東京千代田区丸の内三菱信託銀行ビル内の江橋法律事務所を訪れ、江橋先生の案内にて浅間神社代理弁護人として村松俊夫弁護士を依頼し帰宅する

本日出張した者　高村宇八、高村軍治、高村嘉、高村節久、高村不二義の五名

十月二十五日

二十四日に実施する予定の神社有地の下刈は雨のため、本日実施する

下刈実施地域北畠八六五の二赤松植栽地の現場に於て、入会権利者総参加のもとに、左のことについて大会をなす。下刈参加者の取扱いについて

委員長の挨拶に引続いて、副委員長高村不二義より控訴裁判について説明あり

下刈参加者の取扱いで一同諮って次の通り承認を受ける

1. 入会否認者、高村大蔵、坂本好治、羽田吉三、羽田貞義、坂本英俊の取扱いは、誓約書を入れさせて、下刈に参加させること

2. 神社有地を貸すについて、区民大会で承認したという、坂本好治のお願書に署名捺印した者は、内容証明郵便にて、調印を抹消させて下刈に参加させる

3. 新しく入会の行使に参加を希望する者は、山中区民で新しく分家した者の中、入会に参加するのを希望する者は、無条件にて下刈に参加させることとし、外来者は後で誓約書を取って仲間にする

下刈終了後、山中小学校に於て、入会委員と羽田貞義との間で、誓約書のことについて話し合いをなした結果、羽田貞義氏が否認者に委員会の意向を伝え、後日本人等の自由意志にて、誓約書を差入れることで話し合いを終了す

十月三十一日

山中小学校会議室に午後四時三十分より、入会委員会を開催する。本日の会議の詳細は会議録、出席者は出席簿にあり

十一月六日

本日実施する予定の神社有地の下刈は雨のため、明日に延期することにした。入会権追認者の取扱について、高村節久、大森虎三、羽田佐十、高村佐十郎、高村宇八の諸氏、副委員長宅を訪れ、種々対談する

十一月七日

午前八時三十分より神社有地北畠八六五の二赤松植裁地内の下刈作業を実施する。下刈実施に当り、副委員長より左の如き注意をなす

一、新しく神社有地の下刈等入会行為に参加を希望する者が多いようだが、誤解しては困るので説明する。新しく入会の行為に参加したからといって、即時神社有地の財産の管理処分権が得られたという解（訳）ではない。入会権は一定の部落の住民が一定の山林原野に於て、その部落の慣習に従い、共同で、小柴、下草、転石、薬草等の採取を内容とする使用収益権で、所有権とは違うのである。下刈に参加すれば、土地の分割の仲間になれると考えることは間違いである

二、入会権利者で、部落が主体で行なう下刈に出動しない者は、後日改めて作業に出るようになるので承知されたい

十一月九日

午後七時五十分より小学校会議室に於て、左記の件について緊急委員会を開催する

一、入会権追認希望者の取扱いについて

二、入会権利者大会日時及び提出議案決定の件

十一月十二日

午後二時より山中小学校体育館に於て、入会権利者大会を開催、会議録記載の通り、決議をなす。本日の会議に出席した権利者は出席簿による

十一月十九日

東京高等裁判所第四民事部第二号法廷に於て、午前十時より浅間神社有地控訴審、昭和四十三年（ネ）

第一六六八号地上権存在確認等請求事件の第一回口頭弁論が行なわれ、富士急行バス一台貸切入会権利者で傍聴する

諏訪組
高村　利雄
高村　徳治
高村　宝造
望月　徳蔵
坂本　貞夫
小野田義久

第一組
高村　節久
高村嘉兵衛
古屋七五三男
宮本　友春
高村　正男
高村十一郎

第二組
高村　　登
高村　栄作
大森　虎三
高村　嘉吉
高村　　嘉
伊倉　邦夫
高村　三枝

第三組
高村佐武良
羽田　佐十
渡辺　　仁
杉浦　是愛
槌屋　　進
中沢　昌孝

第四組
高村不二義
高村　若治
坂本　　博
高村佐十郎
高村　宇八
河内仁三夫

第五組
坂本　房吉
槌屋　晴尚
坂本　かめ
高村　高光
梶ヶ谷西作
坂本　朝光

二の橋組
尾崎　繁弥
高村　軍治
天野　音光
坂本　　曠
高村　正勝

羽田　信勝
森田　盛雄
高村　国夫

計四十五名

十二月二日
午後三時より山中区事務引継終了後、入会委員会を開き、昭和四十三年度神社有地保護対策費歳出歳入決算承認の件についてを提案し、原案通り決議する
十二月七日
欧州視察から帰国した北條浩先生を歓迎するため、午後六時より富士吉田市ことぶき旅館に、大森虎三、高村不二義、羽田佐十、高村宇八、坂本博の五名にて出席し、会談後帰宅する
十二月十二日
昭和四十四年度山中区予算認定の有志会終了後、午後三時三十分より神社有地入会権擁護委員会を開催する。詳細は会議録にあり
十二月二十七日
横浜防衛施設局に於て、神社有地の借上料昭和四十三年度分受領後東京に行き、大野弁護士に控訴審弁護費用着手金として金弐拾萬円、お歳暮として金参萬円を渡し帰宅する
出張者　高村不二義、高村宇八、羽田佐十、高村軍治、高村節久、坂本博の計六名

一九六九年

昭和四十四年度

一月十二日

被控訴人浅間神社主任代理弁護士村松先生と江橋先生の二人、係争地の調査のため来村し、入会委員会として委員長以下立会する

一月十九日

浅間神社有地入会委員会、正副委員長が辞職したことにつき、午後一時より山中小学校会議室に、山中区有志会を開催し、辞表は受理することとし、後任に次の者を選び、一同承認する

委員長　　高村不二義
副委員長　槌屋晴尚

猶副委員長一名増員と、顧問制の問題については、当該委員会に於て審議することで了承する

一月二十八日

本日開廷予定の神社有地入会裁判は、相手側より準備書面がでないため審理は行なわれず、次回期日を三月二十五日午前十時と決定した

二月八日

北條浩先生の連絡により、茨城大学教授小林三衛氏が山中神社有地裁判の判例評釈と事実を調査して、これを雑誌に発表するため、三月上旬来村することになり、予備知識を得るため、裁判記録を送付されたい旨申込みがあったので、判決文、川島、渡辺、石井、佐藤先生の鑑定書、戒能、大森虎三、高

村宇八、高村捷治の証人調書を本日郵送する

二月十八日
北條浩先生より農地法改正法案について、次のような連絡あり
1．農地法の改正法案の中で、草地利用権について、入会地が県知事の許可で、所有権の移転及び使用転換ができるように改められる
2．従来は入会地に変更を加える場合は、入会権者全員の同意を必要とした
3．若し改正法案が国会を通過すると、入会権は解体するので、山中部落として抗議してもらいたい
4．抗議先は、農林省農地局農地課企画班（五階）関係資料を受領すること

二月二十七日
山中浅間神社有地裁判の経緯を雑誌に書くため、茨城大学教授小林三衛が来村する旨、北條浩先生より連絡あり
一、来村する月日、三月三日一泊するため、旅館を確保すること
二、現地を案内すること
三、関係史料を閲読させること
都合により北條先生も同行する予定

三月二日
山中小学校会議室に於て、左記の案件について委員会を開催する
案件1．茨城大学教授小林三衛氏の神社有地裁判に関しての調査実施について

2．法学協会雑誌（山中部落の入会権）の配布について
3．農地法改正に伴う入会権消滅の対策について
4．その他
出席者　十九名

三月三日
神社有地入会裁判の第一審判決文に対し、学者の立場に於て判例評釈を書くに必要な調査をするため、茨城大学の小林教授と北條浩先生が来村し、委員長宅に於て、裁判関係書類を見ながら話し合いをなす
立会者　高村不二義、槌屋晴尚、大森虎三、坂本博、高村軍治
　両先生とも、ホテル撫岳荘に宿泊する

三月四日
昨日に引続き、高村不二義、高村軍治の両名にて資料を持参し、撫岳荘に於て用談する。午後三時三十分より北條先生、高村不二義、高村軍治の三名にて恩賜林組合を訪ね、法学協会雑誌（註、石井良助・川島武宜・渡辺洋三教授の山中浅間神社の入会「鑑定書」を掲出）について話合いをなし帰宅する。今晩も両先生は宿泊する

三月五日
北條浩先生帰京、小林教授今晩も宿泊する

三月六日

小林教授帰京のため、高村不二義、高村軍治の二名で、富士吉田駅まで送る

三月二十二日

委員長控訴裁判傍聴について、電話連絡したところ、二十五日の裁判は開廷されるが、控訴人から準備書面が提出されていないので、極めて簡単なので代表者のみ傍聴するよう指示あり

三月二十五日

本日午前十時より開廷される控訴裁判傍聴のため、富士急のマイクロバスを貸切り、代表者十五名で傍聴する。第三回控訴審

控訴人より準備書面の提出あり。次回の開廷日は五月六日午前十時

本日の裁判は、極めて簡単なので代表のみに傍聴する

入会委員長　高村不二義
入会副委員長　槌屋　晴尚
対策委員長　高村　軍治
対策副委員長　高村　節久
浅間神社宮司　高村　宇八
山中区長　坂本　　博
山中湖村議長　高村佐十郎
神社会計　羽田　佐十
氏子総代　坂本　房吉

〃　　　　高村　徳治
入会委員　大森　虎三
〃　　　　羽田　輝次
〃　　　　高村　一義
〃　　　　高村嘉兵衛
〃　　　　尾崎　茂弥
　　　　　計十五名

四月一日
大野弁護士より区条例を三部コピーして至急送付するよう電話連絡あり。午後一時より高村不二義、槌屋晴尚、高村軍治の三名にて、役場に於て区条例のコピーをなす

四月二日
大野先生に区条例のコピー三部を書留速達郵便にて送付する

四月四日
午後二時より山中小学校会議室に於て、左記のことについて委員会を開催する
一、控訴裁判打合せ（裁判経過報告）
二、神社有地の下刈実施について
会議の詳細は、会議録にあり

四月十五日　薄曇

午前八時三十分より入会民が出動して神社有地北畠八六五の二山林の内赤松植栽地の下刈を実施する

四月十六日　小雨

高村不二義、槌屋晴尚の二名にて、羽田貞義宅を訪れ、神社有地の入会権確認の訴訟に参加するよう申し入れをなす

四月十七日　雪後曇

裁判準備のため、区長宅で高村不二義、羽田佐十の両名にて書類を調べる

四月二十二日　晴

裁判打合せのため、高村不二義、羽田佐十、槌屋晴尚の三名にて、東京虎ノ門法律事務所を訪れ、大野弁護士と話し合いをなす

五月四日

委員長高村不二義、副委員長槌屋晴尚の二名にて、午後七時三十分より羽田貞義宅を訪問、入会権確認裁判不参加の五名（羽田貞義、坂本英俊、高村大蔵、坂本好治、羽田吉三）の訴訟参加の委任状のことについて話し合いをなす

五月五日

五名の訴訟参加の委任の件について、大野弁護士に連絡する

1．坂本好治、高村大蔵、羽田吉三の三名は、渡辺正保との契約書に調印しているし、又一審に於て、原告側の申請した証人として証言しているので、入会権確認の訴訟に参加することは、偽証罪になるとして本人名での参加を拒んでいる

2．前項のような理由により、子供の名前で参加することは可能かどうか
先生は、後日本人達と逢って説明するとの連絡あり
五月六日
東京高等裁判所で開廷される。神社有地入会裁判を午前十時より傍聴する。本日の裁判傍聴数
四十六名
当事者参加人及び被控訴人の代理人より、準備書面が提出さる。当事者参加人の準備書面に対し、次
回までに控訴人代理人より準備書面を提出するよう、裁判官より指示あり
次回開廷日　六月二十四日午前十時

諏訪組	第一組	第二組
高村　徳治	高村嘉兵衛	大森　虎三
高村　利雄	古屋七五三男	高村　嘉吉
三井　俊雄	高村　節久	高村　栄作
高村　宝蔵		
田中　徳行		
羽田　美正		
高村　行則		
宮本　友春		
椙浦　貞良		

高村　高一
高村　隣
羽田　竜教
坂本　松男
石橋　文作

第三組
羽田　佐十
渡辺　仁
坂本　儀治

第四組
高村不二義
坂本　博
高村佐十郎
高村　宇八

第五組
槌屋　晴尚
坂本　房吉
羽田　輝次
椙浦　一布
高村　朝清
羽田　金満
大森　松治
平山　輝明
島崎　福造
坂本諏訪造
羽田　昭三

二の橋組
高村　軍治
天野　音光
尾崎　茂弥

高村　文作
大森　平吉

六月十七日

午後一時より神社有地入会裁判について打合せのため、高村不二義委員長、虎ノ門法律事務所に大野弁護士を訪ね、控訴人の準備書面に対する答弁書作成の検討をなし、午後七時帰宅する

六月二十三日

参加人提出の準備書面の内容検討のため、午後一時より委員長宅に、高村宇八、槌屋晴尚、坂本博、大森虎三の諸氏が集会する

六月二十四日

神社有地入会裁判口頭弁論が午前十時より、東京高等裁判所第四民事部で開廷される

傍聴者　四十一名

六月二日控訴人より提出された準備書面に対し、被控訴人と当事者参加人より、反論の準備書面を本日提出する。次回の開廷日は九月九日午前十時

諏訪組	第一組	第二組	第三組
高村　徳治	高村　節久	大森　虎三	坂本　儀治
高村　利雄	古屋七五三男	高村　岩市	
羽田諏訪光	高村嘉兵衛	高村　嘉吉	
今泉　福寿		高村　一義	

渡辺　光雄
羽田　重良
高村　福一
坂本すづみ
渡辺　安男（ママ）
渡辺

第四組
高村不二義
高村佐十郎
坂本　博
高村　若治
高村　宇八
高村権左久

第五組
槌屋　晴尚
坂本　房吉
坂本　勝次
羽田　長雄
高村　篤
椙浦　武雄
高村　永治
高村　泰
高村　進
高村　勝治

高村　栄作
高村　炓

二の橋組
高村　軍治
天野　音光
高村　保富

高村　　勤
鮎川　　篤

計四十一名

七月十六日
神社有地の裁判打合せのため、村松、大野、江橋弁護士　ホテルマウントに宿泊。午後七時三十分より、高村不二義、高村宇八、羽田佐十、高村軍治、大森虎三の五名にて、先生の宿泊所を訪ね、種々打合せをし、各先生にそれぞれ三萬円宛御中元をして帰宅する
七月十七日
昨日に引続き、弁護士と打合せのため、午前九時、マウントホテルを訪れ、村松、大野、江橋弁護士と高村不二義、高村宇八、高村軍治、羽田恒司、羽田佐十、坂本博にて話し合いをなす。午後より高村敬二も参画する
七月二十三日
午前中、高村不二義、高村宇八にて、裁判に必要な書類の整理をする。午後、高村不二義委員長、高村宇八、宮司、坂本博区長にて、神社倉庫に保管する書類を調べる
八月十一日
午前九時三十分より富士吉田市ことぶき荘に於て、神社有地裁判の準備書面について、村松、大野、江橋弁護士と打合せのため、高村不二義、高村宇八、坂本博、高村嘉吉、羽田佐十出張し、午後八時帰宅する

八月十四日
神社有地裁判資料として必要なため、当事者参加人の戸籍抄本及び住民票の証明を受けるため、役場に出張。即日大野先生に書留速達郵便で送付す
九月八日
神社有地裁判と山中部落の入会の沿革について話し合いのため、午後三時より高村不二義、高村軍治、高村宇八、坂本博、羽田佐十の五名にて、恩賜林組合に北條先生を訪ね用談後、夕食会をして帰宅する
九月九日
浅間神社有地裁判傍聴のため、六時四十分山中出発。午前九時三十分東京高等裁判所到着。十時より裁判傍聴する。本日の裁判は神社側から準備書面を提出したのみにて、渡辺正保側から提出されないので、裁判は僅か五分間にて終り、次回は十月二十三日午前十時に定め、閉廷

諏訪組	第一組	第二組	第三組
高村　利雄	古屋七五三男	大森　虎三	坂本　儀治
高村　徳治	高村　節久	高村　一義	槌屋　　進
羽田　三二	高村平一郎	高村　栄作	渡辺　　仁
高村　盛一	高村嘉兵衛	高村　嘉吉	高村九二義
渡辺　義一	新井　三吉		
山本　芳胤	柘植　光男		

九月十二日

三枝たか子
槌屋虎能作
中村三嘉恵
望月　利定
高村喜和治

第四組
坂本　博
高村不二義
河内　曠
高村　宇八
高村　若治
高村佐十郎
滝口　道義
羽田　十三
高村　基大

第五組
羽田　輝次
槌屋　晴尚
坂本　房吉
高村　明雄
天野　一美
高村　芳明
高村　進
平山　久雄

二の橋組
高村　軍治
高村　保富
天野　音光
尾崎　茂弥
高村　昭一
羽田　末男

計四十八名

午後七時より山中小学校会議室に於て、委員会を開催する。出席者二十人　詳細は会議録にあり

十月十八日

東京都千代田区麹町東條会館に於て午後二時より弁護士と裁判打合せをなす。本日の打合せ会に出席者

村松、大野、江橋弁護士、高村不二義、高村宇八、坂本博、大森虎三、羽田恒司の各氏

十月二十日

午前中、役場に於て、高村不二義、高村宇八の両名にて、昭和三十六年八月神社有地貸借契約反対陳情書のコピーをする

十月二十二日

東京高等裁判所で開廷される浅間神社有地裁判を午前十時より傍聴する

本日の傍聴者四十六名

本日は、当事者参加人側より、控訴人の準備書面に対する反論の準備書面と、証人申請をなす

被控訴人よりも証人申請をなす。次回は十二月二十四日午前自由治より準備手続裁判を開廷する予定

諏訪組	第一組	第二組
高村　徳治	古屋七五三男	大森　虎三
高村　利雄	高村　節久	高村　嘉吉
羽田　三二	高村　武雄	高村　信重
大森　新一	羽田　かく	高村　　章

羽田　留治
堀内二三男
大森　良雄
坂本八七男
片山ふじ子
天野　　貢
高村　堯春
渡辺　次郎
羽田　豊秋
羽田　龍教
高村　　初

第三組
羽田　佐十
坂本　儀治
渡辺　　仁

第四組
高村不二義
高村　宇八
坂本　　博
高村　敬二
高村　軍治

高村　一義

第五組
坂本　房吉
羽田　輝次
坂本　房明
杉浦　忠睦
河内　正二

二の橋組
高村　保富
尾崎　茂弥
天野　音光
羽田　　聡
高村　利明

羽田　九三　　菅野　原平　　椙浦　信義
羽田　長治　　　　　　　　　　計四十六名

十一月十三日

午後七時三十分より山中小学校会議室に於て、証人打合せのための委員会を開催する。委員長より現在裁判の争点となっている点について説明、証人となる者の理解を求める

十二月四日

委員代表者十二名にて控訴裁判を傍聴する。本日の裁判に参加人代理弁護士より、次のような附帯控訴状が提出される

控訴人（附帯控訴人）は、本件土地に当事者参加人らが立入り、その地上の立木の下刈、下草刈及転石の採取を行なうのを妨害してはならない。附帯控訴費用は控訴人（附帯控訴人）の負担とする。次回の開廷日は昭和四五年二月二十四日午前十時

本日の裁判は代表者のみにて傍聴する

委員長　　高村不二義　　組長　羽田　輝次
宮司　　高村　宇八　　委員　大森　虎三
区長　　坂本　博　　〃　古屋七五三男
代理者　　坂本　儀治　　〃　高村　敬二
対策委員長　　高村　軍治

組長　　　　高村　一義
〃　　　　　高村　若治
〃　　　　　尾崎　茂弥
　　　　　　　　　　計十二名

十二月八日
神社有地北畠八六五の二の下刈を実施する。本日の作業出動人員採取した薪は後日、常会長、氏子総代が立会して、配分することとす

十二月十七日
午前十時より神社有地下刈で採取した薪の配分のため、総代、組長出動す。各組下刈作業人員数に応じて配分する

十二月二十二日
氏子総代改選に伴い、横浜防衛施設局に新任の挨拶をすませた後、全員で、東京虎ノ門法律事務所を訪ね、大野弁護士へお歳暮五万円渡す

一九七〇年

昭和四十五年

二月二十四日
委員二十三名にて神社有地裁判を傍聴する。控訴人側の弁護士より、前回当事者参加人より提出され

た附帯控訴状に対する答弁書が提出され、なお次回までに書証を提出するよう命ぜられた

次回開廷日は四月二十一日火曜日午前十時より

本日の裁判は役員のみにて傍聴す

委員長　高村不二義
副委員長　槌屋晴尚
山中区長　坂本　博
氏子総代長　羽田佐十
対策委員長　高村軍治
宮司　高村宇八
委員　大森虎三
〃　古屋七五三男
組長　高村一義
〃　高村嘉兵衛
〃　高村若治
〃　槌屋　進
〃　尾崎茂弥
議会議員　高村節久
〃　高村佐十郎

委員　坂本勝次
〃　高村利雄
〃　高村敬二
氏子総代　羽田美正
〃　松井　忠
委員　天野音光
〃　高村保富
代理者　坂本儀治

計二十三名

四月十日

神社有地裁判打合せのため、高村不二義、羽田佐十、高村節久、羽田恒司の四名にて、東京虎ノ門法律事務所を訪問。午後六時三十分より渋谷道玄坂の旅館に於て、村松、大野、江橋の三弁護士と話し合う

一、昭和三十六年九月の渡辺正保が仮処分の申請の中に、被申請人の申請で、係争地の下刈等のため、立入りを許可してもよいという趣旨が書かれているかどうか、谷村裁判所を調査すること

二、東京大学へ大正十四年寄附した当時の会議録をコピー七部と原本を江橋先生に送付すること

三、御所十二番の土地と北畠八六五の二の土地の性格は同一のものであるかどうかということについて、同一の性質のものではない。入会のための下刈は行なわれたことはない。払下た時期が異なっている、などを話し合って、午後十時東京出発。十二時帰宅する

四月十三日

都留裁判所に昭和三六年（ヨ）第二八号浅間神社有地の北畠八六五の二、山林四十八町二反歩仮処分命令申請及決定等関係書類の閲覧のため、高村不二義入会委員長羽田佐十氏子総代長、高村宇八浅間神社宮司の三名にて出張、関係書類をコピーして帰宅する

四月十七日

江橋先生裁判打合せのため午前九時委員長を訪問し、昭和四十五年四月提出の控訴人の準備書面を検討す。大森虎三、高村宇八にて神社と松井忠氏宅に保管する古文書を見る。大正五年十一月、御所の

立木を大森五郎に売却した代金が、何に使われたかということ

四月二十一日

午前十時より東京高裁で浅間神社有地裁判が開廷され、控訴人及被控訴人より、それぞれ準備書面提出され、又控訴人より証拠書類と竜野教授の神社有地八六五の二の土地に対する、山中部落民の入会の存否について、渡辺正保から依頼をうけた鑑定書を甲二十五号証として提出する。本日の傍聴者数二十名。次回の開廷日　六月二十五日午前十時

本日の裁判傍聴は役員のみ

役職名	氏　名	役職名	氏　名
副委員長	槌屋　晴尚	第二常会長	高村　一義
氏子総代	高村　軍治	氏子総代	羽田　美正
村議会議員	高村佐十郎	諏訪常会長	羽田　三二
宮司	高村　宇八	委員	高村　栄作
氏子総代	高村　節久	委員	高村　利雄
選定当事者	高村　敬二	二の橋常会長	高村　桂
選定当事者	大森　虎三	第三常会長	槌屋　進
選定当事者	高村　徳治	山中区長	坂本　博
第一常会長	高村嘉兵衛		
委員	古屋七五三男		

〃　　高村十一郎

〃　　高村　茂

四月二十六日

高村不二義と羽田佐十の二人で富士吉田市九茂衡機へ、控訴人から提出された北畠八六五の二山林四十八町二反歩に対する山中部落民の入会の存否についての竜野四郎教授の鑑定書をコピーしに行く。午後、高村不二義と高村宇八の二人で鑑定書の製本をなす

五月二十日

江橋弁護士裁判打合せにて、委員長高村不二義宅を訪問、高村軍治対策委員長を交えて話し合いをなす

五月二十六日

北條先生他一名古文書調査のため来訪。午後一時三十分より役場古文書。午後四時より坂本諏美男宅所蔵の古文書を調べ、富士吉田市下吉田松風荘に一泊する。本日立会者、高村不二義、槌屋晴尚、高村宇八、坂本博、大森虎三の五名

五月二十七日

早朝より昨日に引続き、北條先生によって坂本諏美男宅所蔵の古文書を調査し、午後高村捷治宅所蔵の古文書調査をなす。立会者　高村不二義、大森虎三、坂本博、高村宇八の四名。裁判上証拠として必要な文書は仕訳して後日写真に撮ることにする。高村修所蔵古文書は高村宇八宮司の借用書を入れて、北條先生東京に持帰る

六月五日
高村不二義、高村宇八の両名にて、去る五月二十六日、二十七日に調査した古文書を借用のため、坂本諏美男氏宅を訪れ、巻物四十六点、別口巻物十一点、冊子四冊を借り受ける
六月六日
昨日坂本諏美男氏から借用した古文書を写真に撮るため、羽田佐十、高村宇八の両名で東京に持参し北條先生に渡し、前回高村修氏から借用した古文所は写真を撮ったので持帰り、高村宇八より本人に返済する
六月十日
江橋弁護士より、次のとおり電話連絡あり。来る六月二十七日午後五時より、東京学士会館に於て、弁護士、学者、入会委員会代表者により神社裁判の打合せを行なう。大正六年神社有地払下代金一戸当り二〇円據出の事実関係、その他について
六月二十五日
委員長他十二名、東京高裁で開廷予定の入会裁判傍聴のため出席したが、延期のため帰省する。次回開廷日は七月十四日午後一時
三、本日開廷さるる裁判は、都合により開かれず、七月十四日午後一時に延期される
四、出席者
高村不二義　高村　一義
槌屋　晴尚　大森　虎三

高村　節久　　高村　敬二
羽田　美正　　高村　利雄
高村佐十郎　　高村　栄作
坂本　博　　槌屋　進
坂本　儀治

六月二十七日
東京都神田学士会館に於て、午後五時より神社裁判の打合せをなす
出席者　川島武宜、渡辺洋三、北条浩、村松俊夫、大野正男、江橋英五郎、高村不二義、坂本博、
　羽田佐十、羽田恒司
一、大正五年当時の区、神社の会計簿調査
二、大正五年十一月二十二日御所十二番立木売却代金、壱千七百五十円の使途について調査
三、払下当時銀行より二、五〇〇円借入れと返済の証拠の調査（当時の銀行利子）
四、大正十一年、山中区整理帳、原本、コピー十部　大野先生に送達のこと
七月三日
高村不二義、坂本博、大森虎三、槌屋晴尚、高村宇八の五名にて、山中区神社松井忠宅の書類を調べる
七月十四日
午後一時より東京高等裁判所に於て、浅間神社有地入会裁判が開廷され、控訴人、被控訴人、参加人

より、それぞれ書証が提出され、認否が行なわれた。来る十月十七日午前十一時より現地検証を実施す。来る十一月五日午後一時より証人調の予定。

本日傍聴した者は、十四名。詳細は出席簿にあり

委員長　高村不二義　委員　古屋七五三男
副委員長　槌屋　晴尚　証人　高村十一郎
山中区長　坂本　博
当事者　高村　敬二
議員　高村佐十郎
宮司　高村　宇八
区長代理　坂本　儀治
組長　槌屋　進
会計　松井　忠
委員　高村　利雄
組長　高村嘉兵衛
氏子総代　羽田　美正

計十四名

七月二十二日

北條浩先生来訪し、高村不二義委員長宅に一泊し、神社宮司羽田佐十、槌屋晴尚、坂本儀治、羽田美正、槌屋進、高村一義、高村軍治の諸氏と神社裁判について話し合いをなす。去る六月二十七日、高村捷治氏所蔵の古文書を写真撮影のため、北条先生に渡してあったものを、終了したので返納された

七月二十三日

高村不二義、羽田佐十の両名にて、北條先生と入会調査の打合せをなす。先生は午前十時恩賜林組合に行く。区長と宮司にて、高村捷治氏より借用した古文書を返済する

八月二十二日

山中区と浅間神社入会権擁護委員会名にて、三井銀行本店普通九七八－三九四、林野入会研究会へ拾萬円、研究費として寄附送金する。立会者、区長、委員長の両名

九月二十一日

来る九月二十三日午後七時より開催する予定の神社有地入会委員会を本日に変更し、午後八時三十分より山中小学校図書室に於て開催する。出席者は出席簿にあり

決定事項

　神社有地北畠八六五の二及び十二の山林下刈について

一、下刈は実施すること

二、実施日は九月二十八日と十月六日の両日とし、雨天の場合はその翌日とすること

三、実施要領及許可手続きは当局一任のこと

十月三日

神社有地下刈箇所の下見分を午前九時より行なう。出席者　高村宇八、羽田佐十、槌屋晴尚、高村節久、大森虎三、羽田美正、坂本博、高村軍治

十月六日

神社有地の下刈第一日　午前八時三十分、丸平スタンド前に集合、委員長より下刈の目的、区域、実施上の注意を達し、九時作業開始、午後三時三十分作業を終了する

十月八日

六日の下刈に引続き、神社有地北畠の下刈作業を実施する。午前八時三十分作業開始、午後四時終了す。六日と八日の下刈に出動しない者は、十月十三日に代日出動することに決めた

十月十三日

去る十月六日及八日に実施した神社有地の下刈に都合で出動出来なかった者を、代日出動日として今日午前八時三十分より、薪集荷作業を実施する。約二百六十束を結束し運搬する

十月二十九日

午後三時より山中小学校体育館に於て、神社氏子総会、入会権利者大会を合同で開催する

出席者数

神社有地裁判の経過報告を委員長より行う。裁判官による現地検証と証人尋問が行なはれば、二審も結審判決ということになる。証人として控訴人側より七人、被控訴人側より十一人、当事者参加人側より七人が尋問されることになっている

渡辺正保は同栄信用金庫へ、一、五九〇、〇〇〇円の不渡手形を発行して破産したことが七月二十二日

東京商工興信所の特報で発表されている

十月三十一日

北條先生、神社有地入会と北富士演習場入会について話し合いのため、高村不二義宅へ来訪する。部落の入会実態調査について話し合いをなす

十一月五日

東京高等裁判所民事部に於て、浅間神社有地裁判について準備手続きをなし、次回の裁判を左のとおり決める

一、開廷日　　昭和四十六年二月二十三日午後一時

二、当日の証人　　羽田吉三、坂本好治、高村大蔵

三、現地検証　　昭和四十五年十月十七日実施予定の現地検証は、裁判官が交代したため行なわれず、来年四月頃の予定

十一月二十六日

委員長　裁判打合せのため東京虎ノ門法律事務所を訪れ、大野弁護士と次の事項を打合せる

一、控訴人側の証人に対する反対尋問事項を委員で検討しておくこと

二、神社有地北八六五の九、個人分割地関野千代松の借地権に対し和解が成立したとし、将来所有権の登記手続き、並に証明書発行は実質的な権利者である熊谷理三郎にされた旨の申し入れ書に対し、大野先生の見解は、そのまま放置しても支障ない

十二月二十二日

浅間神社有地裁判の代理弁護士に一人五万円宛のお歳暮を渡すため、高村不二義、羽田佐十、坂本博、高村節久、高村軍治にて東京に出張する

十二月三十日

北条浩先生と徳川林政史研究所の係員の二人にて委員長宅を訪れ、神社有地入会について古老の意見を聴取したい旨の話しあり

一九七一年

昭和四十六年

二月九日

来る二月二十三日東京高裁で開廷される浅間神社有地の裁判に原告（控訴人）側の証人として出廷する高村大蔵、坂本好治、羽田吉三の反対尋問事項について、東京渋谷に於て弁護士と打合せをなす

出席者　村松、大野、江橋弁護士、委員長、総代長、対策委員長羽田恒司

一、昭和三十三年区条例制定当時の日誌を調査し、条例制定に関する記事を抜粋すること

二、区観光開発委員会規則の神社有地氏子権利者二八七名と、鑑定書にある入会権者二九〇名では三名の差があるので調査すること

二月二十三日

東京高裁第四民事部で開廷された浅間神社有地の裁判を傍聴する。午後一時より

傍聴者数　四十九名
打合せのため、一般傍聴者より一足先に高村不二義、羽田佐十、羽田恒司、大森虎三、高村軍治の五名にて、東京法曹会館に到着、弁護士三名と反対尋問の打合せをなす
本日の裁判は控訴人側申請の証人、坂本好治、高村大蔵、羽田吉三を尋問する予定であったが、三人とも欠席したため、次回の裁判日を決めて閉廷した
次回は五月三十一日　午前中現地検証、午後一時より吉田簡易裁判所に於て、本日証人調べの出来なかった三名の尋問をする

諏訪組	第一組	第二組	第三組
高村　利雄	高村嘉兵衛	大森　虎三	槌屋　　進
羽田　美正	羽田　恒司	高村　　嘉	高村　　明
椙浦　貞良	高村十一郎	高村　一義	羽田　佐十
大森信太郎	古屋七五三男	坂本　守高	坂本　隆利
鈴木　　勇		羽田　勝一	坂本　照治
片山ふじ子		羽田　耕栄	羽田　盛武
川合　朝一			坂本　良仁
池谷　　勲			
天野　邦三			
羽田三美男			

本持　利郎

第四組
高村不二義
坂本　博
高村　宇八
高村　寿雄
高村　房敬
坂本南賀寿
大木　ゆき
槌屋絹美男

第五組
羽田　輝次
坂本　房吉
槌屋　晴尚
高村八十八
高村　亦男
高村　五郎
高村　清一
斎藤　実
坂本　勝利

二の橋組
高村　軍治
高村　正勝
橋爪　定男
坂本　曠

計四十九名

四月二十九日
午後五時三十分より小学校会議室に於て、委員会を開催する。出席者は出席簿に記載する
会議事項
1. 昭和四十四年度同四十五年度会計報告並に承認を求める件
2. 神社有地下刈実施の件

3．現地検証及証人尋問について
4．その他
　詳細は会議録にあり
五月二十日
午前八時三十分より浅間神社有地北畠八六五の二山林の下刈を神社有地の入会民　（ママ）名によって実施し、採取した薪、インゲンの手等は各組毎に入会民に配分する
五月二十四日
委員長宅に於て、午後一時より来る五月三十一日に実施される係争地の検証の立会と裁判の傍聴について協議し、江橋弁護士の指示を受けたところ、役員のみにて立会と傍聴することとし、一般入会民には通知しないで自由とする
五月三十日
明日行なわれる係争地北畠八六五の二山林の現地検証にそなえて、高村不二義、羽田佐十、高村宇八、高村軍治、高村節久、槌屋晴尚、槌屋進の七名にて視察する。午後七時よりマウントホテルに於て、神社側代理弁護士、参加人代理弁護士と、高村不二義、羽田佐十、高村軍治、高村宇八、坂本博にて裁判打合せをなす
五月三十一日
午前十時より東京高裁裁判官三名、各当事者代理弁護士にて係争地、北畠八六五の二山林に山中部落住民は入会の慣行を有するか否か、又山中部落住民は本件係争土地に入会的収益行為を必要とする生

活をしているか否かについて、現地検証が行なわれる

係争地内では下刈、転石採取の状況、野火除の石積等を見分する。部落内では、燃料用薪の保管状況、転石の利用状況、生活様式を検証する

午後一時三十分より富士吉田簡易裁判所に於て、控訴人側申請の坂本好治、羽田吉三、高村大蔵の証人尋問を行う予定であったが、無届欠席のため、次回八月二十四日午後一時より、坂本好治、羽田吉三、高村大蔵の三名の他、坂本英俊、羽田貞義、高村敬二を承認として尋問することを決めて閉廷する

部落民として現地検証に立会した者及び裁判傍聴をした者の氏名は、傍聴者名簿にある

委員長	高村不二義	二組長	高村　一義
副委員長	槌屋　晴尚	三組長	槌屋　進
氏子総代長	羽田　佐十	四組長	高村　房敬
氏子総代	羽田　美正	五組長	羽田　輝次
〃	高村　節久	委員	大森　虎三
	高村　軍治	〃	古屋七五三男
区長	坂本　博	〃	高村　利雄
宮司	高村　宇八	〃	坂本　勝次
区長代理	坂本　儀治	〃	高村佐十郎
一組長	高村　弘一	〃	高村　徳治
諏訪組長	羽田　三二	〃	天野　音光

〃　　　　高村　保富
入会住民　坂本　照治
〃　　　　槌屋　豊光
〃　　　　羽田　克臣

七月八日
午後一時より高村不二義委員長宅に於て、神社有地裁判関係代表者会議を開催する。入会委員長高村不二義、対策委員長高村軍治、山中区長坂本博、氏子総代長羽田佐十、宮司高村宇八来る七月十二日、十三日北条浩先生が入会調査のため来村するので、その受入れ態勢について検討する

一、十二日の調査
　富士北麓に於ける御料地時代の入会と、県有財産御下賜当時の状況
二、十三日午前の調査
　大正六年神社有地として払下げになったいきさつ及び払下地域の入会の状況
三、十三日午後の調査
　旧陸軍演習場になって後の北麓の入会意識について
　以上の事項について老人数人を選定し、役員も立会の上聴取する

七月十二日
北條先生他一名　山中部落の入会調査のため一泊二日の予定で来村し、夜八時より旭ヶ丘こなや旅館

に於て大出山採草地の入会の利用状況、農地買収権利者数と氏子と入会民との相違点などについて調査する
立会者　羽田恒司、高村宇八、羽田佐十、坂本博、高村不二義、大森虎三、高村軍治、槌屋晴尚
七月十三日
午前中吉野食堂に於て、昨夜に引続き北條先生、上村助手による山中部落の入会調査を行う。大出山の共有地の処分の状況、神社有地の財産処分手続きなどを調査する
午前中の立会者
高村宇八、高村不二義、坂本博、羽田佐十、大森虎三、羽田恒司、高村利雄
午後は、総代長羽田佐十宅に於て調査を行う。北畠八六五の二の土地を渡辺正保に借す契約をした当時の状況について聴取する。午後は高村軍治も加る
七月十五日
午後五時よりホテルマウントに於て、東京大学名誉教授川島武宜、千葉敬愛短期大学講師北条浩、徳川林政史研究所上村事務員と二時間三十分、神社有地の入会と裁判について話し合いをなす
地元から会合に参加した者は次のとおり
高村不二義、羽田佐十、高村軍治、高村節久、高村宇八、槌屋晴尚
七月二十一日
大野弁護士委員長宅を訪れ、神社側代理弁護士二人分も合せて御中元を手渡す
立会者　高村不二義、坂本博、高村軍治、高村宇八、羽田佐十

四　『日誌』第四分冊

一九七一年

昭和四十六年

八月二十日

江橋弁護士が委員長高村不二義宅を訪れ、宮司、坂本博、羽田佐十にて、来る八月二十四日開廷の神社有地裁判について打合せを行なう

八月二十四日

午後一時高等裁判所第四民事部二号法廷に於て、控訴人側申請の証人尋問を行なう予定であったが、証人全員欠席したため尋問出来なかった。控訴人側より新に、東京教育大学助教授竜野四郎を証人として申請したが、神社側と参加人側が過去三回の証人呼出しに応じない控訴人申請の証人申請を放棄しない以上、竜野承認を認められないと主張したため、結局裁判官が会議して、本日出廷しなかった証人を非公開で再尋問することとし、来る十二月七日午前十一時より富士吉田簡裁で次回は開廷することに決定する

今日の裁判傍聴者数　五十名。詳細は傍聴者名簿

諏訪組	第一組	第二組	第三組
高村　利雄	高村　節久	高村　一義	羽田　佐十
高村　徳治	古屋七五三男	山崎　竹次	坂本　儀治
羽田　美正	高村　弘一	高村　三枝	槌屋　進
羽田　三二	高村十一郎	畑山　義政	渡辺　仁

羽田　与一
渡辺　正治
坂本　貞夫
羽田　勗
高村　次郎
羽田　誠
三橋　勝治
坂本　隆利
坂本　昭治
羽田　秋芳
高村　敏義
槌屋　和幸

第四組
高村不二義
高村　宇八
坂本　博
高村佐十郎
高村　房敬
河内仁三夫
羽田　信勝
堀内　新内
槌屋　豊光
滝口　道義
高村　国夫

第五組
槌屋　晴尚
羽田　輝次
高村　高光
中村　佐夫
柘植　孝行
高村　強兵

二の橋組
高村　軍治
高村　保富
天野　音光
杉崎　正敏
高村　留男

計五〇名

九月二日
　高村不二義、高村軍治の二人にて、都留信用組合に於て江橋弁護士と裁判打合せをなす
九月十日
　富士吉田市下吉田ことぶき荘に於て、江橋弁護士と高村不二義、高村軍治で裁判について話し合う
十月六日
　来る十月十六日午前十一時より東京高裁第四民事部の職権斡旋にて浅間神社有地訴訟事件の調停が行なわれるので、これについて東京渋谷に於て村松、大野、江橋弁護士と高村不二義、坂本博、羽田佐十、高村軍治が会合し、神社側の態度を協議する
十月十一日
　午後八時より山中小学校会議室に於て、左記について入会委員会を開催する
　神社有地下刈実施について
　下刈場所　　北畠八六五の二山林
　実施月日　　十月十八日午前八時三十分より　雨天順延
　神社有地裁判打合せについて
　神社有地裁判について、裁判官による職権調停の申し入れに対し検討した結果
　1．和解調停に応ずること
　2．和解調停を試みる月日は昭和四十六年十月十六日　午前十一時

3. 場所　東京高裁第四民事部裁判官室
4. 神社、参加人側より和解調停に代表として出席する者
入会権擁護委員長　高村不二義
神社有地対策委員長　高村軍治
山中区長　坂本博
氏子総代表　羽田佐十

十月十六日
神社有地裁判について、左記のとおり裁判官による職権調停が行なわれる
一、午前十一時より東京高裁第四民事部判事室に於て話し合いをなす
二、原、被告、参加人、代理弁護士全員、神社側より　高村軍治、羽田佐十、参加人側より　高村不二義、大森虎三、区代表　坂本博、原告本人　渡辺正保
三、和解に対する各当事者の主張
先づ裁判官より
本件の審理に於て原告側証人が三回とも出頭しないため、証人調べが出来ないで困る。しかし原審の証人調書もあり、去る五月三十一日行なわれた現地検証等で、ほぼ実状は解せられるが、裁判所としては出来得れば当事者間により話し合いで和解したいと考えている。原被告、参加人とも裁判官の和解勧奨に応ずることを了承する
1. 原告側の主張

　金銭的の負担はある程度するから、本件土地を貸してもらいたい

2.　被告浅間神社並に参加人側の主張

原告の主張する土地を貸すということには、権利者全員が反対しているので応ぜられない。したがって金銭的な負担は考えている。本日は当事者の主張が述べられただけで具体的なことにはふれず、次回までに原告は調停に対する具体的案を検討しておくことを約して終了する。次回調停日は十一月六日午前十一時

裁判官による職権調停裁判

入会委員長	高村不二義
対策委員長	高村　軍治
委員	大森　虎三
区長	坂本　博
氏子総代長	羽田　佐十

以上五名

十月十七日

去る（ママ）　月　日行なわれた山中部落入会座談会の資料再検討のため、北條浩先生と管野書記委員長宅を訪れる。午後四時より高村委員長宅に於て、部落より高村不二義、坂本博、高村軍治、高村宇八、羽田佐十、槌屋晴尚、大森虎三の七名が出席し、資料についての疑問点を再検討する。午後十時三十分会談を終り会散する

十月十八日

1．浅間神社有地北畠八六五の二山林の下刈りを山中部落入会住民によって実施する。出動人員の名は下刈り出席簿にあり

2．下刈出動者の内二の橋組を浅間神社建築現場の清掃と付近の下刈りを実施する

3．下刈りに出動した者で、前日座談会資料再検討に出席した高村不二義、大森虎三、羽田佐十、高村軍治、高村節久、高村利雄、坂本博の七名で午前十時より委員長宅に於て、昨日に引続いて入会座談会を開催する

北條先生は座談会終了後、富士吉田市民会館で開かれた富士吉田市旧村単位入会組合再編成の有力者懇談会へ講師として出席し、午後五時再び山中入会委員長高村不二義宅を訪れ、用談後東京に帰る

十一月三日

北條先生　神社有地入会のことについて高村不二義宅を訪れ、用談を終えて午後三時帰る

十一月六日

午前十一時より東京高裁に於て、浅間神社有地裁判の和解調停が行なわれ、山中より高村不二義、羽田佐十、坂本博、高村軍治出席する

控訴人渡辺正保の主張は、契約土地面積を削減してもよいから土地を貸してもらいたいとのことであったが、神社側としては土地を貸すということでは一切応ぜられないと主張したため、和解調停は不調となり、今後引続き正式裁判で争われることとなる

次回は予定通り十二月七日に証人調べを行うが場所と時間については追って通知するということで、本日の調停を終る

十一月二十九日

午後七時より、ことぶき荘に於て、江橋弁護士と入会と対策の委員長間で、来る十二月七日開廷の神社有地裁判について打合せをなす。尚引続き控訴人側証人として申請されている羽田貞義氏と会談し証人に出廷するよう要請する

十二月二日

午後七時より、ことぶき荘に神社側より江橋弁護士と入会委員長及対策委員が同席し、控訴人側証人坂本英俊、羽田貞義両氏、他に羽田一氏を交え、来る十二月七日の裁判には証人に出廷するよう要請する。控訴人側証人として出廷を神社側（被控訴人）が要請した理由は、去る二月二十三日、五月三十一日、八月二十四日の三回の裁判に証人が欠席したため、審理が遅れるので協力を要請したもの

十二月六日

明日高裁で行なわれる控訴人申請の証人尋問に対処するため、東京虎ノ門法律事務所に於て打合せをなす。弁護士は大野弁護士と江橋弁護士、神社有地入会委員会より高村不二義、高村軍治、坂本博、大森虎三の四名

十二月七日

午前十時より東京高等裁判所に於て、浅間神社有地の裁判が開廷され、入会民四十四名傍聴する

本日の裁判は控訴人申請の証人の羽田貞義、坂本英俊、羽田吉三を訊問する

主要訊問事項は、区条例の存在の有無、神社有地財産処分の方法、有志会の権能、本件係争地の契約当時の状況、係争地の入会慣行等について訊問される。坂本好治と高村大蔵証人調は、次回昭和四十七年三月二十八日午後一時より行う予定

諏訪組	第一組	第二組	第三組
高村　利雄	高村　節久	大森　虎三	渡辺　仁
羽田　三二	羽田　恒司	高村　一義	羽田　佐十
羽田　美正	古屋七五三男	高村　修	高村　明
山本　芳胤	高村十一郎	高村　茂	坂本　儀治
大前　文男	立田　ユキ	坂本　也一	坂本　隆利
高村　大一			槌屋　進
杉山　直			坂本　照治
高村　貢			高村佐武良
高村市太郎			

第四組	第五組	二の橋組
高村不二義	羽田　輝次	高村　軍治
高村　宇八	坂本　勝次	高村　保富
坂本　博	高村　勝治	天野　音光

河内　曠
高村　房敬
河内仁二夫

高村　永治
高村　五郎
坂本諏訪蔵
大森　松治
杉浦　嘉三

入会民傍聴数
四十四名

一九七二年

昭和四十七年
一月六日
高村不二義委員長宅に於て、北條先生を迎えて入会座談会を行なう
列席者　高村不二義、高村宇八、大森虎三、坂本博、高村軍治
本日の座談会は、大出山、神社有地、北富士演習場入会地の採取物等について話し合う
（註犯
三月十六日
大野先生より三月二十八日開廷予定の神社有地裁判が六月二十二日午後一時に延期された旨の電話連絡あり

四月二十四日

午後四時より山中小学校図書室に於て有志会終了後、昭和四十六年度神社有地入会権擁護委員会を開き、神社有地保護対策費決算承認を行なう

五月十一日

神社有地北畠の下刈を実施するにあたり、仮執行地域のため、甲府地方裁判所都留支部大村執行吏の許可を受けた神社嘱託出張する

五月十二日

午後四時より旧山中小学校校舎に於て、神社有地北畠八六五の二山林内下刈実施について、日時決定のための委員会を開催する。出席委員の氏名は出席簿に記載せり

下刈実施日時は、五月十七日午前八時三十分よりとし、雨天の場合は十九日と決定する

五月十七日

浅間神社有地北畠八六五の二山林の下刈を氏子並に入会権利者三(ママ)名にて実施する。

四、五、二ノ橋は、御所十二番地内を下刈りする

六月二十二日

控訴人申請の証人坂本好治、高村大蔵の訊問のため、午後一時より東京高等裁判所第四民事部に於て神社有地裁判が開廷され、当事者参加人四十四名にて傍聴する。しかし証人が出廷しなかったので、控訴人は坂本好治、高村大蔵の証人を放棄し、新に証人として龍野四郎を申請し、被控訴人は羽田恒司、高村光元を証人申請し、次回十一月七日に三人を調べることを決定する

諏訪組
高村　利雄
渡辺　光雄
坂本　伝二
片山ふじ子
羽田　六枝
槌屋虎能作
牧野　邦夫
勝見　又好

第四組
高村不二義
坂本　博
高村　敬二
河内　肱
高村佐十郎
高村　国夫
坂本　岩市

第一組
高村　節久
高村　弘一
高村寿三男
古屋七五三男
高村　昭八
高村　次郎
高村十一郎

第五組
羽田　輝次
高村　良友
大森　和三
高村　文作
島崎　福造

第二組
大森　虎三
高村　嘉
高村　恒行
高村　宗一
伊倉　邦夫

二の橋組
天野　音光
高村　保富
椙浦　信義
坂本　法（ママ）
橋爪　定雄

第三組
槌屋　進
渡辺　仁
坂本　隆利
高村　虎三
高村佐武良
中村　正春
椙浦三八子

本日の裁判
傍聴人総数

槌屋　芳則　　　　四十五名

七月一日

高村不二義、高村きく江にて、昭和四十六年十二月七日開廷の裁判に於て証言した羽田貞義、坂本英俊、羽田吉三の証人調書をコピーして、川島武宜先生に送付する

七月二十一日

高村不二義、大森虎三、槌屋進、高村きく江にて、浅間神社有地裁判の証人調書と鑑定書の原本と、タイプ印刷の原稿を読み合せをする

十月二十三日

東京霞ヶ関法曹会館に於て、浅間神社有地裁判の証人打合せを行なう

村松、大野、江橋弁護士と、山中より高村不二義、坂本宮司、大森虎三、高村軍治、羽田恒司、高村光元出席する

十月二十五日

北條先生、高村不二義、大森虎三の三名で、神社有地裁判に関係ある古文書を役場で調べる。

北條先生は調査後東京に帰る

十月二十六日

昨日に引続き、午前中、高村不二義宅で不二義、軍治の二名で来月七日の開廷の神社有地裁判に関係する書類の準備をなし、午後は役場に於て関係書類をコピーする

高村菊江、裁判傍聴の通知書作成する。一方山梨県神社庁主催の神職、総代会の総会が甲府市県民会

館で開催され、山中浅間神社より坂本宮司、大森虎三、高村良友の三名出席する

十月二十七日

午前中　不二義、虎三の二人で裁判に必要な古文書を浅間神社の宝物殿で調べる

十月二十八日

東京霞ケ関の法曹会館で午後二時より、川島先生、北條先生、大野、村松、江橋、高村不二義、大森虎三、高村軍治の八名にて、竜野四郎証人に供えて打合せをなす。七時三十分に終了、午後九時帰宅する

十月三十日

高村不二義、高村軍治の二人で恩賜林組合へ神社有地裁判の証拠となる古文書を調べに行く

十一月六日

午前中、江橋弁護士来村し、神社有地裁判証人の羽田恒司氏と打合せをする。高村不二義立会する。

午後、北條先生来宅、役場の古文書調査を行なう

十一月七日

午後一時より行なわれる裁判の打合せのため、傍聴者より一足先に、証人高村光元、羽田恒司、入会委員長高村不二義、対策委員長高村軍治の四名で東京に出発。弁護士会館で大野、江橋弁護士と打合せを行なう。午後一時より改定された神社有地裁判で神社側申請の高村光元、羽田恒司の証人尋問をなす。控訴人申請の竜野四郎助教授は病気欠席のため、次回に訊問することにし、次回開廷日は昭和四十八年三月二十九日午後一時。本日の裁判傍聴者数三十七名

諏訪組　　　第一組　　　第二組　　　第三組

渡辺　光雄
高村　利雄
坂本　伝二
高村　徳治
大森　寛市
高村　堯春
三井　俊治

高村　孝
高村十一郎
宮本　友春
天野　愛佐

大森　虎三
坂本　任邦

槌屋　進
羽田　佐十
坂本　隆利
渡辺　仁
坂本　昭治
畑山　武夫
羽田　重宜

第四組
高村不二義
河内　曠
高村　房敬
高村　国夫
高村佐十郎
高村　勇夫

第五組
羽田　輝次
槌屋　晴尚
坂本　勝次
椙浦　一布
高村　良友
羽田　昭三

二の橋組
高村　軍治
高村　保富
天野　音光
高村　昭一
高村　正勝

証人
高村　光元
羽田　恒司

十二月十四日
宮司、入会委員長、対策委員長の三名にて神社有地裁判担当弁護士と学者へお歳暮の御挨拶に行く

一九七三年

昭和四十八年

三月二十七日

午後六時より東京に於て、来る三月二十九日の裁判にそなえて、村松、大野、江橋弁護士、北條浩先生、高村不二義、大森虎三、高村軍治の七名にて打合せをなす

三月二十八日

高村不二義、大森虎三、高村軍治の三名にて、役場恩賜林組合、施設事務所に於て、裁判に必要な書類の調査をなす

三月二十九日

午後一時より開廷される裁判打合せのため、東京第二弁護士会館へ高村不二義、高村軍治先行する。

午後一時より入会民三十六名にて、神社有地裁判を傍聴したが、控訴人渡辺正保申請の証人竜野四郎が病気欠席のため、次回に証人調をすることになり、次回開廷日、昭和四十八年七月十九日午後一時

諏訪組	第一組	第二組	第三組
渡辺　光雄	高村　弘一	大森　虎三	高村　虎三
大森　新一	高村　節久	高村　茂	槌屋　進
坂本　伝二	古屋七五三男	山崎　竹次	羽田　佐十
	宮本　友春	高村　恵治	畑山　武雄
	渡辺　勝正		須藤　美屋

高村　正雄

第四組
高村不二義
高村　房敬
高村佐十郎
高村　国夫
坂本　博
高村権佐久
山口　久雄
堀内　新内

第五組
高村　良友
羽田　輝次
今泉　時枝
塚本　朋治
高村　彦作

二の橋組
高村　軍治
椙浦　信義
高村　保富
天野　音光
大森虎千代

四月五日
神社有地入会調査のため、西南学院大学教授中尾英俊、島根大学教授武井正臣、千葉敬愛大学講師北條浩の三先生来山、本日より三泊四日の予定で実施する

四月六日
午前中　山中湖村役場に三先生　高村不二義、槌屋晴尚立会のもとに古文書調査をなす。午後、北條、武井先生　長池の調査をす。中尾先生は役場で高村不二義、大森虎三、槌屋晴尚、坂本博、羽田佐十、高村軍治　立会して神社有地、演習場、向切詰について古文書の調査をなす

四月七日
昨日に引続き、午前中古文書調査、午後、現地視察を行う。立会並に案内者、高村不二義、大森虎三、羽田佐十、坂本博、槌屋晴尚、高村軍治
四月八日
高村不二義宅で中尾、武井、北條先生と昨日の調査に立会した人達にて、調査結果に対する総合的な検討をなし、三先生御殿場三島経由にて熱海に向う
四月二十四日
午後三時より坂本諏美男氏宅の古文書を調査し、北條浩先生、高村不二義、槌屋晴尚にて撮影する
四月二十五日
午後一時より北條先生、高村不二義にて役場へ行き、古文書のコピー及写真撮影をなす。
北條先生入会の調査を終え午後八時帰郷す
五月十八日
午前八時三十分より、氏子並に入会民により北畠の山林の下刈作業を実施する
下刈出動者数
下刈開始前に総会を開き、次の事項について了承を得る
1．神社有地を演習場として借地契約したことについて
2．基本財産として積立定期預金することについて
3．神渡橋建設工事実施することについて

4．御旅行の休憩所と街燈設置することについて
5．厄神社建設工事について

五月三十日
北條先生と高村不二義の二人で役場で古文書のコピーをする
七月九日
午後四時よりホテルマウントに於て、大野、村松、江橋弁護士と高村不二義、高村軍治の五名で、裁判の打合せをなす。三弁護士ホテルに一泊する
七月十二日
高村不二義、大森虎三、高村軍治の三名で恩賜林組合を訪れ、神社裁判に必要な古文書の写真とコピーをなし、富士吉田市役所に市議会議長を訪ね、古文書のコピーを依頼し、権正代書人に恩賜林組合が富士急行へ売却した四、〇〇〇坪の土地登記簿謄本下付を依頼し、帰りに建設省吉田管理事務所に立寄り、神橋建設工事許可申請の用紙を受取り帰宅する
七月十三日
恩賜林組合に於て、高村不二義と北條先生にて神社有地入会裁判について用談する。
さきに先生に依頼してあった山中部落入会座談会の製本三百冊を受取り帰宅する
北條先生は明日ノールエーの林野研究のため、一ヶ月の予定で出発するとのこと
七月十七日
午前自由一時　高村不二義、大森虎三の二名　富士吉田市を訪れ、神社有地裁判に関係のある古文書

を市長、議長、明見財産区役員立会のもとに調べる。又去る七月十二日恩賜林組合に依頼しておいた書類を受取り帰宅する

七月十八日

東京都渋谷道玄坂吉はしに於て神社有地裁判打合せのため、高村不二義、大森虎三、高村軍治、高村十一郎の四名、午後四時山中出発、午後六時三十分より代理弁護人と打合せをなす。午後十一時帰宅する

七月十九日

午後一時より入会住民三十三名にて神社有地の裁判を傍聴する

本日の裁判は控訴人申請の龍野四郎を証人として尋問する。当事者参加人代理弁護士の反対訊問で、竜野証人が去る昭和三十六年十一月から翌年二月末までの間に横浜調達局長の委託により、北富士演習場関係地区の農家を対象として施行した採草依存度実態調査報告書の内容と、その報告書を引用して作成した。昭和四十五年に控訴人より提出された甲二五号証の鑑定書の内容の矛盾を追求したところ、証人は全く曖昧な苦しい弁解をしたために、裁判官の受けた印象は極めて信用できないものであったと思はれた

諏訪組	第一組	第二組	第三組
坂本　伝二	高村　節久	高村　茂	高村　明
高村　利雄	高村寿三男	大森　虎三	羽田　昭次
高村喜和治	古屋七五三男	坂本　清治	中村　永吉

坂本　虎雄　　羽田　恒司　　高村　岩市
高村十一郎　　坂本　任邦
池田　一雄
高村　広明

第四組　　第五組　　二の橋組　　丸尾組
高村不二義　　羽田　輝次　　椙浦　信義　　渡辺　光雄
高村　房敬　　坂本　房吉　　天野　音光
高村佐十郎　　高村　良友　　菊地　満房
坂本　博　　高村　進　　大森　一二
高村　一
坂本　朝光

十月十一日

午前十時より開廷予定の神社有地入会裁判の口頭弁論も、控訴人渡辺正保より書類の提出がなかったため、次回の打合せをして、短時間で閉廷する。傍聴者は、大森虎三、高村不二義、高村軍治の三名。帰りに恩賜林組合を訪れ、次回裁判に証人として出廷する渡辺総務課長を依頼して帰宅する

本日の裁判は控訴人より準備書面の提出がなかったので口頭弁論は行なはれず、手続裁判のため、代表者で傍聴する

入会委員長　　高村不二義
対策委員長　　高村　軍治
氏子総代長　　大森　虎三

十月十二日
北條先生　委員長宅を訪れ、昨日開かれた裁判の経過と次回裁判の証人について用談する
十一月五日
高村不二義、高村国夫の二人で恩賜林組合を訪れ、神社有地北畠八六五の二山林一帯は、旧十一か村の共同入会地ではなく、古来から山中部落の単独入会地として、同部落住民が共同で利用してきたことの証明を受け帰宅する
十一月二十日
午後二時より羽田昭次宅に於て、来る十一月二十七日の裁判にそなえて、江橋弁護士により高村十一郎の証人打合せをなし、高村不二義、大森虎三両氏立会する
十一月二十六日
午後四時より東京渋谷道玄坂吉はしに於て、明日開廷される神社有地裁判に備え、村松、江橋、大野弁護士により高村不二義、大森虎三、高村軍治立会のもとに、高村十一郎、渡辺時雄証人打合せをなす
十一月二十七日
東京高等裁判所第四民事部二号法廷で開廷される裁判を傍聴のため、部落住民三十二名、午前九時山

中出発、午後一時からの証人尋問を傍聴す。高村十一郎証人は、大正六年頃本件係争地を含む神社有地を払下げるについて、当時山中部落民は日掛貯金等をして、一戸当り二十円宛據出して買受けたもので、名義は浅間神社所有となっているが、実質は山中部落有の土地である。大正五年頃、浅間神社境内地の立木を処分して伝染病隔離病舎を造ったことがあると証言した。渡辺時雄証人は、山中浅間神社有地北畠の本件係争地は、旧十一か村の共同入会地ではなく、旧来から山中部落単独の入会地であった。又、旧十一か村の共有地と入会管理地の中に北畠の字名はない。北畠の本件係争地で山中部落住民が共同して薪採取や下草刈りをしているのを見たことがあると証言する

諏訪組
高村　利雄
大森　寛市
高村　良広
槌屋　金三
阿部　喜男
坂本　貞文
今泉　福寿

第一組
羽田　恒司
古屋七五三男
高村十一郎

第二組
大森　虎三
高村　三枝
乙黒　久雄
中村　志郎

第三組
羽田　佐十
高村　　明
高村　虎三

第四組
高村不二義

第五組
羽田　輝次

二の橋組
渡辺　喜明

傍聴人数

高村　房敬　　渡辺かつ代　　委員十一名
高村　国夫　　坂本　房明　　一般二十一名
伊藤八十八　　羽田藤五郎　　計三十二名
堀内　新内　　高村　常則
槌屋　豊光
渡辺　留春
滝口　忠孝
滝口　米春

十二月二十七日
高村不二義、大森虎三、高村軍治の三名にて、恩賜林組合を訪れ、去る十一月二十七日開廷の神社有地裁判の当事者参加人申請の証人として出頭した総務課長の渡辺時雄に謝礼する

一九七四年

昭和四十九年
一月十一日
北條先生、神社有地裁判の川島証人について打合せのため高村不二義宅訪問、用談後帰郷する
二月十四日
高村不二義、高村軍治二名、裁判打合せのため東京出張。午後三時より法曹会館に於て川島、石井、北條、

大野、江橋、村松先生にて控訴人提出準備書面により検討する。午後十一時帰宅する

二月二十六日

高村不二義、高村軍治、証人打合せのため東京出張。午後四時より法曹会館に於て大野、江橋、村松弁護士と川島、北條先生にて証人尋問事項を検討する

三月二日

来る三月五日裁判に証人として出廷する川島先生の尋問事項について打合せのため、高村不二義、高村軍治二名にて東京出張。川島、北條先生、大野、江橋、村松弁護士立会する

三月五日

神社有地裁が午前九時三十分開廷され、川島鑑定証人の尋問が行なわれる。本日の裁判を傍聴した入会民は四十三名

川島武宜鑑定人にたいする尋問

この鑑定書の前書のほうに、特に、この鑑定についての前提となるべき、先生あるいは、共同鑑定人である渡辺洋三先生のご見解が書いてありますが、その中で特に入会的利用と、それから、入会的所有とでも申しますか、それとが非常に違うんだと。これを明確に区別しなければいけないという趣旨のことを述べておられますが、これは、どういう根拠に基づいて、そういうご見解を述べておられるんでございましょうか。

根拠というのは、端的に言えば民法の規定二六三条、二九四条に書いてありますが、これが何である

かということは、かって問題になったことはありますが、現在では、判例も学説も、共有入会権というものは、地盤の所有を持っている入会権、したがって、その場合には入会的利用権は、地盤に対する所有権の一内容になるわけですが、そういう共有入会権と、それから、地盤の所有権は持たないので、入会権者以外の人間といいますか——入会権者以外の一人が持つことも論理的には考えられますが——ともかく、他人の所有権に属する土地に対して、集団が利用の面だけで入会というのと二つあるわけでありまして、この二つをはっきりしておきたいというために書いたわけであります。私が、特に前書でわかりきったことを書きましたのは、つまり、この本件の土地は、本件で問題になっている部落の共有入会権であるというふうに我々は判断したわけでありまして、従来、入会権の議論というものは、ほとんど、すべての教科書が、「入会的利用即ち入会権」というふうな書き方をしておりまして、実は、その地盤に対する所有というものを基礎にした入会権というものについての説明がきわめて少ないんです。本件では、そういうことがやはり一つの重要な要素になると考えましたので、特に前書で書いたわけです。

（中略）

先ほど、古典的な利用——下刈り等——の場合に一番重要な問題として、いわゆる部落の統制ということを挙げられましたけれども、部落の統制というのは、入会の存否というよう左ことを考える上で、先生はどういう意味があるというご判断なわけですか。

つまり、部落の統制というものは、いろんな統制がありますけれども、入会集団に非常に特殊な統制があるわけです。入会というのは、多少の差はありますけれども全国、ほとんど同じようなタイプの規制が行なわれておりまして、これは最高裁の昭和四二年でしたかね「入会権の解体消滅」という有名な判決がありますが、その他幾つかの最高裁の判決、下級審の判決でも表れておりますが、裁判所もつまり「部落集団のそういう統制があるということが入会の最も重要なメルクマールだと。それがある限り入会があるんだ」ということを言われておるわけです。それでこのことが私は非常に大事だ、と。つまり、民法の共同所有には共有というものがあるわけですが、民法の共有というのはそういう集団規制ではないわけですね。ですから分割請求権がある。ところが入会の場合には、分割請求権がないということは、集団規制で、特に重要な点です。

それから、もう一つ入会の集団規制できわめて重要なのは、「村を出ていったならば権利がなくなる。」――これは、もちろん民法の共有にはないわけです。――この出村したら権利がなくなるとか、そのなくなり方とか、その細かいことを申しますといろいろな細かいことがありますが、ともかく、この二つはきわめて重要だと思っております。

そのほか、今の分割とか、分割利用などは一見、個人主義的に見えますけれども、実は、分割利用にもいろんな段階があって、そこにそういう集団規制が働く。

だから、分割利用で分割を受けてもその人が村を出てしまったら、その分割利用権は当然なくなるということは、この山中でも、皆さん、異口同音にそれを言っておりました。私はそういう意味で、この村の集団規制というものは、典型的にやはり入会的であるというふうに考えるわけです。

（中略）

従来の民法学者が、暫々「入会権には持ち分がない」ということを書くんですね。ところが、ドイツのギールケとか、その他、ドイツの入会権では、持ち分がないなどという学説は存在しないんですね。持ち分というのはドイツ語で「アンタイル」ということばの翻訳なんですけれども、アンタイルというのは「ある客体に対して何か権利を持っている」という意味なんで、「客体に対して参加している。権利に参加している。」という意味なんです。ですから、ドイツの法律学の概念でいえば、入会権の場合に、アンタイルがないということは考えられないです。これは当然あるわけですね。ですから、これは「持ち分」ということばの意味の問題ですけれども入会には持ち分がないということを学者が書くんですが、それは「自由処分ができない」。それは先ほど申しました集団規制がない。それは共有の特質なんですから。そういう共有とは違うわけで集団規制があるわけですから、そういう意味での持ち分がないという意味で用いるならばいいけれども理論的には一種の持ち分、つまり参加している参加権というものはなければならない。当然あるわけです。

そこには集団規制がありますので自由。処分はできません。ですけれど、たとえば集団規制の下に処分するという現象はあり得るんですね。これは入会としては矛盾しないんで多くの入会では同じ集団内の他の者に譲渡するのはいいと、そういうのはありますけれどもその場合でも民法の共有持ち分というような完全自由な持ち分権というのはない。

三月十四日
北條先生神社有地と演習場入会について調査のため来村。高村不二義、大森虎三、高村軍治立会して、役場の古文書を調べる
五月七日
高村不二義、大森虎三の両名にて、明日実施される神社有地の下刈場所の下見をなす
五月八日
午前九時より神社有地の下刈に先だち、入会権利者大会を開催し、次の事項を報告し承認を得る
一、神社有地の下刈は、裁判を有利にするものでもなければ、部落神社に対する労役寄進行為でもない。その目的は部落住民が生活する上に必要な薪や、十六手、キュリ手を採取するための入会収益行為である
二、神社有地の下刈に参加すれば、すぐ財産の仲間入りが出き、管理処分権が得られると解するのは間違いであり、そのような考えで下刈りに参加されては困る
三、部落に居住し永住の見込みをもって部落民と共同して、下刈や諸役テンマ等の義務を果している ことが、将来財産権の仲間入りする場合の資格審査の対象になる。しかし、これには一定の規制と手続きが必要となる
四、裁判の経過について報告する
十時より入会住民三九一名にて、神社有地の下刈を実施する
五月十六日

午後四時より法曹会館に於て、神社裁判の打合せを行う。出席者次のとおり
石井先生、村松、大野、江橋弁護士、北條先生、羽田恒司、高村不二義、高村軍治
五月二十二日
高村不二義、高村軍治両名にて、川島証人調書の読み合せをする。弁護士と学者へ書類を速達で郵送する
五月三十日
東京高等裁判所第四民事部二号法廷で午前十一時より開廷される神社有地裁判傍聴のため、入会民四十五名、午前七時山中出発す
本日の裁判は鑑定証人として、東大名誉教授石井良助先生の尋問がなされる
主尋問　大野弁護士
一、本件係争地を村持と認めた根拠
総計簿及び地券一筆限帳に北畠の土地が村持と記載されており、これによって村持と判断した
二、総計簿と地券一筆限帳の性格
明治初年の地租改正で民有地の土地から税金を徴収する判定の資料として、村方から県令に提出させた帳簿である
三、村に保管されている地券台帳は公簿か
地券一筆限り帳に基き、総計簿が作成され、村役場はそれにより地券台帳を作成したもので公簿である

四、明治四十四年三月に山梨県下の入会御料地は山梨県に下賜されたが、そのときの県と御料局との間の覚書に入会地上の権義関係は継承することとあるが、これはどういうことか
御料地時代の入会の権義はそのまま山梨県に引継ぐということである
奥野弁護士より元文裁許に村限り持山はない。又本件係争地の払下代金は、饒益銀行から借入れ、返済は払下土地の立木を売払い、その代金を返済したものである旨主張したが、認められなかった、
九月十九日午前十一時より、渡辺正保本人尋問
十月三日午前十時三十分より、高村軍治と参加人高村不二義の本人尋問の予定

丸尾組	諏訪組	第一組	第二組
椙浦　貞良	高村　利雄	羽田　恒司	大森　虎三
渡辺　光雄	高村　国弘	高村寿三男	高村　茂
羽田　八六	大森　寛市	古屋七五三男	坂本　任邦
高村　明治	中村三嘉恵	高村　昭八	坂本　照正
中村　静子	高村　隣	高村十一郎	
宮本　義友		池谷　勲	
平山　輝明			
望月　臣宣			

第三組	第四組	第五組	二の橋組	丸尾組

坂本　儀治　　高村不二義　　羽田　輝次　　高村　軍治　　渡辺　光雄
渡辺　　仁　　高村佐十郎　　高村　良友　　椙浦　信義
高村　虎三　　高村　房敬　　高村　若友　　天野　義章
羽田　盛武　　坂本　　博　　前田　　高　　槌屋　義明
羽田　信勝　　大森　紘治
高村権佐久
星野右三郎
高村　寿雄

六月二十日
大野、江橋弁護士　準備書面作文のため、山中来村し、ホテルマウント富士に於て二十日、二十一日、二十二日の三日間検討する
七月十三日
神社有地裁判に参加人、被控訴人提出の準備書面の内容を検討するため、午前十時三十分より法曹会館に川島先生、大野、江橋、村松弁護士と神社有地入会委員会より高村不二義、大森虎三の両名出席する
九月九日
午後五時三十分より東京法曹会館に於て、村松、大野、江橋、高村不二義、大森虎三、高村軍治の六

名で裁判打合せをなす

九月十九日

午前十一時より開廷される裁判傍聴のため、午前七時山中出発する。傍聴者数　四十七名

本日の裁判では、控訴人本人渡辺正保の証人尋問が行なわれる。主尋問　早瀬川

昭和三十六年　本件契約前の三月中旬頃、証人は山中区の有志会に出席したか。しました。神社有地を三万坪～五万坪を借地を申入れた。そして借料を坪二十円～三十円という話をした。そのとき富士急行の借地料は坪十円であったが、結局私は坪三十円に決めた。三万坪～五万坪の申込みに対し、村の有志の意見はどうだった。有志は私の申入れを了承した。契約の細部は事務局に一任ということになった。そのとき事務当局は氏子総代と考えていた。五月に契約土地の引渡しを受けるため現地を見た。国道より中道を通って外の道まで上り、それから東の方へ出て堀の中を通って下に出た。又外の道から西に出て演習場境を国道に降りてきた。現地は下刈、下草等を刈った形跡はなく全く藪であった。風倒木はそのまま放置されていた。人の入った形跡はなかった。道路を通るのがやっとだった。

そのとき好治、大造、吉三に対し、この土地には入会権あるのかと聞いたら、入会権はないということだった。九月本訴を起し、三年後の三十九年三月頃、羽田貞義の言うのに江橋弁護士はこのままでは裁判は負けるから、入会権で争う以外にないということで、入会権をデッチあげて裁判することになった。好治に入会権があるのかと聞いたら、とんでもない入会権なんかないと言った

本件土地の契約の時、土地の所有者から山中区の土地だという話がでたか。そんな話は出なかった。

払下代金の一部を村の人が負担したという話を好治から聞いたが、好治は村人が金を出しても神社有

地に違いないということでした。

反対尋問に対する答

坂本好治は氏子総代であり、区長であるから偉い人と思っていた。契約は氏子総代だけで決定出来る。

契約後、好治、大造、吉三が東京に来て村の人達が騒いで困るという話があったが、坪数を五万坪にしてくれと言ったが、私は契約したからだめだとことわった。契約の細部について事務当局の話は好治から聞いた事務当局は氏子総代である

現地見分のとき、下刈してない藪だというのに、何故仮処分のとき木や石の搬出禁止の申請をしたのか、私は弁護士に任せていたので知らない。有志会の権限はたいしたものでないと思っていた

丸尾組	諏訪組	第一組	第二組
渡辺　光雄	坂本　伝二	高村　昭八	大森　虎三
椙浦　貞良	高村　国弘	高村寿三男	高村　茂
望月　徳蔵	高村　徳治	古屋七五三男	坂本　任邦
小野田義久	羽田　豊秋		坂本　照正
坂本　松男	羽田　与一		
羽田　重光	羽田三美男		
高村　福一			
三橋　勝治			

第三組
羽田　佐十
渡辺　仁
坂本　隆利
高村　明
坂本　儀治
高村　勁

第四組
高村不二義
坂本　博
高村　房敬
河内　曠
槌屋　芳則
河内仁三夫
高村　清司
高村　勇雄
高村ツジ子
高村キク江

第五組
坂本　勝次
羽田　輝次
高村　良友
高村　若友
杉浦　忠睦
大森　清光

二の橋組
高村　軍治
椙浦　信義
天野　義章
羽田　聡

九月二十五日
東京に於て、裁判打合せのため高村不二義、大森虎三、高村軍治出張。午後六時より大野、江橋弁護士と証人尋問事項検討する
十月二日
富士吉田市ことぶき荘に於て、江橋弁護士、高村不二義、高村軍治三名にて証人打合せをなす
十月三日
午前十時三十分より東京高裁に於て神社有地裁判につき、高村不二義、高村軍治の証人尋問が行なわ

れる。本日の裁判傍聴者数　五十三名

丸尾組
椙浦　貞良
渡辺　光雄
渡辺　安男
天野　邦三
河合　朝一
柘植　光男
大森　良一
渡辺　義一
天野　貢

諏訪組
高村　利雄
坂本　伝二
高村　国弘
高村　徳治
大森　寛市
羽田　操
高村　祐三
坂本　健

第一組
古屋七五三男
高村　昭八
高村寿三男
高村　次朗
高村十一郎

第二組
大森　虎三
高村　茂
坂本　任邦
山崎　竹次
高村　登

第三組
渡辺　仁
高村　明
坂本　儀治
高村　虎三
高村　敏義

第四組
高村不二義
坂本　博
高村　敬二
高村　房敬
江藤銀佐久

第五組
坂本　勝次
羽田　輝次
高村　良友
高村　若友
大森　清光

二の橋組
高村　保富
椙浦　信義
高村　軍治
天野　義章
尾崎　茂弥

羽田　昭次　　河内仁三夫　　坂本　勝利
高村　勇夫
広瀬　市雄
滝口　経久　　　　　　　　計五十三名

十月三十一日
控訴人側から第六準備書面が提出されたので、これを検討するため、東京渋谷道玄坂で弁護士三名と高村不二義、大森虎三、高村軍治が会合する
十一月二十一日
北條浩先生　山中部落入会調査報告の最終打合せのため来山し、高村不二義と古文書閲覧する
十二月十六日
北條浩先生　山中部落の入会の概況の報告書を持参し、高村不二義、大森虎三、坂本博、高村軍治の四人で校正をなす
十二月二十一日
北條先生　山中部落の入会調査報告書の訂正したのを受取りのため、高村不二義宅に来る
十二月二十六日
午前九時三十分より東京の弁護士と学者へ御歳暮を届けに高村不二義、大森虎三、高村軍治の三名出張する

一九七五年

昭和五十年

一月二十日

北條先生　神社有地の入会裁判について来山し、林野入会と村落構造を話し合う。高村不二義宅一泊

一月二十一日

北條先生　高村不二義、大森虎三、坂本博で、昨日に引続き話し合う

二月二十五日

北條先生　高村不二義宅一泊用談

四月二日

北條先生　林野入会と村落構造（註、渡辺洋三・北條浩編『林野入会と村落構造』東京大学出版会刊）

四百冊持参する。高村不二義宅で一泊する

四月十一日

北條先生　高村不二義宅訪問し、『林野入会と村落構造』四百冊代金壱百弐拾四万円を手渡す

四月二十五日

北條先生他四人来村、役場と村誌編纂について話し合い、高村不二義宅へ一泊

五月十四日

午前九時より神社有地北畠八六五の二山林を入会住民　（ママ）　名にて下刈を実施する

七月四日

午後四時より御旅所参集殿に於て、東京大学名誉教授川島武宜先生と北条浩先生をお迎えして神社有地裁判と入会権についての講演会を行なう。聴講者は、神社有地入会委員並びに一般有志にて約五十名

先生は講演終了後マウント富士一泊す

七月五日

川島、北條先生　入会委員長高村不二義宅を訪問、入会について話し合い、諏訪神社建築現場を視察する

七月十日

午前八時山中を出発し、高村不二義、大森虎三、高村軍治の三名にて東京大野、江橋、村松弁護士へ御中元に行く

昭和五十年十二月十五日

大野弁護士、江橋弁護士より神社有地裁判の判決が十二月二十六日午後一時より東京高等裁判所第四民事部で行なわれる旨電話連絡があったので、早速委員長宅に高村不二義、高村軍治、大森虎三、羽田佐十、坂本博、槌屋晴尚、平山久雄の七名集まり、傍聴の打合せをなす

当時は富士急バスを貸切り、委員のほか一般傍聴者を含め四十五名位で傍聴する。出発は午前九時とする

川島、北條先生には高村不二義より連絡

バスの発注は高村軍治より行なう

十二月二十六日
神社有地裁判の判決言渡しが午後一時より東京高裁第四民事部で行なわれるので、山中入会住民五十名にて傍聴する
昭和四十三年（ネ）第一、六六八号　昭和四十四年（ネ）二、八七五号（原審甲府地方裁判所昭和三十九年（ワ）第一三九号）
判決
　主文
本件控訴及附帯控訴をいずれも棄却する。控訴費用は控訴人附帯費用は当事者参加人の各負担とする。
右のとおりの判決言渡しあり、山中部落に勝訴の判決にて、傍聴人一同感涙にむせぶ
閉廷後、代理弁護人より判決内容について説明がなされ、早速バスにて帰郷、浅間神社に勝訴報告を行う

丸尾組	諏訪組	第一組	第二組
渡辺　光雄	高村　国弘	高村寿三男	大森　虎三
椙浦　貞良	中村三嘉恵	古屋七五三男	坂本　任邦
羽田　美正	高村　利雄	高村　武教	山崎　高義
渡辺　次郎	高村　徳治	大森　茂	高村　茂
天野　邦三	高村　堯春		

田中　徳行
羽田　三二
杉山　直

第三組
坂本　儀治
羽田　佐十
渡辺　仁
坂本　隆利
高村　虎三
高村　明
羽田　盛武
羽田　延年
羽田　昭次
羽田　秋芳

第四組
高村不二義
坂本　博
高村佐十郎
滝口　道義
高村　房敬
高村　国夫
河内仁三夫
高村　勇夫

第五組
高村　良友
高村　若友
坂本　勝次
坂本　房吉
槌屋　晴尚
羽田　輝次

二の橋組
高村　軍治
椙浦　信義
天野　義章
高村　保富
高村　利明
尾崎　繁弥

計五十一名

〔判決〕（主要点）

（二）　控訴人は入会権の存在を主張する訴は入会権者全員が当事者となってはじめてなしうる固有必要

的共同訴訟であって、本件における参加人らの請求は入会権の主張に外ならないところ、入会権者全員が当事者となっていないのであるから、本件参加人らの請求は当事者適格を欠き不適法であると主張するが、入会権者は入会集団の構成員として慣習に基づき集団的又は個別的に採草、採石、採枝、樹木の育成等の使用収益行為をなしうる権能を有するのであって、右入会構成員が入会権の支分権として有する使用収益権につき争がある場合においては対外的又は対内的にその存在の確認を求める利益ないし必要のあることは共有権における持分の確認と何ら異るところがないものというべきである。本件における参加人らの請求は右入会権に基づく使用収益権の確認並びに保存行為としての地上権設定仮登記の抹消登記手続等を求めるものと解しえられないではないから、その当事者適格はこれを肯定するのが相当である。本件参加人らの請求が固有必要的共同訴訟の範ちゅうに属するとの控訴人の見解は当裁判所これを採用しない。

第二　控訴人及び参加人らの請求の当否についての判断。

一、本件地上権設定契約の成否について。

本件山林が登記簿上被控訴人名義となっていること及び本件山林について控訴人のためにその主張する内容の地上権設定登記仮登記が経由されていることはいずれも各当事者間に争いがない。

控訴人は、昭和三十六年四月二十九日被控訴人代表者高村宇八との間に本件山林について控訴の趣旨掲記のごとき内容の地上権設定契約を締結し、なお、当時の山中区条例では、被控訴神社所有又は同名義の不動産の処分については同神社の氏子総代である山中区長が同区の有志会の決議を得ることを要するとの定めがあり、坂本区長はこれに従いその頃右手続を履践し、右契約締結につき有志会の全会一致の賛成を得るとともに同区長が有志会を代表し右契約にかかる契約書に神社代表者とともに署名捺印したと主張するので判断する。

当裁判所は、当審における新たな証拠をも併せ検討するに、昭和三十六年四月二十九日控訴人と被控訴人代表者との間に、本件山林について控訴人の主張する前記内容の地上権設定契約が締結されたと判断するものであり、その理由は、左記を附加するほかは、原判決の理由説示（原判決二十七枚目裏一行目から二十九枚目裏七行目まで）と同一であるからこれをここに引用する（註、以下略）。

また、参加人は本件参加の当初から本件山林が山中部落の入会地であることを主張し、就中「本件土地は山中区民の総有として入会が行われてきた」旨の主張を明記した昭和四十年七月五日付準備書面は同日の準備書面は同日の準備手続期日において陳述されたのに以後いずれの期日においてもこれについて異議の申し立てがないことがいずれも明らかであって、上記の弁論経過からすると、仮りに被控訴人らに自白の撤回にあたる主張がなされたとする控訴人は右各主張に異議なく弁論を経たことによりこれに同意したものというべきであり、また、右主張をもって信義に反するものともいえないから、控訴人の右主張は理由がなく採用のかぎりではない。

㈡　そこで、本件山林の所有権の帰属及び入会権の存否について、当審における各当事者の陳述及び新たな証拠調の結果をも斟酌しさらに検討するに、当裁判所は、本件山林は、登記簿上は被控訴人の所有名義となっているものの、その実質においては実在的総合人たる山中部落の総有に属するものであるとともに、山中部落民は本件山林に対する草、小柴及び転石の採取を内容とする入会権（使用収益権）を有するものであって、被控訴人は本件山林について何らの処分権限を有していないから控訴人が被控訴神社代表者と締結した本件地上権設定契約はその効力を生じないものであり、また、前記山中区長及び氏子総代四名の署名捺印行為をもって、同人らが山中部落の代表者又は同部落民の有志会の代表者として本件地上権設定契約を締結し、又は被控訴人の前記契約締結に承認を与えたものとしても（なお、有志会の権限について、控訴人は「山中区条例」の存在を前提とした主張をするけれども、成立に争いのない乙第二十九号証、当審証人羽田貞義、同羽田恒司の各証言によると、「山中区条例」（乙第二十九号証）なるものは、昭和三十四年頃山中区において基本財産の管理等について成文の制定をしようという動きがあって、起草委員において区民全員の賛成を得るために作成した条例案であるにすぎず、しかも右草案中には従来の慣行と異なる条項が存する等の異議も多くあって、結局、相当数の賛成署名はあったものの全員の賛成を得るには至らず、そのまま立ち消えになってしまい、また現実の運用も右草案のとおりには行われていないことが認められるのであって、これを左右するに足りる証拠はないから、控訴人の主張する条例は適法に成立していないというのほかない。）、これらについて山中部落民全員一致の賛成を得ていないことが明らかであるから、本件契約はその効力を生じないと判断する。その理由の詳細は左記を補足追加するほかは、この点に関する原判決の理由説示（原判決二十九枚目裏八行から五十四枚目裏七行まで）と同一であるから、これをこゝに引用する。

(2)　控訴人は、本件山林は明治初年頃山中部落の「村持」の土地ではなく、原審における鑑定人川島武宜、渡辺洋三及び石井良助の各鑑定において本件山林が旧山中村の村中入会地であることの根拠に掲げられている山中村「総計簿」は単なる報告書であって、山林原野等官民有区別処分派出官心得書第一条にいう「公証トスベキ書類」には当たらないから右「総計簿」の記載をもって本件山林が山中村の村中入会地であることの証左とはいえない、また、元文元年（西暦一七三六年）十二月六日のいわゆる「元文裁許」によれば山中村には「持山」があるとの証拠はないとの裁決が下されているのであるから「村持」の山は存在しなかったと主張するけれども、原審での石井鑑定の結果及び川島・渡辺鑑定書添付の「山中区入会関係史料集」二、近代文書編（史料四）の総計簿によると、同鑑定及び石井鑑定において本件山林に当たるとされる「石地五ヶ所村持」（その内訳欄の記載では「石地外五ヶ所村持」となっている）なる記載は、「村方畑屋敷地其外切添地開其縄伸之類迄一筆限」その反別・代価について「持主立会」の下に「詳細取調」の結果明らかとなったのでその旨を明治七年山梨県令宛に提出したのであって、右土地が「村持」であることは山中村においては明白なことと認識されていたにとどまらず、さらに成立に争いのない丁第二十九号証の二、その体裁、記載内容及び弁論の全趣旨により成立を認める丁第二十八号証、同第二十九号証の一並びに当審証人石井良助の証言によると、明治政府は「北畠八六五番石地」の「地主」について中野村の「村持」として地券を発行していることも認められるので、右総計簿は単なる地主側の一方的な報告ないし届出文書ではなく既に所有権の所在が明らかになった土地についての地価の申告書としての性質を有するものであり、また、「元文裁許」（本文は前掲「山中村入会関係史料集」一、（史料十六）及び成立に争いのない甲第十三号証の二に掲載）は明治をさかのぼること一世紀以上も昔の史料であって幕末、明治年間頃の問題を論ずるにはその資料価値が乏しいばかりでなく、右裁許はその表題の示すとおりあくまで上吉田村ほか五ヶ村と山中村ほか四ヶ村間の入会紛争（「山論」）に関するものであって単独村の入会関係に関する紛争ではなく、そこで山中村の「持山」の中立が立たないとされているのは同村の主張する「山中平野長池三ヶ村持山」、「梨ヶ原」に関してであり、比較的広範囲の状況をとらえているかにみえる「富士山北面之儀者古来より村限り持山並山野境無之」との記載も訴人たる「六ヶ村」の「訴趣」にすぎず、以上本文を精査するも右係争地に本件山林が含まれているとは到底認めることができない。当審証人龍野四郎の証言によって成立が認められる甲二十五号証（同人作成の鑑定書）の記載中総計簿は「山中村の独断的主張である」「元文裁許によれば山中村には古来持山はない」旨の見解は前掲証拠及び判断に照らして採ることができない（なお、現に龍野証人は当審証言において元文裁許に関する右見解を訂正している）。

(5)　控訴人は、山中部落民が本件山林の払い下げにあたりその所有名義を被控訴人としたことが通謀虚偽表示に当たり、また、そうでないとすると本件山林の所有権を被控訴人に信託譲渡したと主張するけれども、本件山林が被控訴人名義とされた経緯は、前記引用部分において判示したとおり当時山中部落としては独立の法人格を有せず他に部落有地としての表示方法がなかったためやむをえず氏神を祭祀する被控訴神社名義としたものであって、前掲川島・渡辺鑑定、同石井鑑定並びに同証人川島武宜、同石井良助の各証言によると、かかる措置は、法人格を有しない団体の総有的入会地にあっては広く全国的に行われていたことが認められるのであって、本件山林の登記名義を被控訴人名義としたことをもって、所有権の信託的譲渡があったとか又は所有権譲渡の仮装の意思表示があったとは到底認められず、控訴人の右主張はすでにその前提において失当であり採用のかぎりではない。

(6) 控訴人は、山中部落民の本件山林に対する入会利用について、同部落では激変する社会情勢及び農業構造の変化等により、もはや本件山林からの採草を必要としなくなって採草の入会利用の慣行は消滅し、また燃料の普及等生活条件の変化に伴い本件土地からの小柴刈りの慣行も消滅し、採石に至っては全く利用に価しないものであると主張し、前掲甲第二十五号証(龍野鑑定書)、同第二十六号証の一ないし三、丁第二十六号証、同第二十七号証、前掲証人龍野四郎、同坂本英俊、同羽田貞義の各証言によると、山中部落民の本件に対する入会利用の需要度は生活様式、農業経済事情等生活条件の変化に伴い従前の純農業経済時代に比して低下し、他に山林、地所を有する部落民にとってはさほど大きくない状況にあることはうかがえるけれども、前記引用部分に挙示した各証拠及び当審証人高村卓治、同渡辺時雄、同高村光元、同川島武宜、同石井良助の各証言によると部落民の本件山林利用の大勢は、依然として山林撫育のために下刈りをし、家畜飼料、緑肥用に採草し、豆類のそえ木及び燃料用にソダ木を採取し、井戸、塀等の建造に転石を使用していることが認められるのであるから、入会慣行が消滅したとする右控訴人の主張は採用するに由なく、その余の証拠を検討するも右認定を左右するに足りるものはない。

(7) 控訴人は、仮りに山中部落に入会権が存したとしても、それは前記官有地編入処分によって消滅したというべきであり、このことは大審院及び最高裁判決の趣旨に照らしても是認されるべきであると主張する。

しかし、入会権の対象となっていた土地が明治初年の官有区処分によって官有地に編入されても入会権は右処分によっては当然に消滅しなかったものと解すべきであり（最高裁昭和四十二年（オ）第五三一号同四十八年三月十三日判決参照、控訴人の援用する大正四年三月十六日大審判決は右最高裁判決により一部変更された）、本件土地が明治七年一たん官有地に編入された当時においても、山中部落民が本件土地について有した入会慣行及び入会集団の統制については従前のとおり何ら変更がなかったことはさきに引用部分において詳述したとおりであって、他に官有地編入処分によって本件入会権が消滅したものと認める資料は存在しないから、右控訴人の主張も理由がない。

十二月二十八日

高村不二義、高村軍治の二人、役場で判決文を十部コピーする

十二月二十九日

高村不二義、槌屋晴尚、大森虎三、高村軍治の四名にて、甲府へ弁護士学者に贈る勝訴の記念品を見に行く。弁護士四名、学者三名の計七名分の記念品を注文して帰宅する

一九七六年

昭和五十一年一月二日

左記の件を審議するため、午後二時より憩の家に有志会、入会権擁護委員会、対策委員の合同会議を開催する。出席者　三十五名

議案

浅間神社有地入会裁判第二審勝訴報告会開催について

審議の結果、次のとおり決定する

1．昭和五十一年一月八日　弁護士、学者、部落民参集のもとに勝訴報告会を実施する

2．勝訴記念として、

イ、弁護士、学者に一審の記念品の例にならって贈呈することとし、当局に一任

ロ、部落民の参会者には、勝訴記念の染抜手拭と紅白の祝餅を配布する

ハ、樽酒、ツマミを祝盃用に準備する

3．報告会の通知方法

1．弁護士、学者、関係者には招待状を発す

2．部落民には組毎に回覧板を廻して通知する

一月八日

浅間神社有地入会委員会代表者にて、午前九時より浅間神社社殿に於て神社有地入会裁判第二審勝訴報告の式を執行する。引続き午後からの準備をなす

午後二時より憩の家に於て、神社有地入会裁判第二審勝訴報告会を行う

参列者

大野、江橋弁護士、北條浩先生
恩賜林、堀内欣吾組合長渡辺時雄収入役、高村権佐久県議、部落入会民　約三〇〇名
本日の司会は、対策委員長　高村軍治氏、入会権擁護委員会副委員長槌屋晴尚氏の開会のことばに引続き、物故者に対し、黙祷一分間後、山中区長　平山久雄氏と神社代表大森虎三氏の挨拶あり、次に神社有地入会権擁護委員会委員長高村不二義氏より裁判経過報告を行う。引続き委員長より弁護士と学者に対し記念品を贈呈する
代理弁護人の挨拶と来賓祝辞があって、報告会を終り、引続き祝賀会に移る
樽酒の鏡を高村光元氏と古屋七五三男氏で開けて、祝盃の音頭を羽田佐十氏とる
最後に坂本博氏の音頭で万歳三唱して散会する
一月十三日
虎ノ門法律事務所と江橋法律事務所より電話連絡あり、内容次のとおり
浅間神社有地入会裁判第二審敗訴の渡辺正保は一月五日最高裁判所に上告する
一月二十二日
東京高等裁判所第四民事部より、浅間神社有地裁判の第二審判決に対し、控訴人渡辺正保は全部不服につき上告した旨の上告状の送達あり
一月二十四日
島根大学教授武井正臣先生と西南学院大学教授中尾英俊先生及早稲田大学助手清水先生午後一時、高村不二義宅を訪れ、神社有地裁判の勝訴祝を述べ、雑談して後帰京する。高村不二義、高村軍治応対

する

二月三日

一月二十一日神社有地裁判代理弁護人より提示された第二審弁護士報酬について、委員長宅に午後六時より大森虎三、高村不二義、高村軍治、平山久雄、槌屋晴尚、坂本博、羽田佐十、坂本儀治の八名習合し検討する

委員長　高村不二義より弁護士との交渉経過を説明する

本件については二月十六日午後一時より憩の家に入会、対策両委員会を開いて、委員の承認を得た上、二月二十日同場所に権利者総会を開き、同意を求めた上、報酬額の最終決定をすることを申し合せて散会する

二月十二日

浅間神社有地係争地八六五の二番地　面積一四四、六〇〇坪、地価額について東京都新宿区須賀町六、不動産鑑定士富田家弘氏によって鑑定を依頼する。鑑定価格坪当り一萬円〜一萬五千

右鑑定は弁護士報酬の算定基準の資料のために行なったものである

二月十六日

午後二時より憩の家に於て入会、対策の合同委員会を開催する。出席者　別紙出席名簿のとおり

会議案件

1．神社有地裁判上告審について

2．神社有地裁判第二審弁護士報酬について

高村不二義入会委員長座長となり開会する
第一号議案については、上告審に応訴する。代理弁護人は一審、二審に引続いて同一弁護人を委任する
第二号議案の弁護士報酬は、先方より要求のあった（註、金額は削除）万円を了承する
第一号、第二号議案の同意を受けるため、二月二十日午後一時より憩の家に住民総会を開催することを申し合せる

二月二十日

憩の家に、浅間神社有地対策委員会、入会権擁護委員会、山中長池入会組合の合同総会を開催する
議案
1. 神社有地入会裁判上告審応訴について
2. 神社有地入会裁判第二審弁護士報酬支払について
3. 神社有地入会対策両委員会費増額について
4. 山中小学校体育館備品購入について
5. 山中地区子供遊園地敷地借地願いについて
6. 昭和四十八年度四十九年度林雑補償料配分について
一同着席す。出席者総数
高村不二義、高村軍治、平山久雄、議長団に推薦され、午後二時開会する
第一号議案　神社有地入会裁判上告審についてを議題とし、高村不二義入会委員長より提案につい

て説明する

昨年十二月二十六日全面勝訴した神社有地裁判の判決に対し、敗訴した渡辺正保が不服として最高裁判所に一月五日上告したのでこれに応訴し、上告審の代理弁護人は、一審二審を担当した三弁護士に委任することを承認願いたく提案した旨説明し、一同に諮り一同賛成原案どおり決定する

第二号議案　神社有地入会裁判第二審弁護士の報酬支払についてを提案し、委員長より提案理由の説明をする

裁判上の事件についての弁護士の報酬は規定によると、審級毎に支払うことになっており、その額の算定は地上権事件の場合は時価の二分の一の額に対し、手数料、謝金とも、それぞれ三％に定められております。そのため報酬額の算定基準となる時価を二つの方法で算定しました。先づ、訴訟物権となっている北畠八六五の二山林一四四、六〇〇坪に対する固定資産税の課税基準と成る評価額に税務署の相続税課税の倍率を乗じた価額を二倍にして時価額とする方法、第二に不動産鑑定士の鑑定によって時価額を算定する方法であります

一、税務署の相続税の課税価額を二倍にした時価額は二、四七三、四四一、六〇〇円になり、この価額を二分の一にすれば一、二三六、七二〇、八〇〇円で、これに対する手数料三％謝金三％で計算すると、弁護士の報酬金は七四、二〇三、二四八円になります

二、鑑定士による鑑定時価額は坪当りの金額一五、〇〇〇円で総額二、一六九、〇〇〇、〇〇〇円になり、この価額を二分の一にすれば一、〇八四、五〇〇、〇〇〇円で、これに対する手数料三％

謝金三％で計算すると弁護士報酬金は六五、○七○、○○○円になります。したがって手数料謝金を含む於て弁護士から示された報酬（註、金額は削除）額は低額であります。この額を支払うことを承認願いたく提案した次第であります。宜敷御審議下さい。一同説明の内容を了解し原案通り承認す

第三号議案神社有地入会対策両委員会費増額について、山中区長　平山久雄より提案理由の説明する

神社有地裁判が上告となり、舞台が最高裁判所に移り、何かと経費が多くなることが予想されるので、昭和五十年度に限り、入会、対策の委員会にそれぞれ五十万円宛の増額を承認されたい旨を説明し、一同これを承認する

第四号議案　山中小学校体育館備品購入について

村当局より備品購入費の補助申し入れがあったので、有志会に於て検討し、グランドピアノ（ヤマハ）一、○四五、○○○円と、どん帳関係一、二二四、○○○円及び演台約二○○、○○○円を現物を購入して寄附すること

第五号議案　山中地区子供遊園地敷地借地願いについて

借地については申請した役場より係をよんで、総代立会のもとに現地を良く調査し、施設の種類、規模、使用の面積等を具体的に記した設計書及設計図等の提出を求め、その施設をすることによって神社の尊厳及維持経営上に及ぼす影響の有無や神域の風致を害することがないかどうかを確かめた後、何ら支障がないことが認められた時点で、境内地模様替承認の手続きを神社本庁に提出

する。施設は統理の承認があったとき着手する
以上のとおり条件付で貸すことを決定す
槌屋晴尚氏より　山中区誌編纂についての動議が出され、一同これに賛成し、区誌編纂の実施方法は区当局に一任することに決定する
第六号議案　昭和四十八年度同四十九年度林雑補償料配分について
旧組合員には一戸壱萬弐千円宛、新加入組合員には一戸八千円宛配分することを万場一致了承の上配分する
本日の議案は総て終了したので、閉会して散会する時四時
三月二十三日
第二審勝訴判決を受けて現在まで訴訟責任者を担当してきた入会、対策委員長の辞任問題を審議するため、午後七時より憩の家に委員会を招集し、区長より三月五日に辞任してから今日までの慰留交渉経過について報告があり、両委員長が留任の挨拶をして閉会す
六月十二日
午前十時三十分より東京日比谷公園内松本楼に於て、川島先生、村松、大野、江橋弁護士と高村不二義、高村軍治、高村房敬で、上告審にそなえて、理由書の内容を検討する。帰宅途中、徳川林政史研究所に北條先生を訪ね用談して帰る
十二月十五日
浅間神社有地裁判担当弁護士へ年末の挨拶のため入会委員長高村不二義、対策委員長高村軍治、山中

区長　高村房敬の三名東京へ出張す

一九七七年

昭和五十二年

二月十八日

大野先生より電話連絡で、本日神社有地上告審の答弁書を提出したので後日写を送付するとのこと

三月五日

午前十一時より東京法曹会館に於て、裁判打合せのため、入会委員長高村不二義、対策委員長高村軍治、区長高村房敬の三氏にて出張する

三月十六日

神社裁判弁護士報酬残金の支払いのため、入会委員長高村不二義、対策委員長高村軍治、氏子総代長大森虎三、区長高村房敬の四氏で東京へ出張の予定であったが、大森虎三氏はかどやの親戚で須走の葬式、高村房敬氏は、まりも荘の貢氏の葬式のため都合が悪くなり、両委員長にて東京虎ノ門、大野弁護士と八洲ビル内江橋弁護士の事務所を訪問し、それぞれ六百万円宛支払う

四月十日

渡辺、北條、原田先生来山し、入会委員長と夕食をともにし帰京する

七月十五日

神社有地入会裁判担当弁護士にお中元を届けるため、高村不二義、高村軍治、高村利明の三名、東京

出張する

十二月二十二日

神社有地裁判弁護士、大野、江橋、村松三先生にお歳暮を届けるため、東京へ出張する

一九七八年

昭和五十三年

七月十二日

午前十時三十分より甲府地裁で開廷された恩賜林組合が債権者となって審理している植林妨害禁止仮処分事件を傍聴し、神社裁判の大野弁護士へお中元を届ける

十二月十八日

恩賜林組合の植林妨害事件を傍聴し、甲府裁判所で、神社有地裁判の担当弁護士大野先生にお歳暮を届ける

一九七九年

昭和五十四年

七月九日

委員長宅で午後八時より神社有地入会裁判の選定当事者会議を開催する

出席者　高村不二義、大森虎三、槌屋晴尚、高村敬二、高村節久、天野音光、渡辺仁、河内昿

昭和二十四年十一月分割貸付した神社有地北畠八六五の九、十、十一の二、三男対策地内の道路を山中湖村へ寄附採納し、道路の舗装整備することが神社有地裁判に悪影響を及ぼすことになってはならないので、担当弁護士に相談し、その指示に従って処理することに意見統一する

七月十一日

午前十時三十分より甲府地方裁判所に於て、債権者恩賜林組合、山梨県、債務者天野重治（知）の植林妨害禁止仮処分事件の判決言渡しを委員長、副委員長で傍聴し、債権者の全面勝訴となる

神社有地北畠八六五の九、十、十一、十二、十三、十四の個人分割地内の道路敷を山中湖村に寄附採納し、舗装することが裁判に影響があっては困るので、大野、江橋弁護士の意見を聴いたところ、道路分だけについては入会権者全員の同意があれば支障ないとの感触を得る

一九八一年

昭和五十六年

十二月七日

東富士有料道路建設と神社有地内係争地との関係について、大野、江橋弁護士の見解を聴取するため甲府地裁に、委員長高村不二義、氏子総代より高村佐武良、中村三嘉恵、山中区長柘植定市、代理高村啓介、神社会計　高村桂の六氏出向する

一、係争地を道路が通る場合の裁判への影響を聴いたが、影響はないとのこと

二、係争地に土地収用法が適用できるかとの問に対し、出来るとのこと

三、土地収用法を適用してきたときは、公団に対し係争地を収用した公団が取得した分について、裁判上の責任が負えるか確かめること
四、土地収用された場合の補償金は供託されるが、地上権者が七割位の権利があり、地主は残り分しかない。裁判が終結するまで手がつかないとのこと
以上係争地を東富士道路が通る場合の影響等について、弁護士の見解を聴いて帰る

一九八二年

昭和五十七年

二月二十四日

浅間神社有地、北畠と藤塚の山林を、富士北麓森林組合へ加入することについて、現在最高裁で審理中の裁判に影響があってはならないので、浅間神社有地入会権擁護委員会委員長高村不二義、副委員長槌屋晴尚、氏子総代長高村佐武良、会計高村桂の四名で、東京虎ノ門法律事務所を訪問し、大野弁護士の見解を聴取する。その結果、弁護士は入会は部落入会集団としての統制力と住民の使用収益の事実行為がなくなれば消滅することになる。したがって、森林組合に加入することは、入会集団としての統制力と秩序の崩壊を意味するものであり、経済的収益行為を内容とする入会権の消滅にもつながることにもなる。現在最高裁で審理中の神社有地入会裁判の判決がでるまで、そのままの状態にしておくことが賢明である旨の指示がある

三月十一日

東京虎ノ門法律事務所大野弁護士より浅間神社有地裁判について次のような電話連絡があった。最高裁で来る六月三日、午前十時三十分より口頭弁論の裁判が開廷される。当事者参加人等の傍聴については追って連絡する

五月十日

東京虎ノ門法律事務所大野弁護士より次のとおり電話連絡あり

六月三日最高裁で神社有地裁判の口頭弁論が開かれる最大の要因は、上告理由書の中で「入会権の確認を求める訴は、権利者全員が共同してのみ提起しうる固有必要的共同訴訟というべきであるから、入会権者全員が当事者となっていない本件当事者参加人の本訴は、当事者適確を欠く不適法なものであるから却下を免がれない」と主張している点が中心になる。したがって、この理論に反論するため、東京大学の民事訴訟法の権威者である新藤教授に訴訟的確性の問題について、意見書をかいてもらう必要であるので御承知願いたいとのこと。

五月十三日

六月三日午前十時三十分より最高裁で開廷される神社有地裁判の口頭弁論について打合せのため、東京虎ノ門法律事務所へ高村不二義、高村房敬、槌屋晴尚、高村桂の四氏上京し、東京大学新藤教授の鑑定書に対する謝礼金弍拾万円也を渡し帰省する

〔意見書〕

新藤幸司氏（東京大学法学部教授）の「意見書」（結論）

〔意見を求められた事項〕

入会権自体、又は入会権者各自の有する使用収益権に関する訴訟は、国有必要的共同訴訟と考えるべきか

〔本意見書の結論〕

一、入会権自体の確認請求訴訟又は入会権に基づく給付請求訴訟を当然に固有必要的共同訴訟と取り扱うことには疑問がある。

二、入会権者各自の有する、支分権ともいうべき使用収益権の確認請求又は同使用収益権に基づく妨害排除請求（使用収益権と相容れない権利の登記の末梢請求とか目的物件の明渡請求などの）訴訟は国有必要的共同訴訟と取り扱うべきでない。

五月二十七日

午後二時より参集殿において、来る六月三日に最高裁判所で開廷される神社有地裁判の口頭弁論を傍聴すること及昭和五十一年度より同五十六年度までの神社有地入会地保護対策費の決算承認の二件を、何れも原案のとおり決定する

傍聴は役員全員参加することを申し合せる。本日の会議に出席者数三十三名

六月三日

午前十時三十分より最高裁判所第一小法廷で開廷される神社有地裁判の口頭弁論を高村不二義委員長他二十七名で傍聴する

上告人の上告理由要旨

本件当事者参加人の本訴は、入会権者全員が当事者となっていない。適格を欠く不適法なものであるから却下すべきである

被上告人答弁要旨

山中部落と神社の間で通謀虚偽の意思表示によって仮装して、被上告神社に譲渡したものでなく、山中部落民の総有関係を表示す方法がなかったのでやむをえず被上告人神社名義としたもので、本件土地の実質的所有権者は山中部落であり、原判決の判断は正当であるというべきである

被上告人当事者参加人答弁要旨

入会権者が個別的使用収益権を有することは勿論、入会財産の収益配分を受ける権利を有することは否定できない。従って入会権の支分権ないし使用収益権の確認を求めても、全員に付権利関係が合一にのみ確定すべき場合に当らないから、権利者全員が共同してのみ提起しうる固有必要的共同訴訟の判例の適用は不適法である

傍聴者

高村不二義、槌屋晴尚、大森虎三、高村徳治、高村節久、渡辺仁、高村敬二、高村利雄、高村明、坂本照正、羽田弥市、渡辺光雄、堀内常一、高村亦男、平山久雄、高村房敬、三橋一郎、大森寛市、高村章、高村九二義、高村高光、坂本任邦、高村桂、宮本義友、高村友三、高村仁、宮本清、高村一義

六月十一日

大野弁護士、江橋弁護士より来る七月一日の午前十時三十分より最高裁判所第一小法廷に於て、浅間神社有地裁判の判決言渡しがある旨電話連絡あり。高村不二義委員長と高村房敬氏子総代長で相談し、

来る六月十八日、午後一時より参集殿に入会権擁護委員会を開催し、傍聴についての打合せをすることを決める

浅間神社有地入会権擁護委員会を開催出席者

左の通り

高村九二義、高村房敬、大森寛市、三橋一郎、高橋高光、坂本弥、高村章、坂本任邦、小林太一郎、高村恒行、堀内常一、高村昿、高村保富、高村桂、高村佐武良、高村敬二、高村利雄、大森虎三、坂本勝治、高村不二義、槌屋晴尚、羽田弥一、高村明雄

五　『日誌』第五分冊

一九八二年

昭和五十七年

六月十八日

午後一時より参集殿に浅間神社有地入会権擁護委員会を開催する

出席者左のとおり

高村不二義、坂本房吉、高村利雄、高村敬二、高村章、高村徳治、高村恒行、堀内常一、小林太一郎、宮本義友、高村友三、松井忠、宮本清、高村虎三、平山久雄、羽田弥一、高村明雄、高村修、坂本照正、羽田明春、中村永吉、高村桂、三橋一郎、大森寛市、高村九二義、高村一義、高村亦男、高村房敬

一、七月一日午前十時三十分最高裁判所第一小廷において、浅間神社有地入会裁判（昭和五十一年（オ）第四二四号地上権確認請求事件）の判決公判は、委員全員で傍聴すること

二、貸切りバスは、委員長が富士急バスを手配すること

三、当日の出発時間は、ホテルマウント富士入口を六時三十分発とすること

四、到着時間の関係上、出発時間は厳守のこと

六月三十日

午前七時三十分より、浅間神社々前に於て、選定当事者で勝訴祈願を行なう

参列者　坂本任邦、高村不二義、高村徳治、高村節久、河内昿、槌屋晴尚、高村敬二、高村利雄、高村軍治、高村桂、高村房敬

七月一日

本日午前十時三十分より、最高裁判所第一小法廷に於て開廷される浅間神社有地入会裁判（昭和五十一年（オ）第四二四号地上権存在確認等請求事件の判決公判を次の者で傍聴する
高村不二義、槌屋晴尚、大森虎三、高村徳治、高村節久、渡辺仁、河内昿、高村敬二、高村軍治、高村利雄、高村明、坂本房吉、坂本照正、羽田弥一、柘植定市、渡辺光雄、羽田明春、高村一義、堀内常一、高村亦男、平山久雄、中村永吉、高村房敬、三橋一郎、大森寛市、高村章、高村高光、高村謙治、槌屋義明、坂本任邦、高村桂、高村仁、宮本清、高村修、高村利貴男、高村明雄、小林太一郎、高村良友

判決主文

一、原判決中当事者参加人らの地上権設定仮登記の抹消登記手続請求に関する部分を破棄し、第一審中右請求に関する部分を取消す。

二、当事者参加人らの右請求を棄却する。

三、上告人のその余の上告を棄却する。

四、訴訟の総費用は、上告人及び被上告人神社について生じた分を四分し、その三を上告人の、その余を当事者参加人らの各負担とする。

右判決のとおり、山中部落当事者参加人の主張が、一審、二審に同じく全面勝訴となる。傍聴人全員帰省し、浅間神社に先づ勝訴報告をなし、その後参集殿に於て祝宴乾盃し散会する

役職	氏名	役職	氏名
委員長	高村不二義	管理組合評議員	高村　亦男

副委員長	槌屋	晴尚
委員	大森	虎三
〃	高村	明
〃	河内	曠
〃	渡辺	仁
〃	高村	利雄
〃	高村	敬二
〃	高村	徳治
〃	高村	節久
〃	高村	軍治
〃	坂本	房吉
管理組合理事	坂本	照正
〃	羽田	弥市
〃	柘植	定市
管理組合評議員	渡辺	光雄
〃	羽田	明春
〃	高村	一義
〃	堀内	常一
管理組合幹事	平山	久雄
〃	中村	永吉
氏子総代	高村	房敬
〃	三橋	一郎
〃	大森	寛市
〃	高村	章
〃	高村	高光
〃	高村	謙治
〃	槌屋	義明
宮司	坂本	任邦
〃	高村	桂
組長	高村	仁
〃	宮本	清
〃	高村利	貴男
〃	高村	修
〃	高村	明雄
〃	小林太	一郎
〃	高村	良友

計三十八名

〔判決〕

上告代理人奥野健一、同伊豆鉄次郎、同早瀬川武の上告理由第一点について

入会部落の構成員が入会権の対象である山林原野において入会権の内容である使用収益を行う権能は、入会部落の構成員たる資格に基づいて個別的に認められる権能であって、入会権そのものについての管理処分の権能とは異なり、部落内で定められた規律に従わなければならないという拘束を受けるものであるとはいえ、本来、各自が単独で行使することができるものであるから、右使用収益権を争い又はその行使を妨害する者がある場合には、その者が入会部落の構成員であるかどうかを問わず、各自が単独で、その者を相手方として自己の使用収益権の確認又は妨害の排除を請求することができるものと解するのが相当である。これを本件についてみると、原審が適法に確定したところによれば、当事者参加人らは、本件山林について入会権を有する山中部落の構成員の一部であって、各自が本件山林において入会権に基づきその内容である立木の小柴刈り、下草刈り及び転石の採取を行う使用収益権を有しているというのであり、右使用収益権の行使について特別の制限のあることは原審のなんら認定しないところであるから、当事者参加人らの上告人及び被上告人神社に対する右使用収益権の確認請求については、当事者参加人らは当然各自が当事者適格を有するものというべく、また、上告人に対する地上権設定仮登記の抹消登記手続請求についても、それが当事者参加人らの右使用収益権に基づく妨害排除の請求として主張されるものである限り、当事者参加人ら各自が当事者適格を有するものと解すべきである。これと同旨の原審の判断は正当

であって、その過程に所論の違法はない、所論引用の判例は、入会部落の構成員の一部の者が入会部落民に総有的に帰属する入会権そのものの確認及びこれに基づく妨害排除としての抹消登記手続を求めた場合に関するものであって、事案を異にし本件に適切でない。

しかしながら、職権をもって、当事者参加人らの請求中本件山林について経由された地上権設定仮登記の抹消登記手続旨請求の当否について検討するに、当事者参加人らが有する使用収益権を根拠にしては右抹消登記手続を請求することはできないものと解するのが相当である。けだし、原審が適法に確定したところによれば、当事者参加人らが入会部落の構成員として入会権の内容である使用収益を行う権能は、本件山林に立ち入って採枝、採草等の収益行為を行うことのできる権能にとどまることが明らかであるところ、かかる権能の行使自体は、特段の事情のない限り、単に本件山林につき地上権設定に関する登記が存在することのみによっては格別の妨害を受けることはないと考えられるからである。もっとも、かかる地上権設定に関する登記の存在は、入会権自体に対しては侵害的性質をもつといえるから、入会権自体に基づいて右登記の抹消請求をすることは可能であるが、かかる妨害排除請求権の訴訟上の主張、行使は、入会権そのものの管理処分に関する事項であって、入会部落の個々の構成員は、右の管理処分については入会部落の一員として参与しうる資格を有するだけで、共有におけるような持分権又はこれに類する権限を有するものではないから、構成員各自においてかかる入会権自体に対する妨害排除としての抹消登記を請求することはできないのである。しかるに、原審は、なんら前記特段の事情のあることを認定することなしに、当事者参加人らが入会権の内容として有する使用収益権に特別の効力を認め、右使用収益権はその法的効力においてはいわば内容において限定を受けた持分権又は地上権と同様の性質を持つものと解したうえ、当事者参加人らは、右各自の使用収益権に基づく保存行為として本件山林について経由された地上権設定仮登記の抹消登記手続を請求することができるものと判断しているのであって、右判断には、入会権に関する法律の解釈適用を誤った違法があるものといわなければならず、右違法が原判決中右抹消登記手続請求に関する部分に影響を及ぼすことは明らかである。

したがって、論旨は、理由がなく、採用の限りでないが、原審が当事者参加人らの請求中本件山林について経由された地上権設定仮登記の抹消登記手続請求を認容したことは失当であるから、原判決中右請求に関する部分を破棄し、第一審判決中右請求に関する部分を取り消し、右請求を棄却すべきである。

同第二点について

記録によれば、所論の主張は、本件山林が被上告人神社の所有であって同神社は上告人との間で適法かつ有効に地上権設定契約を締結したことを強調する趣旨に出たものにとどまり、独立の抗弁として主張する趣旨と解することはできないから、原審が所論の主張について判断を加えていないからといって所論の違法があるとはいえない。のみならず、記録によれば、当事者参加人らは、上告人主張の地上権設定契約は本件山林について処分権限のない被上告人神社との間で締結された無効なものであると主張して民訴法七十一条に基づき本件訴訟に当事者として参加し、上告人及び被上告人神社の双方に対し、右地上権設定契約に基づく上告人の請求とは両立しえない請求をしていることが明らかであって、本件山林はその実質においては山中部落の総有であって被上告人神社はなんらの処分権限を有しないものとして当事者参加人らの入会権の内容である使用収益権の確認請求を認容する限り、右地上権設定契約を有効なものと認めて上告人の被上告人神社に対する請求を認容することは、論理的に不可能であるといわなければならない。

そうとすれば、たとえ所論のように、被上告人神社には上告人との関係で右地上権設定契約の無効を主張することの許されない特段の事情があるとしても、処分権限のない被上告人神社が締結した右契約を有効なものと認めて上告人の請求を認容する余地はないから、仮に原審において所論の主張がされていたにもかかわらず原審がこれについての判断を遺脱したものであるとしても、右は判決の結論に影響を及ぼすものではないというべきである。論旨は、結局、採用することができない。

同第三点について

原審が確定したところによれば、本件山林について被上告人神社名義に所有権移転登記が経由されたのは、入会部落である山中部落が独立の法人格を有せず、払下げを受けるにあたって部落有地としての登記方法がなかったためやむをえず行ったもので、所有権の信託的譲渡があったものではない、というのであり、右事実は原判決挙示の証拠関係に照らし正当として是認することができる。もっとも、右事実によれば、被上告人神社に対する右所有権移転登記が入会権者である山中部落民の承諾を得て経由されたものであることを否定することはできないが、入会権については現行法上これを登記する途が開かれていないため（不動産登記法一条参照）、入会権の対象である山林原野についての法律関係は、登記によってではなく実質的な権利関係によって処理すべきものであるから、本件山林について被上告人神社名義に所有権移転登記が経由されていることをとらえて、入会権者と被上告人神社との間で仮装の譲渡契約があったとか又はこれと同視すべき事情があったものとして、民法九十四条第二項を適用又は類推適用するのは相当でないものというべきである（最高裁昭和四十二年（オ）第五二四号同四十三年十一月十五日第二小法廷判決・裁判集民事九十三号二三三頁）。右と結論を同じくする原審の判断は正当として是認することができる。

所論引用の判例は、事案を異にし本件に適切でない。論旨は、採用することができない。
よって、民訴法四〇八条、三九六条、三八六条、三八四条、九六条、九三条、九二条、八九条に従い、裁判官全員一致の意見で、主文のとおり判決する。

最高裁判所第一小法廷

裁判長裁判官　本　山　　亨
裁判官　団　藤　重　光
裁判官　藤　崎　萬　里
裁判官　中　村　治　朗
裁判官　谷　口　正　孝

七月三日
午前九時より参集殿に於て、選定当事者会議を開催する
出席者
高村不二義、槌屋晴尚、高村徳治、高村節久、河内昿、高村敬二、天野音光、高村房敬、大森寛市、高村桂
一、勝訴報告会は弁護士の都合により、七月十一日午後一時より浅間神社々前に於て行なう
二、準備する事項

1．招待者は弁護士、学者、地元県議、関係市村長及び議長、恩賜林組合長、助役、収入役、相談役、議長、山中湖村長、助役、収入役、議長、教育長、忍草天野尚光宮司及吉田田辺靖彦宮司とし、委員長より招待状を発送する

2．記念品は次の段階で当局一任

イ、大野、江橋、村松弁護士の分は、一ヶ五万円から拾万円以内のものとする

ロ、学者の分は、一ヶ参万円から五万円以内のものとする

ハ、部落民の分は、一ヶ壱万円以内のものとする。数は、六百個を用意する

3．勝訴記念タオル名入六百枚、中村商店経由にて依頼する

4．一合枡は宝屋商店経由で、祝勝訴の焼印付で依頼する

5．四斗樽酒二樽、三日月屋、さかえ屋依頼

6．二合瓶詰清酒六百本は、宝屋、富士田屋、曽我屋各二百本宛注文

7．赤飯もしくは寿し詰、六百個は明見のシーラ食品に注文する

8．打上花火　二百発を予定する。内訳は別途話し合う

9．祝勝訴看板は、高村工芸に発注する

右大筋の打合せをなし、午後、高村不二義、槌屋晴尚、高村房敬、大森寛市の四人で甲府市の岡島デパート、神田、和光、陶芸品店に、それぞれ記念品の発注に行く

七月五日

午後七時三十分より参集殿に於て、浅間神社有地入会権擁護委員会を開催し、去る七月三日の選定当

事者会議において計画した、勝訴報告会の予定事項を報告し、満場一致原案どおり承認する
勝訴報告会の費用については、管理組合と神社の役員の合同会議において予算措置することとする

七月十日
夜る七時三十分より浅間神社に区長代理、組長、高村不二義、槌屋晴尚、高村房敬の各氏が集まり、記念品、タオル、二合瓶詰清酒、一合枡の袋入れ作業を行なう。その後、記念品の袋を各組毎に数に配分し、明日報告会終了後、各戸に配布することを申し合せる

七月十一日
午前十時より委員全員浅間神社に集まり、報告会の準備をなす
午後一時より神社拝殿にて、委員全員及び招待者参列のもとに、神事、勝訴報告祭の儀式を挙行する
午後二時より、社前に於て、勝訴報告会を行なう
司会　槌屋晴尚
一、開会のことば　山中区長代理者　高村桂
二、委員長挨拶　浅間神社有地入会権擁護委員会委員長　高村不二義
（経過報告）
三、物故者に対し黙祷
（海野　木村弁護士、当事者参加人七十六名）
四、訴訟代理人弁護士挨拶
被上告人浅間神社訴訟代理人弁護士　江橋英五郎

被上告人当事者参加人訴訟代理人弁護士　　大野正男

五、記念品贈呈

大野、江橋、村松、北條先生

六、来賓の祝辞

北條先生、村長、県議、恩賜林組合長

七、万歳三唱　　音頭　　高村利雄

八、閉会のことば　　氏子総代長　　高村房敬

報告会終了後、乾盃を大森虎三の音頭で行ない、明神太鼓、打上花火で祝宴を盛上げる

七月十二日

高村不二義、高村房敬、槌屋晴尚、高村桂四名にて、富士吉田市の故木村弁護士宅を訪れ、仏前に勝訴報告のお焼香をし、御冥福を祈る。記念品は家族にお渡しする

故海野弁護士の記念品は、宅急便で送る

七月十三日

高村不二義、槌屋晴尚、高村房敬、高村桂の四名にて、部落内の当事者参加人のうち物故者となられた役員、証人、古文書提供者、十六名の宅を訪れ、勝訴報告のお焼香をし、御冥福をお祈りする

七月十四日

訴訟代理人参加人弁護士大野正男氏より、成功報酬金について次のとおり電話連絡あり

一、地上権対象物の時価の二分の一の額が算定基準

二、訴訟物権の面積一四四、六〇〇坪
三、坪当りの価格　平均二〇、〇〇〇円位
四、時価　総額二、八九二、〇〇〇、〇〇〇円
五、時価総額の二分の一の額が一億円を超えるときは、報酬は三%、その額は、四三、三八〇、〇〇〇円となる
七、報酬金は事件の内容により、三〇%の範囲内で増減額することができる（註、以下略）

七月二十六日
午後七時より参集殿に浅間神社有地入会権擁護委員会を開催する
出席者　会議録添付の名簿のとおり
議事
一、浅間神社有地入会裁判上告審当事者参加人訴訟代理人弁護士報酬支払いについて
二、神社有地裁判協力学者に対する謝礼金支払いについて
三、神社有地裁判史編纂について
槌屋晴尚副委員長の開会のことばに続き、会議に先だち高村不二義委員長より挨拶を行なう。委員長座長となり会議を開く
第一号議案　訴訟代理人弁護士報酬について　去る七月十四日の大野弁護士の電話連絡の内容について詳細に説明し、弁護士の要望額を三ヶ年に亘って分割払いすることを万場一致承認する

第二号議案　学者に対する謝礼金については常識の範囲内において当局に一任することを決める
第三号議案　裁判史編纂については、後世に記録を残すため当然のことであり、万場一致承認する
第四号議案　管理組合共同権利者並びに氏子権利者総寄合開催日時、場所、提出案件決定については、
　　　　　　総べて当局一任に決定する

八月四日
午後七時三十分より中部商工会会議室に於て、浅間神社有地入会管理組合共同権利者並びに神社氏子権利者の合同総寄合を開催す

出席者

合同総寄合次第
一、開会のことば　　山中区長代理　　高村桂
二、神社、組合代表挨拶　　組合長職務代理　高村不二義
三、議長団選出　　高村喜和治　高村節久
四、議事
　1．神社有地入会裁判上告審弁護士報酬支払いについて
　2．神社有地入会裁判協力学者に対する謝礼金支払いについて
　3．神社有地裁判史編纂について
　4．公共用地等の土地交換登記手続きについて
第一号議案について　管理組合長職務代理　高村不二義氏より提案理由の説明を行なう

1. 地上権裁判の場合、対象物の時価の二分の一の額が弁護士報酬の算定基準額となる
2. 訴訟物権の面積　一四四、六〇〇坪
3. 坪当りの時価額　二〇、〇〇〇円位
4. 時価額の総額　二、八九二、〇〇〇、〇〇〇円となる
5. 時価総額の二分の一の額　一、四四六、〇〇〇、〇〇〇円となる
6. 訴訟物件の時価の二分の一の額が一億円を超えるときは、報酬は三％、その額は四三、三八〇、〇〇〇円となる
7. 報酬金は事件の内容により三〇％の範囲内で増減額することができる
8. 本件土地に対する標準額は、六七、八四五、〇〇〇円である（註、以下略）

右報告のとおり、第一号議案は万場一致了承する。第一号議案の関連で、浅間神社訴訟代理人　江橋、村松弁護士への謝礼金について、氏子総代長　高村房敬氏より弁護士との折衝の経過について説明する。江橋弁護士からの要求額は、江橋弁護士が二〇、〇〇〇、〇〇〇円、村松弁護士へ五、〇〇〇、〇〇〇円とのことであるが、江橋弁護士には渡辺正保が、本件係争地に対し、昭和三十六年九月五日付で行なった地上権仮登記の抹消登記することを条件に申し入れてある江橋、村松弁護士に対する謝礼金も報告どおり万場一致了承する

第二号議案

神社有地入会裁判協力学者に対する謝礼金支払いについて

管理組合長職務代理　高村不二義より、次のとおり提案理由の説明をする

神社代表者と渡辺正保の間で、昭和三十六年四月二十九日取り交された四十八町二反歩の地上権設定契約で、若し神社が敗訴になれば土地と、地上物権は半永久的に渡辺正保のものになるばかりでなく、同土地に昭和三十六年以降支払われた演習場提供地借料並に、契約に基いて使用できなかった損害賠償と訴訟の総費用を支払うことになる。その額は数十億円に達するものと推定される。今度の勝訴によって、この土地と数十億円を取り戻すことができたのは、学者の協力によって入会裁判を起したからであります。

次の協力学者に対し、謝礼金を支払らいたい旨説明する。一同万場一致賛成する

第三号議案

神社有地入会裁判史編纂について　浅間神社有地入会権擁護委員長の立場において、高村不二義氏より、次のとおり提案理由の説明をなす。浅間神社有地北畠八六五の二山林四十八町二反歩の土地をめぐる地上権存在等確認請求事件について、二十一年間に亘る裁判の苦い経験を教訓とし、再びこのような不幸の事件を起さないために、神社有地の歴史的経緯と訴訟の記録を収録して、裁判史を編纂し後世に伝えたいと考えている旨説明あり。一同賛成演説あり、細部に関しては当局に一任することを決定する

第四号議案

公共用地等の土地交換登記手続きについて　管理組合長職務代理　高村不二義提案理由の説明をなす。山中小学校用地、体育館用地、消防詰所用地、保育所敷地を確保するため、浅間神社有地と交換してある土地を、裁判も決着したので今般、土地交換登記手続きを実施したい旨説明する。一同

交換登記手続き事務処理については、当局に一任することを了承する

八月十一日

午後八時より参集殿において、管理組合の役員と神社の氏子総代の合同会議を開き、去る八月四日に中部商工会に於いて開催された総寄合の決議に基づき、左記の件の執行について協議決定する

一、弁護士報酬及び学者謝礼金等の支払いに充当する財源の補正については、谷村信用組合に預入れてある定期預金を解約してこれに当てる

二、裁判史編纂委員は、入会権擁護委員がこれを兼任し、代表者をもって小委員会を組織し事務処理を行なう。小委員会の選任は、当局に一任する

三、公共用地等の土地交換登記手続きについては、専門的な処理委員会を設置してこれに当る

四、東富士道路の山中湖村通過予定ルート及びインターチェンジの名称と設置場所について、県と道路公団に申入れる。申入れは村当局議会と共同して行なう

八月二十六日

北條先生、高村不二義委員長宅来訪、裁判協力学者に対する謝礼金について、副委員長　槌屋晴尚、氏子総代長　高村房敬立会で話し合いを行なう

八月二十七日

午前九時より委員長　高村不二義宅に於て、神社有地入会裁判上告審弁護士報酬金並びに学者謝礼金に充当する財源として、谷村信用組合富士吉田支店に預入れてあった、六二、二七五、一一五円の定期預金を解約し、措置する

出席者　高村不二義、高村房敬、松井忠、三橋一郎、平山久雄
普通預金の現在残高　一七、四五二、五八六円
谷村信用組合定期預金解約分　六二、二七五、一一五円
　合計金額　七九、七二七、七〇一円
　ハ、地上権設定仮登記抹消登記等に要する経費として
　（一）昭和五十八年八月二十七日　一年定期　二〇、〇〇〇、〇〇〇円
　3．普通預金残高　金二、七二七、七〇一円
八月二十八日
二、丁号証の残り分を受取り、第一審甲府地裁、第二審東京高裁、第三審最高裁の判決正本を送付してもらうことを約し帰る。記念品も届ける
八月二十九日
高村不二義、高村房敬、槌屋晴尚、三橋一郎の四氏、茶屋の段の江橋先生の別荘へ、勝訴記念品を届け、北畠八六五の二山林一四四、六〇〇坪の土地に渡辺正保　昭和三十六年九月九日行なった地上権設定仮登記の抹消手続きと、同年十月四日甲府地方法務局吉田出張所に立木伐採、転石採取をして搬出してはならないという仮処分がしてあるので、これが取消手続きを、江橋先生にお願いし、又、乙号証と判決文の正本を返却してもらうことを申し入れて帰る
九月三日
本年度支払分村松弁護士報酬金を山梨中央銀行山中湖支店より三菱銀行自由ヶ丘支店村松俊夫普通預

金口座へ振込

九月九日

裁判協力学者謝礼金支払いのため、高村不二義委員長、槌屋晴尚副委員長、高村房敬氏子総代長上京、川島武宜先生、北條浩先生、渡辺洋三先生、石井良助先生に手渡し、帰宅する

十月十二日

午後八時より参集殿において、浅間神社有地入会権擁護委員会と浅間神社の役員合同会議を開催する案件、浅間神社有地北畠八六五の二山林一四四、六〇〇坪に係る地上権設定仮登記抹消登記手続き並びに、立木及び転石採取搬出禁止仮処分取消しを求めることについて

高村不二義委員長より、首標の件について、大野、江橋両弁護士と打合せした経緯について、概ね次のような説明をなす

浅間神社有地北畠八六五の二山林一四四、六〇〇坪に存在する地上権設定仮登記と同山林に育生する立木の伐採並びに同山林に存在する溶岩石の採取及びその搬出禁止の仮処分抹消について、浅間神社代理弁護人である江橋弁護士と話し合った結果、渡辺正保の代理弁護人である奥野さんと話し合って渡辺正保を説得して仮登記を抹消するように努力するということであった。その後当事者参加人の代理弁護人である大野弁護士から電話があり、地上権設定仮登記抹消の件を江橋弁護士より依頼されたので、奥野弁護士と話し合ったが、渡辺正保は示談で仮登記、仮処分の抹消に応ずることは全く可能性がないので、訴訟による以外に方途はないとのことであるから、神社側（当事者参加人）が地上権設定仮登記抹消登記並びに、立木伐採及び転石採取並びに搬出禁止取消請求の訴訟を提起するかどう

か意思統一をはかった上、仮登記仮処分命令書と、搬出禁止仮処分決定書等を準備し、訴訟を提起しなければ、仮登記と仮処分を抹消することはできないとのことであった。よって最高裁判所で部落住民の入会権の勝訴判決が確定しているので、裁判を提起してでも、地上権設定仮登記と搬出禁止の仮処分を抹消したいので宜敷く検討していただきたい旨一同に諮る。

一同、委員長報告どおり北畠八六五の二山林一四四、六〇〇坪に存在する地上権設定仮登記並びに立木伐採、転石採取と搬出禁止の仮処分の取消を求める裁判を提起することとし、来る十月十八日午後二時より中部商工会に権利者総会を開き、裁判提起の同意を得ることを決めて散会する

十月十八日

午後二時より中部商工会において、山中区、浅間神社、入会管理組合主催の合同総寄合を開催、出席者　二十三名

第一号議案　浅間神社有地北畠八六五の二山林一四四、六〇〇坪に係る地上権設定仮登記抹消手続き並びに立木及び転石採取等搬出禁止仮処分取消を求めることについて

第二号議案　東富士道路について

議案第一号について、浅間神社有地入会権擁護委員長　高村不二義より提案理由の説明を次のとおり行う。浅間神社有地北畠八六五の二山林一四四、六〇〇坪をめぐる二十一年間の裁判も本年七月一日最高裁判所において部落民の主張する入会権に基く使用収益権が確認され確定判決によって、土地は私達山中部落に帰ってきたのでありますが、昭和三十六年四月二十九日に締結された地上権設定契約に従って渡辺正保が同年九月九日の地上権設定仮登記と、同年十月四日に決定された立木伐採及び転

石採取搬出禁止の仮処分は、現在のところ存在しているのであります。大野、江橋弁護士を通じて、相手渡辺正保の代理弁護士である奥野健一先生に、話し合いによる登記抹消と仮処分取消ができるよう申し入れたのでありますが、渡辺正保がこれに応ずることは不可能とのことであります。よって勝訴判決をもって、地上権設定仮登記抹消と、搬出禁止の仮処分の取消を求める裁判を提起するため、本案を提出し、皆さんの同意を得たいと存じますので宜敷お願いいたします。一同委員長の説明のとおり、裁判によって仮登記と仮処分を取消すことに全員同意する

第二号議案について、区長代理者　高村桂　経過説明と提案説明が行なわれ、慎重審議の結果、当局案どおり、東富士道路対策協議会を設置し、対策委員、常任委員、会長、副会長を選任して、対県対国折衝し、現在公団が計画している山中小学校体育館西端より三百二十米位富士山寄の路線は絶対承服できない。したがって、出来る限り富士山寄の方に変更するよう申し入れていくことになり、委員の選出を当局に一任した

十一月十六日

浅間神社有地北畠八六五の二山林四拾八町二反歩の地上権設定仮登記抹消と搬出禁止仮処分執行取消の訴訟を提起するため、高村不二義、高村房敬、坂本任邦の三名上京、大野、江橋弁護士事務所を訪れ、手続きについて打合せをなし帰省する

裁判を提起するために必要な書類

一、一審、二審、三審の判決文原本

二、仮登記仮処分命令書

三、北畠八六五の二山林四拾八町二反歩の登記簿謄本
四、搬出禁止の仮処分決定書
五、不動産仮処分命令申請
六、訴訟委任状
七、宮司資格証明書

十一月二十五日

神社有地北畠八六五の二山林四拾八町二反歩に存在する地上権仮登記抹消並びに搬出禁止仮処分決定取消を求める裁判を提起するに必要な次の書類を弁護士、大野正男事務所に送付する

1. 判決（地裁、高裁、最高裁）正本　三通
2. 仮登記仮処分命令　写　一通
3. 土地登記簿謄本　三通
4. 不動産仮処分命令申請書　一通
5. 仮処分決定（搬出禁止）正本　一通
6. 資格証明（浅間神社代表役員）　三通
7. 委任状（大野、江橋両先生各一通）　二通
8. 訴訟委任状（大野、江橋両先生各一通）　四通
9. 印鑑証明（浅間神社代表役員）　三通

一九八三年

昭和五十八年

一月七日

大野弁護士が所属する虎ノ門法律事務所が第二文成ビルより第十五森ビル八階に移転し、新事務所披露宴が午後三時よりホテルオオクラ本館において開宴され、委員長　高村不二義、総代長　高村房敬の二人出席する

一月三十一日

大野弁護士より、浅間神社有地北畠八六五の二山林一四四、六〇〇坪に存在する地上権設定仮登記の抹消登記手続きについて、次の内容の電話あり

一、昭和五十八年一月二十九日東京地方裁判所大二三民事部に地上権設定仮登記の登記抹消を求める訴訟を提起した

二、事件名　昭和五十八年（ワ）第八〇二号地上権設定仮登記の抹消登記手続請求事件

三、近日中に江橋弁護士から訴状を送付することになっている

四、本事件についての弁護料（着手金、報酬金）は、昭和三十六年十月四日甲府地方裁判所都留支部において決定した、本件土地上の立木伐採、溶岩石搬出禁止の仮処分取消事件を含め、大野弁護士、江橋弁護士各参百万円として、本裁判終了後支払うことにしてほしい

五、訴状貼用印紙代は、二二、六〇〇円である

二月五日

江橋弁護士より地上権設定仮登記の抹消登記手続請求事件の訴状と、本事件提訴に関する立替金参万参千参百五拾円の領収書の送付あり

二月十六日

大野弁護士より、浅間神社有地北畠八六五の二山林一四四、六〇〇坪に昭和三十六年十月四日、甲府地方裁判所都留支部で決定された、立木伐採並びに転石採取搬出禁止の仮処分の取消を求め、同支部に三月中に訴訟を提起する旨の電話連絡あり

三月二十一日

大野弁護士より、郵送にて浅間神社有地北畠八六五の二山林四八町二反歩に存在する仮処分取消の申立書と訴訟提起の経過報告があった。この訴訟経費の実費分として金二十万円也を富士銀行虎ノ門支店、大野正男名義口座へ送金すること。

浅間神社の資格証明書が五十七年十一月十七日付で、三ヶ月過ぎているので、新しく取って郵送すること

三月二十三日

大野弁護士より次の内容の電話連絡あり

一、地上権設定仮登記抹消登記手続事件の裁判が、本日午前十時より東京地裁で開廷されたが、次回開廷日を四月二十日午前十時三十分となる

二、都留支部に提起してある搬出禁止の仮処分取消事件はまだ期日が決定しないので決り次第連絡する

四月十五日
江橋弁護士より、次のとおり電話連絡あり
一、地上権設定仮登記抹消登記手続請求事件
被告渡辺正保は、上小沢司法書士に仮登記抹消の事務手続を依頼し、現在取下書類を作成中であるとのこと上小沢代書人に確かめたところ、抹消義務者である渡辺正保名義で、登記済証を添付して本十六日付で甲府地方法務局吉田出張所に仮登記抹消手続きを申請したとのこと
二、不動産仮処分取消請求事件
甲府地方裁判所都留支部は、飯嶋執行官に対し、仮処分執行取消通知書をもって執行開放するよう申し入れた。執行官が現地に出張して開放宣言すれば仮執行仮処分は終了するので、代表者が立会して和解調書に署名押印すること。執行官と日時の打合せをする。○五五四四〜（三）二一八五に電話すれば執行官と打合せができる
飯嶋執行官と打合せをした結果、四月二十日の午後一時頃、委員長　高村不二義宅へ来る
四月十八日
江橋弁護士より、次のとおりの電話連絡あり
甲府地方裁判所都留支部より江橋弁護士に、不動産仮処分取消請求事件について、執行官との打合せの結果、どうなったかとの問い合せがあったが、執行官との連絡がとれたかどうか。
執行官が四月二十日午後一時に高村不二義委員長宅に来て、現地に案内し執行官が開放宣言し、執行調書を作成して立合人の署名押印をすることになっている旨回答する

四月二十日
浅間神社有地北畠八六五の二山林一四四、六〇〇坪の土地に昭和三十六年十月四日に甲府地方裁判所都留支部が決定した仮処分の取消しについて、飯嶋執行官が現地に来て、高村不二義、坂本任邦の二人立会の上、解放宣言をなし、調書に宮司　坂本任邦署名押印する時、午前十一時三十分
江橋弁護士に右の結果を電話にて報告する

四月二十二日
大野弁護士より高村不二義委員長に対し、次のとおり電話連絡あり
風邪をこじらせ十日ばかり入院していたため御無沙汰したが、執行官による不動産仮処分執行の開放宣言は行なわれたか、又地上権設定仮登記抹消登記手続請求事件については、現在債権者である渡辺正保が仮登記仮処分命令取下申請書を提出して、上小沢代書人が法務局に抹消登記手続き中であり、渡辺正保から抹消登記簿謄本が送られてきたら送達するとのこと。高村不二義委員長より四月二十日執行官による開放宣言が行なわれた旨報告する

四月二十七日
大野弁護士より、高村不二義委員長に次のとおり電話連絡あり
渡辺正保より昭和三十六年九月九日付で、甲府地方法務局吉田出張所受付第四一三一号地上権設定仮登記の抹消登記済証が送達されてきたのでコピーして送る。又、三審の判決文も返送する

五月六日

午後二時三十分より参集殿において神社有地入会権擁護委員会を開催する
議案1．昭和五十七年度神社有地保護対策費決算報告について
　2．浅間神社有地北畠八六五の二山林四十八町二反歩に係わる地上権設定仮登記抹消登記手続請求並びに不動産仮処分取消申立事件の終結について
出席者　会議録添付のとおり
　一号議案については読会省略し、監査委員　大森寛市氏の監査結果の報告があり、承認する
　二号議案　抹消登記簿謄本及び仮執行開放調書を配布し、委員長より明細に説明する。弁護士への謝礼金と、渡辺正保の契約手付金の返金等打合せのため、代表者が近日中弁護士の都合を聴いて上京することとし、裁判終結の報告のための総会は当局において、日時場所を定め開催することの了承を得る
五月十三日
神社有地北畠八六五の二山林四十八町二反歩に係る地上権設定仮登記の抹消登記と仮処分取消申立事件終結のため、渡辺正保に対し契約手付金の返金と訴訟費用の請求について、打合せるため高村不二義、高村房敬、高村佐武良、河内桂一四人で、東京の法曹会館において、大野弁護士、江橋弁護士と話し合う。弁護士が手続きを検討することを約す。裁判関係資料を集め、不足分は甲府地裁でコピーする
五月二十七日
午後一時三十分より山中公民館において、管理組合、神社入会権擁護委員会の合同総寄合を開催する

出席者二〇〇名
議案
第一号議案　昭和五十七年度管理組合事務並びに会計報告について
右原案どおり承認する
第二号議案　浅間神社有地北畠八六五の二山林四拾八町二反歩に係わる地上権設定仮登記抹消登記手続請求並びに不動産仮処分取消申立事件の終結について
昨年十月十八日の総寄合において、仮登記抹消登記手続請求並びに不動産仮処分取消申立事件を提訴することを決定した後の経過を報告し、本年四月十六日仮登記抹消登記が完了するとともに、四月二十日に仮処分執行開放宣言が行なわれ、神社有地に係わる訴訟はすべて終了したことを報告し、本件についての弁護士報酬は本年一月三十一日弁護士を委任したときの約束にもとづき、大野、江橋弁護士各参百万円の範囲内で支払うことを万場一致承認する
第三号議案　御輿殿等の改築について
当局の計画設計見積等原案を示し承認される

十月三日
大野弁護士より高村不二義委員長に対し、次のとおり電話連絡あり
神社有地裁判費用確定申立事件について、この程裁判所から上告人渡辺正保に対し訴訟費用七八三、一〇八円を山中部落の当事者参加人に支払うよう決定があったので、渡辺正保にその旨文書をもって連絡したら全額支払う旨電話で回答してきたが、神社も契約手付金五〇〇、〇〇〇円受け取っ

ているので、これを相殺して債権債務なしとした方が後に因果関係がなくてよいと思うとのことなので、先生におまかせする旨回答する

十月四日

江橋弁護士より高村不二義委員長に電話で次のとおり連絡あり

神社有地訴訟費用確定判決について渡辺正保に送達した債権債務相殺の写を送るとともに地上権設定仮契約の手付金五〇〇、〇〇〇円を預っているので送金するので口座番号を知らせてもらいたいとのことなので、山梨中央銀行山中湖支店、普通預金口座松井忠宛送金してもらうよう連絡するとともに、本年一月に委任した仮登記抹消登記手続並びに不動産仮処分取消申立事件の弁護士報酬の額及び支払い期日等について、大野弁護士と相談し請求してもらうよう申し添える

十月十八日

午後八時より参集殿において、神社有地入会権擁護委員会を開催する

出席者

高村不二義、槌屋晴尚、坂本照正、高村房敬、高村謙治、堀内常一、小林太一郎、羽田諏訪光、阿部喜夫、河内桂一、高村正勝、高村利貴雄、高村虎三、渡辺光雄、羽田佐重、高村敬二、大森虎三、高村佐武良、槌屋義明

議案（報告事項）

1．神社有地裁判訴訟費用額確定の申立てに対する決定について

2．当事者参加人に対し、渡辺正保の負担すべき訴訟費用額と、渡辺正保に対し神社の返還すべき

地上権設定契約手付金の債権債務を相殺することについて

高村不二義委員長より、次のとおり報告する

1．昭和五十八年五月六日の委員会で神社有地裁判の訴訟費用を渡辺正保に請求することを決定し、同年五月十三日、代表者が大野、江橋弁護士に訴訟費用額確定申立てを依頼し、同年七月二十日大森虎三他九名訴訟費用額確定申立事件に関し、弁護士に委任状を提出し、弁護士は甲府地裁都留支部に確定申立てを行なう。裁判所は同年九月二十六日当事者参加人に対し渡辺正保が負担すべき訴訟費用額を七八三、一〇八円也と確定決定する。この決定に基づき、当事者参加人、代理弁護人より渡辺正保に対し文書をもって、当事者参加人に対し渡辺正保の負担すべき訴訟費用額七八三、一〇八円也と、渡辺正保に対し神社の返還すべき地上権設定契約手付金五〇〇、〇〇〇円也との債権債務を相殺し、今後一切の残余金も請求しないことを通告しました。本件は以上のとおり処置しましたので御了承願います、一同報告どおり了承する

2．神社有地裁判の原因となった地上権設定仮登記抹消登記手続請求事件並びに不動産仮処分取消請求事件の弁護士報酬については、本年五月二十七日開催の総寄合に諮り承認を得ている金額の範囲内に於いて処理したいと考えている旨報告し了承さる

3．地上権設定契約手付金五〇〇、〇〇〇円也は昭和四十年頃より江橋弁護士に保管してもらっていたが、去る十月十二日中銀山中湖支店扱い普通預金入会権擁護委員会会計　松井忠名義八四三六二の口座に振込みになったことを報告する

十一月二十二日

江橋弁護士より次のとおり電話連絡あり

地上権設定仮登記抹消登記手続請求事件並びに不動産仮処分取消請求事件の弁護士報酬を大野弁護士と相談した結果、昨年七月一日最高裁の確定判決のときの報酬が安す過ぎたので、今回は弁護士一人当り（註、金額は略す。以下同じ）にしてもらいたい。支払い方法は来年一月送金してほしい。そして最高裁の報酬金六〇〇万円は六十年一月に送金してもらいたい

高村不二義委員長は、事は重大なので会議に諮り申入れの趣旨に回答することを約す

十一月二十六日

高村不二義委員長は去る十一月二十二日電話で江橋弁護士から申し入れのあった報酬金のことについて、大野弁護士に電話で次のとおり連絡する

本年一月三十一日大野先生からの電話で、神社有地に存在する地上権設定仮登記抹消事件を東京地裁に提起したが、この裁判の報酬金は、不動産仮処分取消事件を含め、弁護士一人当り参百万円宛とし、この裁判終了後支払ってもらいたいとのことであったので、この旨五月二十七日に開催された権利者総会に諮って承認を得たのでありますが、十一月二十二日に江橋先生からの電話で、大野先生と相談した結果、昨年七月一日最高裁の確定判決のときの報酬金は安す過ぎたので、今回の地上権設定仮登記抹消登記請求事件の報酬金は、弁護士一人当り一、〇〇〇万円宛にしてほしい。そして、この一、〇〇〇万円也を昭和五十九年一月に支払ってもらい、最高裁報酬金の残金六〇〇万円は、昭和六十年一月に送金してもらいたいということですが、大会で承認を受けた参百万円宛六〇〇万円に、壱千四百万円増額するということになりますので、再度大会の承認を受けなければならないし、増額

承認を求めて大会を開催すれば、権利者の中には増額に疑念を抱く者がでると思います、又裁判のために組織された入会権擁護委員会であるから、裁判が終了したのだから解散すべきだとの意見もあり、裁判の報酬金の支払いを昭和六十年まで延期することも問題があると思いますので、江橋弁護士と良く相談して下さい

大野弁護士は、報酬金参百万円は約束したことであり、一、〇〇〇万円を請求することは、高村不二義さんに迷惑がかかるので江橋弁護士と相談する旨回答あり

午後三時大野弁護士より、弁護士報酬金のことについて次のとおり電話連絡あり

午前中電話で連絡のあった報酬金の件について、江橋弁護士と話し合ったが、昨年七月一日最高裁の弁護士報酬金が安す過ぎたという話は、山中部落住民の中から出たものであって、弁護士報酬規定に従って計算すれば、確かに安す過ぎることは間違いないので、今回の地上権設定仮登記抹消請求事件の報酬金参百万円に七百万円を上乗せして都合一人当り壱千万円という話しがでたのであるが、参百万円は約束であるから、本年中に送金してもらい、最高裁の報酬金残金一人当り六百万円は約束どおり来年一月に送金してもらって結構です

最高裁の報酬金の安す過ぎた分についての取扱いについては、部落役員の良識にお任せしますので宜敷とのことである

十一月二十八日

午後七時三十分より参集殿において浅間神社有地入会権擁護委員会を開催する

出席者　高村不二義、高村房敬、高村佐武良、高村謙治、中村永吉、高村虎三、堀内常一、坂本勝治、

河内桂一、大森隆、羽田諏訪光、阿部喜夫、高村利貴雄、羽田誠、坂本正昭（照正）、小林太一郎、
高村正勝

議案　地上権設定仮登記抹消登記手続請求事件並びに不動産仮処分取消申立事件の訴訟代理人弁護士報酬について

委員長より提案理由として、十一月二十二日江橋弁護士の電話連絡内容と、十一月二十六日委員長と大野弁護士との電話による会話の内容を報告し、出席者の意見を求める

出席者のほとんどから、今回の地上権設定仮登記抹消事件弁護士報酬金の額については、本訴訟提起の段階で役員会と総会に諮り、弁護士一人当り参百万円ということが報告承認されており、前回の裁判の報酬金が安過ぎたから今回の参百万円へ上乗せして、弁護士一人当り支払うことは総会の承認を無視することであり、任務に背くことになるので、訴訟提起のとき約束し、その後総会に諮り承認を得ている参百万円を年内に支払うことが適切な措置ではないかとの発言があり、最高裁の弁護士報酬金の安す過ぎる問題については、切離して別途方法を検討することとし、今回は弁護士一人当り参百万円を年内に送金することを一同了承、閉会する

十二月十三日

浅間神社有地北畠八六五の二山林一四万四千六百坪に係る地上権設定仮登記抹消登記手続請求事件等の弁護士報酬金弁護士一人当り参百万円宛の送金について、大野弁護士より電話連絡があったので、高村不二義委員長、槌屋晴尚副委員長、松井忠会計、高村房敬氏子総代長立会のもと、山梨中央銀行山中湖支店より大野弁護士と江橋弁護士へ、それぞれ参百万円宛電送する

一九八四年

昭和五十九年

一月十日

神社有地北畠八六五の二山林一四四、六〇〇坪に係る地上権存在確認等請求事件　最高裁弁護士報酬金の内、残金として昭和五十九年度支払分金六百万円也を山梨中央銀行山中湖支店より、振込送金する（註、振込先略）

江橋弁護士支払分は、本人の希望により二月十日頃送金の予定

二月十日

神社有地裁判最高裁弁護士報酬金　昭和五十九年度支払分金六百万円也を山梨中央銀行山中湖支店より、三菱信託銀行丸ノ内支店江橋英五郎弁護士に振込送金する

二月二十二日

午後二時三十分より参集殿において、浅間神社有地入会権擁護委員会解散についての打合せのため、選定当事者会議を開催する

出席者

高村不二義、槌屋晴尚、河内昿、高村節久、松井忠、高村房敬、中村永吉

委員長高村不二義　挨拶に引続き、委員会解散に一同に諮る

一同神社有地裁判が完全に終結したので、委員会の解散は当然のことであるが、昭和五十七年八月四

日の総寄合の決定に基き、同月十一日の委員会で確認されている裁判史編纂と、裁判記念碑建立は、入会権擁護委員会がこれに当ることになっているので、その処理をして後に解散することがよいとの意見が多く出たので、三月上旬頃委員の全体会議を開くことを申合せて閉会する

一九八三年

昭和五十八年

六月二十三日

参集殿において管理組合と神社役員の合同会議を開き、昭和五十七年八月四日の総寄合において、建立が決定されている浅間神社有地沿革碑の碑文の原案を配布し各自検討する

一九八四年

昭和五十九年

十月五日

参集殿において入会権擁護委員会、管理組合及び浅間神社氏子総代会の合同役員会を開き、去る昭和五十七年八月四日配布した浅間神社有地沿革の碑文の一部修正して承認する

一九八五年

昭和六十年

十一月二十九日
管理組合より、高村不二義、高村房敬、大森寛市、槌屋晴尚、中村永吉、河内桂一、高村省一
浅間神社より　大森清光、高村登、坂本伝二、槌屋義明
以上十一名にて甲府市酒折の小野石材店を訪れ、御輿改修記念碑と浅間神社有地沿革碑を注文する
御輿改修記念碑工事費共　　　一、三八〇、〇〇〇円
浅間神社有地沿革碑工事費共　　二、五〇〇、〇〇〇円

一九八六年

昭和六十一年
三月二十五日
午後一時より浅間神社有地入会権擁護委員会　浅間神社、管理組合の役員参列のもとに、浅間神社有地境内に建立した神社有地沿革の碑の除幕式を挙行する
浅間神社有地沿革の碑の工事費は、入会権擁護費の会計より支出する
神社有地沿革の碑用　　　二、七三一、八二〇円
工事請負者　石和小野石材店

一九八九年

平成元年

十一月二十八日
午後七時より参集殿において、昭和五十七年八月四日の総寄合の決定に従って、入会権擁護委員会に一任されていた、神社有地の沿革誌、編纂についての経過報告のため、擁護委員会、神社及び管理組合の合同役員会を開催する
出席者
　高村不二義、羽田佐重、大森清光、槌屋晴尚、中村三嘉恵、高村徳治、高村房敬、坂本照正、羽田明春、高村朝三、中村永吉、大森寛市、高村恒行、渡辺義一、高村省一、坂本藤人
組合長高村不二義より沿革誌編纂について、昭和五十七年八月四日の総寄合で決定以後、今日までの経過の説明と、編纂作業の進行状況について詳細に報告、沿革誌の名称と目次は、原案のとおりとし、印刷店の見積について次のとおり報告する
二〇〇頁で五〇〇部を製本して、総額三、二〇〇、〇〇〇円である。更に頁数が一〇〇頁位増加した場合は一、五〇〇、〇〇〇円加算となり、合計四、七〇〇、〇〇〇円となる。出席者から、印刷費や頁数に関係なく、出来るだけ詳細な資料を掲載して発刊するよう入会権擁護委員会に一任することを確認し終了する

一九九〇年
平成二年
二月二十一日

午後七時より参集殿において、富士北麓山野入会と浅間神社有地の沿革（山中区入会史）史編纂について の経過報告のため、入会擁護委員、管理組合、神社の合同役員会を開く

出席者

高村不二義、大森清光、中村三嘉恵、高村徳治、羽田輝次、高村若友、羽田明春、高村茂、高村朝三、槌屋義明、坂本照正、中村永吉、大森寛市、羽田佐重、槌屋晴尚、坂本任邦、坂本諏美男、渡辺義一、中尾正、高村恒行、高村省一、坂本藤人

1. 沿革史は、昭和五十七年八月四日の総寄合の決議に基づき作業を進めてきたが、資料の収集を終えた

2. 印刷屋は、甲府市の今村印刷に委託したい

3. 二月二十四日に印刷屋に原稿を渡したい

4. 沿革史の目次、資料、編纂のことばの原案を回覧し検討する

5. 沿革史の表題は仮称とし、後日決定する

以上を報告し、更に印刷製本代の見積額について一同に諮る

1. 印刷製本代　五〇〇部　　三〇〇万円〜三二〇万円

2. 頁数　　二〇〇頁とする

3. 本体裁　　B五判とする

4. 校正は五校正とし、二年二月末納めること

以上検討の結果、原則としては、当局案のとおりで製本発刊することを了承するが、頁数と部数が

増加し、見積額が増額になっても折角発刊することになったのだから、当局にすべてを一任するから立派な沿革史を作ってもらいたい旨要望がなされ会議を終了する

二月二十五日

午後七時より参集殿において、沿革史の表題名決定に着いて、代表者による会議を開く

その結果、「山中区入会史」を表題とし、内容をわかり易くするため、(富士北麓山野入会と浅間神社有地の沿革)とすることで意見一致する

出席者

高村不二義、大森清光、中村永吉、羽田輝次、大森寛市、槌屋義明、中村三嘉恵、高村節久、高村朝三

九月十九日

午後七時より参集殿において、山中区入会史の編纂経過報告と最終の頁数、体裁、見積金額を次のとおり報告、一同出来る限り立派なものを発刊することを承認決定する

頁数　約六〇〇頁、体裁(用紙中性紙表紙布)金額一冊　一八、〇〇〇円

一九九一年

平成三年

一月十日

午後二時より参集殿において、山中区入会史を組合員に配布する

六　『日誌』第六分冊

一九九一年

平成三年

八月十八日

午後七時三十分より参集殿において、神社、組合の合同役員会を開催する

出席者

高村不二義、坂本照正、大森清光、羽田輝次、高村一朝、椙浦貞良、高村勇雄、高村朝三、槌屋義明、中村永吉、平山久雄、坂本任邦、高村忠男、高村栄男、阿部喜夫、高村明雄、羽田藤五郎

議題

1．宮の森橋両側及び諏訪神社本殿参道工事について

審議結果

宮の森橋両側取付け工事については、当初予算二、七五〇、〇〇〇円の見込みであったが、石張り工事に変更する場合一三、〇〇〇、〇〇〇円になる。この補正は額が大きすぎるし、水はけの処理がなされていないので後日検討する。神社前参道工事は新規工事であるが、必要やむを得ないものとし、祭典前に太鼓橋両側取付工事費をもって工事を実施する

2．裁判傍聴について

九月九日午前九時三十分組合長前に集合。役員で都合のつくものは全員参加する。車は自家用車を乗合せで一台に対し六、〇〇〇円の借上料を支払う

3．その他

組合の事業である老人福祉金を八月三十日午前十時から参集殿において、役員全員で実施する

4．山中湖村より借入れて申請のあった旧防衛庁共済組合のペンションの施設については、借入条件に具体性がないので、現段階では貴意には応じられない旨代表者から村当局に回答する

八月二十九日

高村不二義、平山久雄、河合朝一の三人で、仙石原温泉、ホテルサムソン箱根の利用券に組合員の氏名を記入する作業を行なう

八月三十日

午前十時より参集殿に、管理組合役員全員が集まり、平成三年度組合事業の、老人福祉金を組合の七十才以上の老人一四四名に一人当り十万円宛分配するとともに、福利厚生事業として仙石温泉ホテルサムソン箱根を利用する券を組合員一人当り一〇、〇〇〇円券三枚宛配分する

立会役員

高村不二義、高村徳治、大森清光、羽田輝次、高村若友、坂本久光、高村一朝、椙浦貞良、羽田明春、高村茂、高村省一、高村勇雄、高村朝三、槌屋義明、中村永吉、平山久雄、大森寛市、三橋一郎、坂本照正

坂本佐内家の御所に在った旧墓地を新土地所有者から撤去を求められ、浅間神社有地北畠八六五～一四の坂本佐内に分割貸付けてある旧戸割地に地主に無断で墓石を搬入したので、現地を視察する。

視察者　高村不二義、平山久雄の二人。其の後、不二義、現地で墓石が搬入されている状況を撮影する

九月九日
坂本佐内が原告で、神社と組合を被告として提起された、浅間神社有地に対する共有持分権確認等請求事件について、午後一時十五分より甲府地裁で開廷され、次の者で傍聴する
高村不二義、坂本照正、高村徳治、高村若友、椙浦貞良、高村次朗、高村勇雄、高村朝三、槌屋義明、中村永吉、平山久雄、大森寛市、高村一朝、高村留男、高村明雄、河内桂一、羽田藤五郎
本日の裁判
原告の訴状に対し、被告側の答弁書が提出され、原告から立証のため、甲号証の提出するよう裁判官から指示され。次回は十一月十八日午前十時
九月二十七日
午後七時三十分より参集殿において、役員研修旅行について役員会を開催する
出席者
高村不二義、坂本照正、大森清光、坂本久光、椙浦貞良、高村次朗、高村茂、高村省一、高村朝三、中村永吉、平山久雄、大森寛市
①役員研修旅行
1．平成三年中に実施する
2．日程は二泊三日とする
3．旅行方面　高野山方面

4．バス使用の旅行
5．実施日は一月十二日～十四日まで
6．個人負担金三万円とする
7．参加者は十月五日まで負担金を添えて庶務幹事に申込む
②神社有地北畠八六五～二山林の下刈り実施について
1．下刈実施日　十月八日午前九時より
2．集合場所　山中診療所前
3．携行するもの　弁当、ナタ、カマ、ノコギリ。九月三十日午前十時より丸平スタンド前に集合、役員で下刈場所の下見をする

九月三十日
神社有地下刈実施区域の下見を実施する
高村不二義、坂本照正、羽田輝次、高村朝三、平山久雄、羽田明春、高村徳治、三橋一郎、槌屋義明

十月二日
午後七時より参集殿において、神社と組合の合同役員会を開催する
出席者
坂本任邦、高村留男、宮本藤友、阿部喜夫、高村仁、河内桂、高村昭雄、羽田藤五郎、高村不二義、坂本照正、大森清光、高村若友、坂本久光、高村一朝、椙浦貞良、高村省一、高村留男、高村朝三、中村永吉、平山久雄

1．金毘羅宮境界確認の件

昭和四十一年　月　日山中区長松井忠と隣地所有者坂本虎雄との間で取り交した境界確認書に基づき、坂本虎雄の出席を求めて協議したが話し合いがまとまらず、十月七日午前九時両者立会のもと現地確認することとする

2．宮の森橋取り付け道路工事について、設計書と仕様書を出し直して後日再度会議に付す

3．旧庁省地の分筆登記について

第一測量とパイロット測量から見積を出させたところ、第一測量が一、八〇〇、〇〇〇円、パイロット測量が一、七〇〇、〇〇〇円なのでパイロット測量に委託して分筆登記することにした

4．神社有地北畠の山林下刈を十月八日に実施するので、役員の協力を要請する

十月二十六日

午前九時より、浅間神社所有、大久保金毘羅宮の土地と、坂本虎雄氏の所有地との境界の再確認のため、次の者が立会する

高村不二義、羽田輝次、大森清光、高村若夫、坂本久光、高村朝三、大森寛市、高村留男、坂本任邦、宮本良友、阿部嘉夫、高村仁、河内桂一、坂本虎雄

関係者立会現地を調査した結果、土地境界については、昭和四十一年八月十七日山中区長松井忠と坂本虎雄との間で取り交されている協定書のとおりであることを再確認した。

十一月七日

大野弁護士より、平成三年（ワ）第一七五号共有権確認等請求事件について組合側提出の第一準備書

面をファックスで送信あり。又電話で次のような連絡あり

裁判所へ提出する文書として、昭和三十九年（ワ）第一三九号地上権確認請求事件の判決文、昭和四十三年（ネ）第一六六八号事件及び昭和五十一年（オ）第四二四号地上権存在確認等請求事件のそれぞれの判決分を三部コピー。又、昭和五十二年十一月二十五日制定した管理組合の規約三部のコピーを大至急郵送すること

十一月十八日　第二回公判

午前十時十分より甲府地裁第一民事部にて、平成三年（ワ）第一七五号共有権確認の裁判が開廷され、次の役員が傍聴する

高村不二義、坂本照正、平山久雄、中村永吉、高村徳治、大森清光、羽田輝次、高村良友、高村一朝、椙浦貞良、羽田明春、高村次朗、高村茂、高村勇雄、高村留男、高村昭雄、河内桂一

原告坂本佐内は、管理組合の構成員であるという立証をすること。次回は平成四年二月三日午前十時三十分

十一月二十日

管理組合役員研修旅行二泊三日出発する

参加者

高村不二義、坂本照正、高村徳治、大森清光、羽田輝次、高村若友、坂本久光、椙浦貞良、羽田明春、高村次朗、高村茂、高村勇雄、高村朝三、槌屋義明、中村永吉、平山久雄

二十日午前六時出発、バス旅行

東名高速石山寺中食、紀三井寺参拝し新和歌山の萬波ホテル一泊
二十一日午前八時出発
高野山金剛峰寺、大師廟参拝　中食　橿原神宮参拝～京都緑風荘一泊
二十二日午前九時出発
二条城見学、銀閣寺参拝、南禅寺見学、中食、京都東インターより名神、中央自動車道を通って、
富士吉田市やぶで夕食帰宅
十二月一日
午後七時より参集殿で神社と組合の合同役員会を開催する
出席者
高村不二義、坂本照正、大森清光、羽田輝次、高村若友、坂本久光、高村茂、高村朝三、平山久雄、
坂本任邦、高村留男、宮本義友、阿部嘉夫、高村仁、高村明雄、河内桂一
議案
宮の森橋両側参道工事について
凍結防止を考慮し碑石を多く入れること。神社氏子総代と組合より五名の工事の監督を兼ねた建築
委員を選任して行う。工事参加業者を指名し競争入札する。工事費は補正する
十二月二日
午後七時より箱根仙石原ホテルサムソンで管理組合の役員会を開催する
出席者

高村不二義、坂本照正、高村徳治、大森清光、羽田輝次、高村若友、坂本久光、高村一朝、椙浦貞良、羽田明春、高村次朗、高村茂、高村勇雄、高村朝三、槌屋義明、中村永吉、平山久雄、大森寛市、三橋一郎

議案

1. 神社有地下刈実施について

2. 山中保育所建設用地借地願いについて

3. その他

審議結果

1. 神社有地下刈実施について

イ、十二月十日午前九時集合

ロ、山中診療所前浅間神社境内地

ハ、出席者各組毎に点呼

ニ、組合員より神社有地払下げの経緯と神社有財産の維持管理について

ホ、各組毎に下刈実施

2. 山中保育所移転建設用地借地願いについて

イ、保育所設置者よりの借地申請についてその実情を監察し用地を貸与することを全員一致了承する

ロ、賃貸契約をすることは財産処分になるので、総寄合に諮って同意を得る

ハ、議案を作成することは組合長に一任

3．その他

宮の森橋両側参道工事変更に伴う平成三年度、神社有財産特別会計予算並びに平成三年度神社一般会計終始予算を補正するについて、権利者の同意を求める。原案どおり承認する

4．配金については、各自の意見をまとめ、実施できるよう努力する。総寄合には当局提案でなく動議として提案することが望ましい。宮の森橋両側の参道工事の監督をするため、組合から五名の建築委員を選任する選任は組合長に一任

宮の森橋両側参道工事建設委員は次のとおり

高村不二義、高村徳治、羽田輝次、羽田明春、平山久雄

以上、報告し全役員承認する

十二月八日

午後七時より参集殿において、所有権利者資格審査委員会が開催される

出席者

高村不二義、坂本照正、大森清光、羽田輝次、高村徳治、高村一朝、平山久雄、中村永吉、高村若友

所有権利者資格取得申請者の資格審査会を行なう。委員会に諮問を受けた答申書を案文に従って検討し、原案どおり決定す

十二月十日

午前八時より神社有地北畠の山林松林の下刈作業を組合員出動して実施する
午前十一時で終了する。出動者数　二七八名
午後二時より山中町公民館で、臨時総寄合を開催する
出席者実人員　二一九名　委任者　五十二名　合計　二七一名
議長　大森清光、高村虎三
　第一号議案
　　山中保育所建設用地借地権について
　第二号議案
　　宮の森橋両側参道工事について
　　両議案、原案どおり議決する
　第三、その他
　　出席権利者より、年末手当配分の申入れあり、組合長　組合員要望にこたえ、配分について役員
　　に一任する
総会終了後、参集殿において配分について組合と神社の合同役員会を開催する
総寄合で提案された年末手当配分について協議する
　1．配分の総額は約一億円とする
　2．配分は権利加入に従って、次のとおりの配分率とする
大正六年及十一年の権利者

一二一人×五〇万円＝六、〇五〇万円
昭和年代加入権利者
六七人×四〇万円＝二、六八〇万円
利用権利者
八二人×三〇万円＝二、四六〇万円
外来利用権者
一五人×二〇万円＝三〇〇万円
合計　一一四、九〇〇万円
夜る水車ポンプで神社と組合の役員、夕食会をする
十二月十三日
午後六時三十分参集殿で、宮の森橋両側の参道工事について、最終見積と仕様書が提出され、神社と組合の合同役員会で了承
十二月十六日
不二義、平山、永吉の三人で、来る十二月十八日に配分を実施するについて各預金先の金融機関別に払戻しのための連絡をする
夜る七時より参集殿において、役員会を開く
出席者
高村不二義、坂本照正、高村徳治、羽田輝継、高村若友、坂本久光、椙浦貞良、羽田明春、高村次

朗、高村茂、高村省一、高村朝三、槌屋義明、中村永吉、平山久雄、三橋一郎
年末手当配分は次の要領で実施する
1. 十二月十八日午前九時参集殿に役員全員集合する
2. 評議員は当日組を代表として配分金を受取るため、印かんを持参する
3. 配分は各組毎に午前十時より実施する
4. 組合員への連絡は組毎に電話でする
5. 配分は評議員宅で行なう
6. 配分名簿には受領者本人が署名捺印する
7. 配分名簿は終了後、組合長に返還する
保育所用地の借地契約について
1. 契約期間　二〇年間とする
2. 賃料改訂　五年毎に見直
3. 借地料金　年額坪当り　一、二〇〇円～一、五〇〇円の間で組合長に一任する
十二月十八日
午前九時より参集殿に組合役員が集合し、年末手当金を次のように配分する
管理組合員年末手当配分

組別	組合員数	配分金額（円）
丸尾組	四〇	一三、六〇〇、〇〇〇

諏訪組	二八	一〇、四〇〇、〇〇〇
第一組	三二	一三、〇〇〇、〇〇〇
第二組	二八	一二、八〇〇、〇〇〇
第三組	二八	一三、一〇〇、〇〇〇
第四組	四三	一八、九〇〇、〇〇〇
第五組	五九	二三、六〇〇、〇〇〇
二の橋組	二七	九、五〇〇、〇〇〇
合計	二八五	一一四、九〇〇、〇〇〇

一九九二年

平成四年度

一月八日

午後三時三十分より参集殿において、宮の森橋両側参道工事について、神社より高村留男総代表　高村仁会計、阿部嘉夫庶務幹事、坂本宮司、組合より　高村不二義組合長と平山久雄幹事

敷石工事

特名業者　小野石材店

見積額　四、九二八、二〇〇円

契約額　四、四〇〇、〇〇〇円

土工事
指名競争入札
高元建設、渡辺土建
入札の結果
高元建設落札　三、〇五〇、〇〇〇円
一月二十四日
午後三時より参集殿において、所有権利者資格取得申請者の資格審査委員会を開催する
出席者
坂本照正、高村不二義、高村徳治、大森清光、羽田照次、高村一朝、中村永吉、平山久雄、高村若友
午後四時から開かれる役員会に報告する審査結果の範囲に打合せをする。審査委員会の経過の報告し、答申書を配布すること
午後四時より役員会を開催する。上記委員の外に出席した者
椙浦貞良、羽田明春、高村次朗、高村茂、高村省一、高村勇雄、高村朝三
審査委員会の経過の報告と答申書を提示。特に組合長の所信表明として、所有権利者新加入問題は組合の根幹に関わる問題であり、組合の最重要案件として位置づけしており、避けて通ることはできないので、皆さんの忌憚のない意見をいただきながら、できれば平成四年三月までに方向づけをしたいと考えているが、それが無理なら遅くとも私達の任期の終る平成五年三月三十一日までに結論づけ解

決したいと考えている
本日は新年の会議ですので、本案は審査委員会の審査経過の報告と答申書の提示で本格的な審議は正月明けの来月から審議に入りたいと思うということで一同了承する
その他の報告事項
　1. 保育所用地の契約について
　十二月十六日の役員会で組合長に一任を受けた賃貸料については坪当り一、三〇〇円で、去る一月十日に契約を終えた
2. 貸地内の立木と転石の処理については執行部に一任
3. 隣接地の借地料は坪当り一、五〇〇円とする
4. 法律顧問委任契約期限については、一年間延長する
5. 佐内との裁判について、準備書面報告
6. 各組の組合員所属について組毎に確認する。会議終了後、水車ポンプで夕食する
甲府地裁第一民事部係属・平成三年（ワ）第一七五号事件
原告　坂本佐内
被告　浅間神社　他一名
前回期日　平成四年二月三日　午前十時三十分
次回期日　平成四年三月十六日　午前十時
　甲府地裁第一民事部係属・平成三年（ワ）第一七五号事件

原告　坂本佐内
被告　浅間神社　他一名
前回期日　平成四年二月三日　午前十時三十分
次回期日　平成四年三月十六日　午前十時
請求金額　￥六三、五四〇円也
内訳
日当（二月三日分）　五〇、〇〇〇円
消費税　（三％）　一、五〇〇円
旅費（甲府往復）　一二、〇四〇円
合計　六三、五四〇円
送金先　住友銀行　神谷町支店　普通預金　名義　大野正男

二月三日　第三回公判
午前十時三十分より甲府地裁で開廷された平成三年（ワ）一七五号共有持分権確認請求事件を次の者で傍聴する
高村不二義、坂本照正、高村徳治、大森清光、羽田輝次、高村若友、高村朝三、平山久雄、高村省一、高村勇雄、大森寛市、三橋一郎、河内桂一
次回の開廷は、平成四年三月十六日午前十時

二月九日

午後六時三十分より参集殿において、阿部嘉夫住宅火災につき災害救助委員会が開かれる。山中区長他組長、神社氏子総代、管理組合の役員の合同会議

規約に従い、白米二〇俵分六〇万円支給することを決める

二月十三日

高村不二義、坂本照正、高村徳治、中村永吉、平山久雄の五人で、組合長宅において所有権利者資格取得申請者の資格再検討をする。次回二月十七日午後一時より組合長宅で引続き再検討する

二月十七日

午後一時より組合長宅において、新加入者資格取得申請者の本籍、住居、経過年数の再検討を行う。

本日の出席者　高村不二義、坂本照正、高村徳治、中村永吉、平山久雄の五名

午後五時より、山中保育所用地として山中湖村に貸与した北畠の丸尾の立木と転石を下見する

二月二十七日

午前十時より参集殿において、所有権利者資格取得申請者資格審査委員会を開催

出席者

高村不二義、坂本照正、高村徳治、大森清光、羽田輝次、高村若友、高村一朝、中村永吉、平山久雄

規約の解釈、諸般伝馬の定義、子孫とは、独立の住居の定義等の見解を確認

午後一時より上記について役員会

出席者

高村不二義、坂本照正、高村徳治、大森清光、羽田輝次、高村若友、高村一朝、椙浦貞良、羽田明春、高村次朗、高村茂、高村勇雄、槌屋義明、中村永吉、平山久雄、大森寛市

子孫、諸役伝馬、独立の家居、経過年数について　審査委員会で確認したことを報告、同意を受ける

三月六日

甲府地方裁判所平成三年（ワ）第一七五号事件の請求人である原告坂本佐内は、代理弁護士を通じ被告浅間神社と管理組合の訴訟代理人である弁護士大野正男と同江橋英五郎を弁護士法違反による懲戒処分請求を、第二東京弁護士会に提訴したので、これに対し、被請求人である大野弁護が弁護会に弁明書を提出するについて、本訴被告管理組合として陳述書を提出するため、その打合せに、組合長高村不二義、相談役坂本照正、会計平山久雄の三人、東京の虎ノ門法律事務所を訪れる

三月九日

午前十時より参集殿において、管理組合役員会を開催する

出席者

高村不二義、高村徳治、坂本照正、羽田輝次、高村若友、高村一朝、坂本久光、大森清光、椙浦貞良、羽田明春、高村次朗、高村茂、高村省一、高村夏雄、高村朝三、槌屋義明、中村永吉、大森寛市、三橋一郎

議案

所有権利者資格取得申請者の審査について

会議に先立ち次の事項を報告する

1．山中保育所建設用地建ペイ率について

2．佐内の提起した裁判に関し、相手弁護人の加賀美清七より、組合と神社の代理弁護士、江橋、大野両氏の弁護士法違反を理由に懲戒請求を申し立てたことについて大野弁護士より第二東京弁護士会に弁明書が出されたことと、組合長名をもって同弁護士会綱紀委員会に対し、陳述書を提出したことも報告する

又、次回の公判開廷日は三月十六日午前十時なので、午前八時組合役員は傍聴のため、山中を出発する旨連絡する

引続き本題について審議に入る。資格審査委員会から組合長に提出された審査結果表を各組毎に提示し、組に所属する役員で検討する

検討の結果、次のとおり報告あり

丸尾組	高村哲二	年数不足	？を×に
	田中三千代	住居ナシ	？を×に
	高村　康	年数不足	？を×に
諏訪組	羽田純子		○を×に
	杉本　朗		？を×に
第一組	堀内武雄	本籍、住居転居	？を○に
第三組	高村愛子	住居ナシ	？を×に
第五組	坂本幸光	住居ナシ	？を×に

二の橋組　後藤道子　住居調査　?を?に
和光則子　住居調査　?を?に
佐藤由香　年数不足　?を×に
山﨑賢二　住居調査　?を?に

二の橋組の再調査を要する三人については、資格審査委員会で調査し、その結果を再度役員会において審査することで一同了承する

本日の会議は、これをもって閉会する

三月十六日　第四回公判

午前十時より甲府地裁で開廷される平成三年（ワ）第一七五号共有持分権確認等請求事件の第四回公判傍聴を次の者で行う

高村不二義、高村徳治、坂本照正、羽田輝次、高村若友、椙浦貞良、高村朝三、槌屋義明、中村永吉、平山久雄、大森寛市、三橋一郎

大野弁護士は次のとおり弁論する

1．原告は、自ら管理組合員であり、本件土地の管理人だと主張するが、それなら、自分の手で調査し立証すべきである

2．それもなさず被告に対し、いたずらに釈明を求め、多数の文書の提出を求めているが現段階では応じられない。

3．又原告は甲府地裁　昭和三十九年（ワ）第一三九号事件判決理由を引用するといいながら、共

有権分権の主張は矛盾する

4．右判決は一二〇名の共有であることを否定し、実在的総合人たる山中部落の総有であることを認めている

5．原告は、前述のとおり右判決の判示を採用しているが、それならば何故共有持分の確認を求めるのか、右判決との関係を明らかにされたい

原告弁護士の答弁

旧訴の全記録を調査しなければ、釈明出来ない。それには三ヶ月間位の期限が必要だ、と主張した

裁判所の考え方

三ヶ月の期間は長すぎる。二ヶ月以内でまとめられたい

次回の開廷は平成四年六月一日午前十時として閉廷する

三月十八日

県演対室の菊島室長、清水主査、赤池補佐の三人で平成三年度演習場提供地賃貸料の改定最終案を次のとおり提示する

場所　組合長宅

県演対協としては会長、副会長、地元協会長、室長等で賃料増額について過去四回にわたり交渉し、国からは財政事情から今年は前年対比の六・一五％のアップが示された。県演対協としては本県の土地価額が他県に比して上昇していること。過去の大幅に変動したときの積残しがあること、来年四月には第五次使用協定の更改があること、三月十日に国から最終提示額があり、一律

六・七〇％アップが示された
全体
平成二年　二、五三八、九九九円に増額　一七〇、一一三、〇〇〇円
合計　二、七〇九、〇〇〇円
浅間神社分
平成二年　三六七、五八七、〇〇〇円に増額　二四、六二八、〇〇〇円
合計　三九二、二一五、〇〇〇円

三月二十四日
午後二時より参集殿において、所有権利書資格取得申請者のうち、資格再調査になっていた、二の橋組の山崎賢二、後藤道子、和光則子の三人を検討する。山崎賢二は、昭和五十年山崎竹次の遺言書と土地（借地権）と建物の登記簿謄本を添付して、住居の証明願いに基づき合格とする。後藤道子と和光則子については、住居を証明する電気料か電話料の領収書を提示するよう本人を呼んで申し伝える
本日の会議の出席者
高村徳治、坂本照正、高村若友、坂本久光、高村一朝、中村永吉、平山久雄、羽田輝次、高村不二義　以上九人
四月八日
午後三時より参集殿において、神社高村留男総代長、高村仁会計、高村昭雄、高村昭八監事出席、管理組合より　高村不二義組合長、平山久雄会計、大森寛市、三橋一郎監事出席して、平成三年度神社

有財産特別会計及び管理組合一般会計、神社一般会計の監査を執行する

五月七日

午後七時三十分より参集殿において、平成三年度神社有財産特別会計及び神社、山中区、管理組合の事業報告と決算承認の会議を開催

出席者

高村不二義、、坂本照正、大森清光、羽田輝次、高村若友、高村一朝、羽田明春、高村茂、高村夏雄、高村朝三、槌屋義明、中村永吉、三橋一郎、坂本任邦、阿部嘉夫、高村仁、高村昭雄、河内桂

一、羽田藤五郎、高村法、高村昌也

一号議案　特別会計、神社、区、組合の一般会計決算は原案どおり承認する

二号議案　その他

イ、予算編成について

来る五月十四日午後七時三十分参集殿に神社、区、組合の代表者が集まり、平成四年度の予算の骨格を決める

ロ、本年度の演習場貸地料は次のとおり

平成三年度賃借料精算金　　二四、六三四、五二四

平成四年度賃借料前渡金　三九二、一二三、二二八

ハ、二四、六三四、五二四＋三九二、一二三、二二八＝四一六、八五七、七五二円が本年度演習場賃料である。大金であるので入金したら普通でおくと損となるので、一時定期に預け入れる

ニ、本年度の各組織と団体補助金等予算に充当した剰余の金は、例年どおり各金融機関に按分して
定期預金として預け入れる

ホ、山中保育所に貸した土地を山中湖村が業者に発注して整地したところ坂本虎雄経営の水道管の
埋設してあり破損した損害金として業者が二十五万円以上請求されたが、神社としては貸して
ない土地へ、坂本虎雄が無断で埋設した水道管なので、弁護士とも相談して、水道管撤去通告
書を内容証明郵便で発送する

へ、坂本佐内裁判は来る六月一日に開廷されるので、役員は都合して傍聴してもらいたい。出発時
間は追って電話連絡する

五月十七日
神社有地藤塚九〇五〜二山林の転石を盗石しているとの情報により、高村不二義組合長見廻りに行く

五月二十一日
午後七時三十分より参集殿において、神社、山中区、管理組合の合同役員会を開催する

出席者
高村不二義、坂本照正、大森清光、高村若友、椙裏貞良、羽田明春、高村次朗、高村茂、高村朝三、
中村永吉、平山久雄、坂本任邦、羽田祐雄、高村留男、高村友造、羽田諏訪光、羽田春良、小林太
一郎、大森和三、槌屋勝三、高村茂、滝口菊雄、羽田行男、中沢正春、高村堯春、坂本恵作、羽田
隆守、羽田泰市、大森幸一、高村昌也

一号議案

平成四年度神社、管理組合、山中区一般会計予算並びに神社有財産特別会計予算認定にさいて
二号議案
管理組合建築について
三号議案
その他
一号議案
神社、組合、山中区　平成四年一般会計予算並びに神社有財産特別会計予算について、原案どおり承認決定
二号議案
管理組合事務所建設について
昭和六十三年六月十三日の総寄合で動議として事務所建設が提案されて全員一致をもって建築することが決定された。更に昭和六十三年七月十二日の総寄合で施設内の備品費等も含めて約三億円の概算の予算が全員一致で認められた経緯があるが、執行されないまま現在に至っている。重要書類や古文書も保管場所がないため、組合の運営に支障を来している
組合事務所といっても組合ばかりが使用するものでなく、区や神社も事務所として利用できるように考えている
以上建築の必要生を説明、一同承認する
設計の細部と見積、仕様書等については、総寄合に提案するまでに準備することを約束する

三　その他

平成四年度演習場貸地料三九二、二二三、二二八円が本日入金になったので、普通預金のままでおくと、利息が損であるから速やかに各金融機関に例年どおり分散して預け入れたいと思うので、執行部に一任してもらいたい旨申述べ了解を受ける

五月二十二日

参集殿に組合から、組合長、会計、相談役　神社から宮司、総代長　区から会計が集まり各金融機関を招いて、次のとおり分散して預け入れる

総額　三九二、二二三、二二八円の内

中銀	九〇、〇〇〇、〇〇〇円
静岡信用	九〇、〇〇〇、〇〇〇円
大月信用	六〇、〇〇〇、〇〇〇円
山中局	六〇、〇〇〇、〇〇〇円
旭丘局	二〇、〇〇〇、〇〇〇円
計	三二〇、〇〇〇、〇〇〇円

預け入れ後、平成三年度神社有財産特別会計決算書と神社、管理組合、山中区の決算書の印刷の一校正と組合員名簿の印刷の校正を行ない、平成四年度の上記各組織の予算書を旭印刷に渡す

五月二十六日

午後七時三十分より参集殿において、所有権利者新加入申請者のうち再検討を要する者について審査

委員会を開催する
出席者
　高村徳治、羽田輝次、平山久雄、高村一朝、大森清光、高村若友、坂本照正、中村永吉、高村不二
　義
去る三月二十四日開催の審査委員会で、後藤道子と和光則子の住居を証明するものを提出するよう、本人を招致して申し渡したが、それを証明する電気料の領収書や電話料の領収証等の提出がないので、総会で追求されたとき申し開きができなければ困る。慎重に検討した結果、資格適格者二一九名の外九一名は保留扱いとする。但し規約十三条四項を改正し権利の格差をつけることにすべきである例えば格差をつける場合、一つの方法として

大正六年十一月	大正年代権利取得者	一二一人（五）	三四・〇〇％
昭和初、十七、二四年	昭和年代　〃	六七人（四）	二七・〇〇％
二〇円子孫利用権利者	平成年代　〃	七八人（三）	二〇・〇〇％
新規加入申請者	平成年代　〃	一五二人（二）	一三・〇〇％
外来者利用権者	昭和三十九年加入　〃	一九（一）	六・〇〇％
計		四三七人	一〇〇・〇〇％

五月二十九日
午前十一時より役場会議室で、山中保育所建築委員会を開催出席する

入札　五月　日　起工式　六月一日

五月二十九日

午後七時三十分より参集殿で組合役員会

議案　定時総寄合、日程並びに提出案件について

出席者

高村不二義、高村徳治、大森清光、羽田輝次、高村若友、坂本久光、高村一朝、椙浦貞良、羽田明春、高村次朗、高村茂、高村省一、高村勇雄、高村朝三、槌屋義明、中村永吉、平山久雄、坂本照正、大森寛市、三橋一郎

組合長の挨拶に引続き、次の二名を署名委員に指名する。署名委員大森清光、高村次朗。組合長より、議案について、次のとおり説明。来る六月五日の総寄合に付議す議案については、既に開催通知に記載して発送してあるが、所有権利者の新加入問題については、去る五月二十六日に開かれた第十一回の審議会の席上で委員長から最終答申として明細書を添付して、提出を受けたのでありますが、その答申書を書記より朗読いたさせます。尚明細書として、所有権利者資格取得申請者数三〇〇名、審査結果の適格者数二三〇名、審査の結果、保留者数九〇名。この保留者数の中には、現在は規約第七条の条件を具備していないが、次の資格取得申請のときには適格者となれるもの、全く資格取得する条件を具備していないものと、現在利用権利者で、取得申請をした者の中で不適者として永久利用権利者のままの者四名も含まれています。それでは書記より答申書の朗読を行います。

答申書の朗読が終った後、質疑が行われる。

組合長より
明細書に示す適格者数は、答申書に添えて別提出された各組毎に提出した資格取得申請者の個人氏名を書いた審査結果表と一致しておりますので不審と思われる方は、個別に閲覧をしていただきたいと思います。
審査委員会から提出された明細書に示す所有権利者としての適格者二三〇名を所有権利者候補者にすることで承認できますか問うたところ、万場一致了承する
決して答申書には書かれていないが、現物で加入金を加すことになっているが、加入金の額は、加入するものにとって、出し易い額として利用権者の所有権利者格差も、新規加入社も一律十万円を役員会で決定する。答申の中で既得所有権利者の主張する権利に相当の格差をつけることについては規約の改正が必要なので、改正案つくって今定時総寄合に議案として提出することは不可能なので、六月五日の総寄合には、新加入問題は今日までの経過を報告して、総会後、規約改正案つくりに着手し案が出来次第役員会を開いて検討して総会に諮り、正式に新加入承認議案を提出することで一同了承する
当日六月一日は、山中保育所の起工式が午前十時から行われるが、組合は当日甲府地裁で裁判があるので、起工式には羽田明春、槌屋義明、高村一朝、高村茂、坂本久光の五名が参列することとし、他組合長以下は裁判の傍聴をする
神社氏子総代から裁判を傍聴するものは羽田春良、高村友造、槌屋勝三の三名
六月一日　第五回公判

午前十時に開廷される平成三年（ワ）第一七五号共有持分権等確認裁判を次のもので傍聴する
高村不二義、坂本照正、高村徳治、大森清光、羽田輝次、高村若友、椙浦貞良、高村次朗、高村勇雄、中村永吉、平山久雄、三橋一郎、高村友造、羽田春良、槌屋勝三
裁判官より原告に対し、前三月十六日の開廷日に三ヶ月位の猶予の日時を希望したので、六月一日まで延期したのに、書類の提出がないのは裁判を徒らに遷延することだ。原告は前訴渡辺正保裁判の一審二審三審の判決を採用すると言いながら、所有権または共有持分権を主張するのは矛盾している。速やかに主張を整理して準備書面を提出することを強く申し渡される
次回は八月二十四日午前十時

六月五日
午後二時より山中湖村公民館にて、平成四年度神社、組合、山中区の合同総寄合を開催する
出席者　実人員　　委任者　　合計
第一号議案
　平成三年度神社、組合、山中区、特別会計の決算と事業報告
第二号議案
　平成四年度神社、組合、山中区、特別会計の予算承認について
第三号議案
　組合事務所（仮称）建設について
第一号議案より第三号議案はすべて原案どおり決定する

その他

組合長より所有権利者新加入問題について、次のとおり説明する

1. 所有権利者の新加入を認めるため、平成元年十二月十一日規約改正

2. 平成二年三月十日より三月十七日までの間に新加入申請事務を実施

3. 平成二年九月拾九日審査委員会設置　それより役員会六回、審査委員会十一回、執行部会二回

4. 平成三年六月三十日中間答申　平成四年五月二十六日最終答申

5. 申請者　利用権者八二名、新規二三八名、計三二〇名。適格者　利用権者七八名、新規一五二名、計二三〇名

答申書の中で新加入を認める前に現行規約を改正し、権利者の加入年代毎に格差をつけるよう要望があった。動議として、新加入を認める前に規約を改正し、改めて総寄合を開いて規約改正の件と新加入の件を議題として、審議する旨の提案が羽田弥一氏から出た

六月二十四日

午前十時より参集殿において、老人福祉金の分配及び温泉施設無料利用券の配分並びに神社、組合、山中区の一般会計予算額の配分、各種団体への助成金を支払う

役員立会人、次のとおり

高村不二義、平山久雄、中村永吉、羽田佐重、高村徳治、椙浦貞良、高村茂、大森寛市、大森清光、羽田輝次、高村若友、高村一朝、高村次朗、高村省一、高村勇雄、高村朝三、三橋一郎

老人福祉金受領証　（平成四年六月二十四日）

組　別	人員	金　額	評議員（組長）氏名　印
丸尾組	一七	一、七〇〇、〇〇〇円	椙浦貞良
諏訪組	一七	一、七〇〇、〇〇〇円	高村徳治
第一組	一三	一、三〇〇、〇〇〇円	高村次朗
第二組	一五	一、五〇〇，〇〇〇円	高村　茂
第三組	一八	一、八〇〇、〇〇〇円	高村省一
第四組	二二	二、二〇〇、〇〇〇円	高村勇雄
第五組	三五	三、五〇〇、〇〇〇円	高村朝三
二ノ橋組	一二	一、二〇〇、〇〇〇円	高村若友
合計	一四九	一四、九〇〇、〇〇〇円	

温泉保養施設宿泊利用券配布番号表

平成四年六月二十四日配布

組別	人員和	利用券番号	組所属替後の番号
第一組	三三	一～九六	第二組より　一七五・一七六・一七七
第二組	二七	九七～一八〇	
第三組	二六	一八一～二六四	
第四組	四一	二六五～三九三	

第五組	六二	三九四～五七三
諏訪組	二六	五七四～六五四
二橋組	二八	六五五～七三五
丸尾組	四二	七三六～八五五
合計	二八五	一～八五五

第三組より	二五六・二五七・二五八
第四組より	二六八・二六九・二七〇
第四組より	三五八・三五九・三六〇
第三組より	二五九・二六〇・二六一
第五組より	四九〇・四九一・四九二
諏訪組より	六〇七・六〇八・六〇九
二橋組より	六九七・六九八・六九九

午後三時三十分より全員で旧戸割地内の道路敷を山中湖へ寄附採納した部分の道路変更について、村長よりお願いがあったので現地を見に行き、仮杭を打って再び立合うことで別れる

午後五時よりシーホースで、本日立会した役員で夕食会をする

七月三日

組合の下記懸案事項処理のため、伊藤ホテルサムソン伊豆高原で役員会を開き一泊する

参加者

高村不二義、平山久雄、中村永吉、羽田輝次、大森清光、高村若友、高村一朝、椙浦貞良、羽田明春、高村茂、高村省一、高村朝三、槌屋義明、三橋一郎

1．新加入者の取扱いについて説明
イ、権利者毎の格差の問題について、それぞれの権利者間に意見の相違があり、お互いにある程度の譲歩しなければ問題解決はできない
ロ、現行規約の改正は難しい。新加入承認の総寄合を開くにも問題解決しなければならない
2．組合事務所建設についての説明
イ、設計書を依頼するには、大手企業にプランを立てる必要がある
ロ、工事は、大手会社に指名し競争入札する
3．神社有地内の転石採取許可願いは、次の理由で却下する
環境庁による文化財保護の指導があるので禁止する
以上確認する
八月二十一日　第六回公判
午前十一時より甲府地裁で平成三年（ワ）第一七五号共有持分権確認等請求事件の公判が行われる
傍聴者
高村不二義、大森清光、高村若友、梠浦貞良、高村省一、高村勇雄、高村朝三、三橋一郎、平山久雄、羽田祐雄、羽田春良
本日の裁判
原告訴訟代理人は第三準備書面をもって、次のとおり請求の趣旨の変更申立をする
1．被告両名は、原告が別紙物権目録記載の土地に対し、共有入会権（所有権利）があることを

確認せよ

2．被告両名は、原告が山中部落浅間神社有地入会管理組合の構成員であることを確認せよ

3．被告山中部落浅間神社有地入会管理組合は、原告に対し、金一、五〇〇万円とこれに対する平成元年十二月二十七日より、右完済にいたるまで年五分の割合による金員を支払え

4．訴訟費用は被告両名の負担とする。この裁判ならびに第三項について仮執行の宣言を求める

以上のように訴訟提起した平成三年四月十六日の時点の請求の趣吉、浅間神社有地に一八〇分の一の割合による所有権（共有持分権）確認を求めたのであるが、今回は共有入会権に変更した。次回は平成四年九月二十八日午前十時

九月二日

午後七時三十分より参集殿において、組合役員会を開催する

出席者

高村不二義、高村徳治、大森清光、羽田輝次、高村若友、高村一朝、榾浦貞良、羽田明春、高村茂、高村省一、高村勇雄、高村朝三、中村永吉、平山久雄、三橋一郎

議題

①所有権利者新加入について

②組合施設建設について

③その他

定刻になったので組合長座長となって会議を開会する

①について
大勢の意見
新加入を認める前に現行規約を改正して、新・旧権利者間の財産に対する格差をつけるべきである
少数意見
平成元年十一月十二日の総寄合で二〇円拠出者の子孫の新加入を認めることになっているので、資格審査の結果、新加入者として適格者と認められている者を優先して加入を認め、その後に規約を改正して格差をつけることには異議はない
審議を重ねたが両論が対立し、一致点を見出すことは困難なため、冷却期間をおいて、弁護士にも本日の会議の経過を説明し、再議することとした
②について
組合関係施設計画案が、清水建設と鹿島建設から提出があった
組合独自の構想に基づき監事の三橋一郎氏に計画案を検討してもらい、以上三案を叩台に役員会で検討審議して最終案を決定し、コンサルタンツに設計を依頼することとした
③について
小学校体育館建設用地と交換した神社有地を、個人に交換登記することについて役員の承認を求める
土地所有者は、坂本諏美男氏で、所在地は山中字宮の前　（ママ）平米　（ママ）坪　これに対し、神社有地北畠　（ママ）平米　（ママ）坪　を交換地の代りに坂本諏美男氏に登記してやることを全

会一致承認する

九月十日

午後七時三十分より参集殿で、組合施設建築について清水建設、吉田営業所長、設計長他数人が来て説明会を行なう

組合役員出席者

高村不二義、大森清光、羽田輝次、高村若友、高村一朝、椙浦貞良、高村次朗、高村茂、高村巌雄、高村朝三、中村永吉、平山久雄、三橋一郎

組合長より

去る九月二日の役員会で決定した組合施設建築に関し、業者の説明を受けるため、本日は清水建設の吉田営業所長他設計長他数名の計画案と模型を持参したので、建築についての説明を受けた後、各自質問をしてもらいたい。尚公平を期すため、後日改めて鹿島建設の係の出席を求め、本日と同じように説明してもらう予定である

以上の挨拶して説明に入る。滝沢設計長より計画図案と模型を示しながら説明を受け、若干の質問があって会議を終る

九月二十一日

午前十時より戦没者墓地で山中区主催の慰霊祭に組合長列席する

九月二十八日

午前十時より甲府地裁で開廷された平成二年（ワ）第一七五号持分権確認等請求事件の口頭弁論裁判

を次の者で傍聴する
高村不二義、大森清光、羽田輝次、高村若友、椙浦貞良、高村茂、高村勇雄、高村朝三、中村永吉、平山久雄、三橋一郎、羽田祐雄、高村留男、瀧沢菊雄、大森寛市
原告より第四準備書面提出
1. 本県土地の所有形態について
2. 本県土地に対する利用者について
3. 第一、第二、第三準備書面の記載事項の訂正について
被告より上記事項について第四準備書面を提出
1. 原告は共有持分割合一九〇分の一の権利確認か
2. 原告の主張は、昭和三十九年（ワ）第一三九号本件判決理由の総有であるというのに矛盾している
3. 原告は部落を離れても権利は喪失しないという答弁が出されていない
4. 諸役伝馬は山中部落には存在しないということか、その理由を明らかにされたい
5. 組合規約十二条の憲法二十九条に違反する旨主張と、他方前記甲府地裁判決理由を採用するなら、総有においては部落を離れることと権利喪失することになることと矛盾するではないか
6. 部落外へ転出することにより、権利喪失が何故憲法二十九条に違反するのか説明を求める
裁判官
原告の主張の共同所有の持分割合一九〇分の・の共有の場合と、昭和三十九年（ワ）第一三九号事

件の判決理由の総有の場合は村を離れることによって権利は喪失することは通例である。それは余分のことだが、次回までにその釈明をせよ

次回開廷日　平成四年十一月三十日午前十時

九月二十八日　第七回公判

午後七時より参集殿において、鹿島建設の社員による組合施設建設についての模型と仮設計図により説明会が行われる

出席者

高村不二義、大森清光、羽田輝次、高村茂、高村若友、椙浦貞良、高村勇雄、高村朝三、中村永吉、三橋一郎、平山久雄

鹿島建設の係より模型と構想案について、詳細に説明し役員より若干の質問があって散会する

十月七日

午後七時より参集殿において、下記のことについて役員会を開催する

出席者

高村不二義、高村徳治、大森清光、高村若友、坂本久光、椙浦貞良、羽田明春、高村省一、高村朝三、中村永吉、平山久雄、三橋一郎

議案

1. 組合事務所（仮称）建設構想案最終決定について

2. 役員研修について

3．その他

組合施設について、組合としての基本構想案を提示し、役員会でこれを基に設計士に平面図を作成してもらい、これを検討修正し、最終の基本計画を決定し、コンサルタン実施計画案の作成を依頼し、細部に亘って検討を加え、本格設計、設計見積積算を完了し、再び役員会に諮り、建設費の決定、建設業者を数社選定し、工事入札の実施、工事契約を行ない明年三月三十一日までに起工式の運びができるよう努力することとする

役員の研修旅行については、予定どおり十月二十九日より十一月一日まで三泊四日で実施する。参加申込みは十月十二日午後六時までとする。負担金は五万円とし、申込みと同時に納入する

その他

神社氏子総代より提案された諏訪神社お札授与所建築工事について、見取図について説明したが、現在の役員の任期は来年の三月三十一日で満了となるので、平成五年度にまたがる継続事業について同意を与えることはできない。必要性は認めることとし、建設ができるよう今後協力していくこととする

十月二十九日

管理組合役員研修旅行を下記により実施する

参加者

高村不二義、高村徳治、大森清光、高村若友、坂本久光、椙浦貞良、高村勇雄、高村茂、高村朝三、中村永吉、平山久雄、三橋一郎、大森寛市　以上十三名

午前六時マイクロバスで出発。三島新幹線こだま八・一七発　名古屋新幹線ひかり一〇・二七岡山市内で昼食、瀬戸大橋を貸切バスで渡って善通寺に参拝、琴平グランドホテル一泊
第二日目　金毘羅宮参拝、栗林公園、野鳥見学、昼食、高松竜河洞見学、高知山翠園ホテル一泊
第三日目　桂浜、坂本竜馬銅像と土佐犬闘犬センター見学、昼食、砥部焼窯元見学、石手寺参拝　道後温泉白山荘宿泊
第四日目　松山城見学、伊予かすり会館見学、昼食、松山空港より日本航空機で羽田着。マイクロバスで富士吉田市やぶで夕食し帰宅する

十一月九日
午後七時より参集殿で管理組合役員会を開く
出席者
　高村不二義、大森清光、坂本久光、椙浦貞良、高村茂、高村勇雄、高村朝三、中村永吉、平山久雄、三橋一郎
仮称組合事務所計画図の選定について
三橋一郎氏が設計した図面をもとに検討し、若干の変更があったが、この図面をコンサルタントにアレンジして設計計画実施計画図を書いてもらうことを決定する。コンサルタントとの接触して設計図を完成するため、役員代表五人を決める
高村不二義、大森清光、平山久雄、中村永吉、三橋一郎を選ぶ
新加入問題は出席者が少ないため保留して継続審議していくこととし、現役員の任期満了となる平成

五年三月三十一日までに結論を出すよう努力することとする
その他　原告大森照元、被告大森寿志の間で争われている不当利得返還請求事件に管理組合よりの配分金一、六〇〇万円が原因なので、十二月一日都留支部の裁判に組合長が証人として出廷することになっていることを報告了承
十一月十三日
高村不二義、平山久雄、大森寿志三人、東京都虎ノ門法律事務所で、寿志と照元間の裁判で組合を代表して証人として出廷する高村不二義の証人尋問打合せを、大野弁護士と行う。二時間打合せをして午後六時帰宅する
十一月二十二日
午後七時より組合長宅で、組合施設建築小委員会を開き、計画設計平面図の最終検討をし、設計士をレーモンド佐藤建築事務所に依頼することを決め、三橋一郎氏から連絡することとする
出席者
　高村不二義、中村永吉、平山久雄、大森清光、三橋一郎の五名
十一月二十七日
高村不二義、平山久雄、三橋一郎三人で甲府県庁に出張し、環境保全課の係に組合施設建設について自然公園法に基づく許認可について指導を受けに行く
同行した設計会社はレーモンド佐藤建築事務所の渡辺設計課長野口係の二名。県北富士演習場対策室菊島室長、清水補佐、赤池主査立会する。古名屋別館で夕食する

十一月三十日　第八回公判
午前十時より甲府地裁第一号法廷で、平成三年（ワ）第一七五号共有持分権確認請求事件の口頭弁論公判が開廷される。次回開廷日　五年一月十八日
本日裁判傍聴者
高村不二義、中村永吉、平山久雄、三橋一郎、高村若友、椙浦貞良、高村省一、高村勇雄、高村朝三、羽田祐雄、羽田春良、柘植光男、高村友造
十二月一日
午前十時三十分より甲府地裁都留支部で開廷された。大森寿志と大森照元の裁判の証人として高村不二義組合長出廷する
同行者　平山久雄、中村永吉、高村若友の三人
十二月四日
管理組合関係施設建設設計のため、レーモンド設計事務所佐藤代表取締役他二人、組合長宅を訪れ、三橋一郎監事立会で話し合う
十二月十五日
組合長宅レーモンド社と管理組合関係施設建築設計について打合せ。高村不二義、中村永吉、平山久雄、大森清光、三橋一郎、レーモンド社より取締役部長、課長来る
十二月十七日
現地測量と地質調査打合せ

午後三時より参集殿で神社と組合の合同役員会を開催する
出席者
組合側
高村不二義、高村徳治、大森清光、羽田輝次、高村若友、坂本久光、高村一朝、椙浦貞良、高村茂、高村省一、高村勇雄、高村朝三、槌屋義明、中村永吉、平山久雄、三橋一郎
神社側
坂本任邦、羽田祐雄、高村留男、高村友造、羽田諏訪男、柘植光男、羽田春良、小林太一郎、坂本也、槌屋勝三
第一号議案
諏訪神社社務所建築について
十二月二十四日開催の総寄合までに詳細な設計図、見積書、仕様書を作成し、総寄合に諮れるよう神社役員で準備する
第二号議案
御神木の移植については、植木職人と相談し、決着するようにすること
第三号議案
保育所入口道路の隔切りについては同意する
組合提出議案
第一号議案

神社有地下刈実施について　来る十二月二十四日午前九時より実施する

第二号議案

山中ふれあいセンター（仮称）建設について

設計事務所を選定し打合せ中である。設計の前提となる地質測量と検査を実施するため、測量士と折衝中である

第三　その他

繰越資金配分について　前年度に準じて配分することとする

十二月二十四日

午前九時より浅間神社有地北畠八六五の二山林を管理組合員総員二八五人中六人欠席の二七九人で下刈を実施する

午後二時より山中湖村公民館で管理組合神社の合同総寄合を開催する

議案

1．諏訪神社社務所改築について

計画設計、仕様書、見積書、建築許認可に要する費用等二、〇〇〇万円以内の費用を認められる。工事は来年九月五日の祭典までに完成する予定

2．山中ふれあいセンター建設について

基本設計に入る前に地質調査、敷地調査費許可手続費等に一、五〇〇円位必要となるので、総会の承認を得る

3．越年資金配分について

前年に準じて分配することを承認する

4．その他

会議終了後、午前中実施した下刈出動。賃金として一人当出動者に三〇、〇〇〇円宛分配する

十二月二十八日

午前十一時より参集殿において、去る十二月二十四日の総寄合において決定した年末配分金を各組毎に分配する

管理組合員年末手当配分金受領証

平成四年十二月

組別	組合員数	配分金額（円）	評議員氏名	印
丸尾組	四二	一四、三〇〇、〇〇〇	椙浦貞良	
諏訪組	二六	九、五〇〇、〇〇〇	高村徳治	
第一組	三三	一三、二〇〇、〇〇〇	高村次朗	
第二組	二七	一二、六〇〇、〇〇〇	高村　茂	
第三組	二六	一二、五〇〇、〇〇〇	高村省一	
第四組	四一	一八、〇〇〇、〇〇〇	高村勇雄	
第五組	六二	二四、九〇〇、〇〇〇	高村朝三	
二の橋組	二八	九、九〇〇、〇〇〇	槌屋義明	

合計　　二八五　一一四、九〇〇、〇〇〇

一九九三年

平成五年一月

一月十八日　第九回公判

午後一時三十分より甲府地裁で平成二年（ロ）第一七五号持分権確認請求事件の準備手続裁判が開かれた

原告及び同代理人は、本県神社有地は、私達祖先の血の出る思いをして金二〇円を拠出した旧戸の共有地である。被告の組合と神社及び代理人は、本県土地は、旧訴昭和三十九年（ワ）第一三九号事件における判決どおり、山中部落の総有に帰属する入会地である

両主張が基本的に相違があるので、引続き公判によって争うことになる

次回開廷日は平成五年三月十五日午前十時三十分より

本日の傍聴者

高村不二義、高村徳治、大森清光、羽田輝次、高村若友、高村朝三、中村永吉、平山久雄、大森寛市、三橋一郎、羽田祐雄、羽田春良、高村留男、柘植光雄

一月二十五日

午後三時より参集殿において、管理組合関連施設ふれあいセンターの建設に伴う地質調査、測量、設計、管理費等についてレーモンド社とパシフィックコンサルタントの見積書を検討する

出席者
　高村不二義、中村永吉、平山久雄、三橋一郎、大森清光　以上五人の専門委員
午後四時より、引続き諏訪神社社務所建築について協議する
出席者
　高村不二義、高村徳治、大森清光、羽田輝次、高村若友、坂本久光、高村一朝、椙浦貞良、高村茂、高村勇雄、中村永吉、平山久雄、三橋一郎、坂本任邦、羽田祐雄、高村留男、高村友造、柘植光男、
　羽田春良、槌屋勝三
建築委員の構成を次のとおり決定する
神社役員、管理組合の役員、山中区の役員全員とする
常任委員は次のとおり選任する
神社役員　十名。組合より次の五名
高村不二義、大森清光、中村永吉、平山久雄、三橋一郎
山中区より区長　高村茂　以上十六名
一月二十七日
午後四時より参集殿において、諏訪神社社務所建築委員会常任委員会を開催する
社務所建築についての手順を協議する。神社役員が計画した設計平面図に従って設計を進め、施主についてに建築業者三社位を指名し、競争入札に付すこととする
社務所建設に伴う、立木の移植、既設の社務所の移転については、地主土木業者を指名し、神社役員

の責任で実施することを確認する
一月三十一日
午後七時より参集殿において、新加入資格審査委員会をひらき、新加入作業の進め方について最終的な協議をする
出席者
　高村不二義、高村徳治、大森清光、羽田輝次、坂本久光、高村若友、高村一朝、中村永吉、平山久雄
高村徳治委員長と組合長が挨拶後協議に入る
昨年五月二十六日の審議会の答申書と同年六月五日の新加入者を承認するにあたっての動議提案の趣旨を尊重して、新加入作業を進めるについて、既得所有権利者の意見を聞く会を開催したらどうかとの意見が多数あったので、来る二月七日に役員会を開いてその旨を諮り、役員会の議を経て、新加入者を承認するについて既得所有権利者の意見を聴く会を開くこととする
二月二日
午後三時より参集殿において、諏訪神社社務所建設に伴う既設社務所と神木移転の工事について、建築常任委員が集まって入札を行う
工事費一〇、二六〇、〇〇〇円で、渡辺建設が入札し、落札する。組合から永吉、一郎、清光立合う
二月七日
午後七時より参集殿において、組合役員会を開催する

出席役員
高村不二義、高村徳治、大森清光、羽田輝次、高村若友、坂本久光、羽田明春、高村省一、高村朝三、槌屋義明、中村永吉、平山久雄、三橋一郎

議案

所有権利者新加入について

組合長から新加入の資格申請の平成二年三月から現在まで三年間に亘り資格審査を行ない三二〇名の申請者の中から二三〇名の適格者が決定したが、新加を認めるについて二十数回に及ぶ会議を開いても役員の中に規約改正して権利者間に相当の格差をつけるべきであるという意見と規約では加入は平等であると定めている。加入を認めてから新加入者を含め、格差問題は考えればよいではないかとの両論があって平行線である。現役員の任期切れになるまでに一つの方向で結論を出したい

既得所有権者も新規加入を認めてもらう役員もお互いに譲歩して、新加入問題を円満に決着したい旨提案理由を述べて会議に入る

役員の発言は両論に分れ激論となり、事態の収拾ができず、新加入問題は役員の任期中に解決することはできないので、組合長より打切って、次の執行部に引継ぐこととしたい旨を述べ、閉会を宣す

某評議員の発言

規約改正の総寄合で所有権利者の新加入は認められている。格差をつけるために規約改正はでき

ない。若しもそれを強行すると、村は大混乱になる

某理事の発言

所有権利者として新加入を認めるについては権利者間に格差をつけるべきである。権利の平等を定めた現行規約は廃棄すべきである

神社有地には我々の所有権が存在しており、入会権に基づく平等の権利主張は認められない

俺は所有権利の新加入は絶対反対である旨を叫んで退場した

二月十一日

山中ふれあいセンター建築に伴う設計事務所の選定について協議する

午後七時参集殿　出席者次のとおり

高村不二義、大森清光、中村永吉、平山久雄、三橋一郎

レーモンド社の責任者に二月五日のでの都合のよいときに来てもらい説明を受けることとする

二月十二日

午後一時より、高村不二義、平山久雄、三橋一郎の三人で富士吉田市に在るブレーズ設計㈱、第一測量㈱、日本郡市設計㈱を訪問し、組合施設（ふれあいセンター）の設計に伴う、敷地の平面高低測量、地質調査等についての見積を依頼し帰る

夜る七時より参集殿において、諏訪神社の社務所建築について、常任委員会を開催す

審議の結果

建物の基本計画図は前の委員会で承認した規模で実施する。神社仏閣の工事に経験のある業者を選

び、設計、施工を一貫して負かせる。業者は丸勝工務店、石川工務店、清水建設の三社とするも、清水建設の場合、加工場はどこになるのか、下請に出す場合、近辺の業者を使う場合は指名から外す

二月十五日午後一時より参集殿で、工事の概要について説明する。氏子総代からあらかじめ三社に連絡する

二月二十日午後一時参集殿で入札する。入札は見積り合せにより行う。引続き常任委員会を開く。午後七時より建築委員会と合同役員会を開き、三月二日総寄合を開催する

二月十五日

午後一時より参集殿で、諏訪神社社務所建設に伴う指名業者三社に説明のため、常任委員会を開催

参加業者　石川工務店、丸勝工務店、清水建設

計画図面と仕様書に基づき説明する。業者は二月二十日までに見積をして、午後一時までに参集殿に集まり見積り合せをして、指名業者を選定する

選定を受けた業者を落札予定者と認め、来る三月二日開催予定の総寄合に諮り承認を受ける

午後三時より山中ふれあいセンターの設計監理について、代表者会議を開く

高村不二義、大森清光、三橋一郎、平山久雄、中村永吉

パシフィックコンサルタントの岩崎部長、丹沢設計士来村

建築設計監理費　二八、九八〇、〇〇〇円

消費税　＋　八六九、四〇〇円

外注　　　　　　　　　　　　　二九、八四九、四〇〇円
測量許可申請、地質調査　　　九、五八〇、〇〇〇円
　　　　　　　　　　　計　　三九、四二九、四〇〇円

レーモンド社
建築設計監理費　　　　　　　二二、五五四、〇〇〇円
レーモンド社細部交渉することとする

レーモンド社の設計監理業務見積（最終）
1．設計監理料
　工事費　五〇七坪×一、〇〇〇千円　＝　五〇七、〇〇〇、〇〇〇円
　外構　　　　　　　　　　　　　　　　　三〇、〇〇〇、〇〇〇円
　　　　　　　　　　　　　小計　　　　五三七、〇〇〇、〇〇〇円
設計料　四・二％（正規料率　六・七七五％の約三割八分引）
五三七、〇〇〇、〇〇〇円×四・二％　＝　二二、五五四、〇〇〇円
　　　　　　　　　　　　改め　　　　　二二、五〇〇、〇〇〇円

消費税　六七五、〇〇〇円
合計　一三、一七五、〇〇〇円

2. コンサルタント業務料
1) 測量費等（税込）　六、九〇一、〇〇〇円
2) 地質調査費等（税込）　一、九〇〇、〇〇〇円
3) 設計業務費（税込）　二、〇六〇、〇〇〇円
合計　一〇、八六一、〇〇〇円

二月二十日
午後一時より参集殿において、諏訪神社社務所建築について常任委員会を開き、清水建設、丸勝工務店、石川公務店の三社により見積合せを行う
丸勝工務店　一一五、〇〇〇、〇〇〇円
石川工務店　九四、五二〇、〇〇〇円
清水建設　八八、〇〇〇、〇〇〇円
見積額最高と最低の差　二七、〇〇〇、〇〇〇円
清水建設の見積額と建築常任委員会の予定価格との差　二五、〇〇〇、〇〇〇円なので折衝した結果、清水建設が見積価格から一〇、〇〇〇、〇〇〇円値引きして、七八、〇〇〇、〇〇〇円を提示したが、常任委員会の予定価格六三、〇〇〇、〇〇〇円へ五、〇〇〇、〇〇〇円増額して六八、〇〇〇、〇〇〇円にしてもなお一〇、〇〇〇、〇〇〇円の開きがあるので、清水建設に持ち

寄って週あけの二十三日頃再度折衝することで別れる

二月二十日

夜る七時より参集殿において、組合と神社及び社務所建築委員会を開催する

出席

組合側役員　　　　名

神社側役員　　　　名

山中区役員　　　　名

議案

1. 諏訪神社社務所建築について

氏子総代長より、現在までの経緯と業者三社による見積に合せの結果と最低価格の見積をした業者と折衝中であることを報告、最終的には常任委員に一任することを了承する

2. 山中ふれあいセンター建設について

組合長より、建築に伴う事前指導を山梨県と環境庁出先機関から受け、建設予定地の一〇、〇〇〇平米の測量、地質調査設計業務を担当する業者三社からの見積を受け、受渡しをする会社の検討、又建物建築の設計監理業者二社より、見積を受け、最低価格で見積書を提出した業者と折衝して、測量地質調査、設計監理のそれぞれの業者と契約をして、我々の役員任期の本年三月三十一日まで最善を尽し次期執行部に事業を引継ぎたい旨報告し、一同組合長の説明を了承する

3．その他

山中区提案の氷止栈橋の美化について説明あり

工事見積　約四、〇〇〇、〇〇〇円のうち、山中湖村より二、〇〇〇、〇〇〇円負担するので残りを補填してもらいたい旨説明し、業者と折衝してなるべく値引してもらうことで了承。補正予算も現区長の任期間に処置できるよう配慮することで、早速実行に移ることとする

二月二十四日

午後四時社務所建築について落札者清水建設玉木所長、椙浦友明、組合長宅に来て祐雄、宮司立会で請負金額の詰めをする。清水建設の再々度提示額工事金七、六〇〇万円であったが、未だ予定価格に達しないので、明日参集殿で常任委員を集め検討することとする

二月二十五日

午後四時組合長宅で諏訪神社社務所の工事請負契約について清水建設の玉木所長、椙浦友明と組合長、平山で話し合う。工事金について清水建設の見積額と神社組合側の予定価格に相当の開きがあり、此れを先づ近づけることの折衝を行う

二月二十四日清水の工事請負金額の提示額は七、六〇〇万円で、神社組合の最終予定額として提示した額が七、二〇〇万円で、その差額四〇〇万円なので、双方譲歩して七、四〇〇円で折合いがつき工事請渡しの予約をする

夜る参集殿で建築常任委員会を開いて、清水建設との交渉経過を報告し、報告どおり承認する

引続き建築費承認を求める総寄合の開催の日時、場所、提出議案について協議し、次のとおり決める

総寄合開催日時　平成五年三月四日午後二時
総寄合開催場所　山中湖村公民館
提出議案
第一号　諏訪神社社務所建築費並びに工事契約承認について
第二号　山中ふれあいセンター建設に伴う設計監理業務費並びに同業務契約締結承認について
第三号　山中区氷止栈橋補修工事費について
一号議案工事費　八、〇〇〇万円
二号議案業務費　二、五〇〇万円
三号議案工事費　二〇〇万円
計　一〇、七〇〇万円　単位　千万円

三月四日
午後二時より山中湖村公民館において、組合神社の主催による合同総寄合を開催する
出席者　実人員　名　常任出席者　名
合計
議案
一号　諏訪神社社務所建築費並びに工事契約締結承認について
工事請負金　七、四〇〇万円
諸経費　六〇〇万円　八、〇〇〇万円

工事請負人　　清水建設

原案どおり承認決定する

二号　山中ふれあいセンター（仮称）設計監理費並びに設計監理業務契約締結承認について

設計会社　次の二社を指名　設計監理業務について見積をとる

レーモンド設計　　　　　二八、五四〇、〇〇〇円

パシフィックコンサル　　二九、〇四二、〇〇〇円

最低額で見積ったレーモンド社と折衝した。レーモンド社の最終額　二三、一七五、〇〇〇円なので、レーモンド設計と業務契約するについて、契約金　二五、〇〇〇、〇〇〇円の承認と契約承認について、原案どおり承認決定する

三号　山中区氷止桟橋補修費承認について

既設氷止桟橋が老朽し、観光地としての環境破壊になるので、これを修理するに四、一一九、〇〇〇円で業者から見積りがあった。その内二、〇〇〇、〇〇〇円山中湖村が補助する旨内示があったので、残二、〇〇〇、〇〇〇円の予算措置を一同に諮り、一同承認決定する

四号　その他

1．保育所の進入路の幅員を広げることが役場より申し入れがあったときは、神社と組合の役員会に一任願いたい旨宮司より説明、了承

2．組合役員む選挙が執行される年なので、来る三月十九日に選挙を行うことを一同了承

3．東富士五湖道路北東側神社有地個人有地所七八ヘクタールの除外問題について、次のとおり

説明する

上記土地は演習場から除外地として昭和五十八年三月三十日選定した。地元の除外条件が整った時点で除外に応ずることになっている。それは除外予定地を国立公園第二種の規制を解除すること。除外地の開発事業について県は協力すること。

除外地の有効利用のため、弾着地を第二弾着地に移すこと

以上の条件が揃ったとき、除外に応ずるよう県と防衛施設庁に申し入れてある

三月八日

午前九時三十分より参集殿において、諏訪神社社務所建築工事請負契約を締結する

工事価格金　　七四、〇〇〇、〇〇〇円

消費税　　　　　二、〇〇〇、〇〇〇円

計　　　　　　七六、二二〇、〇〇〇円

契約立会者　　建築常任委員

引続き、高村不二義組合長宅で山中ふれあいセンター（仮称）の設計業務委託契約を組合とレーモンド設計事務所と締結する

立会者　高村不二義、平山久雄、三橋一郎

設計監理費　　二二、三三〇、〇九八円

消費税　　　　　　六六九、九〇二円

計　　　　　　二三、〇〇〇、〇〇〇円

設計監理業務を担当するレーモンド社と敷地測量と土地地質調査を担当する第一測量と業務の打合せを行う

三月九日

第一測量株式会社　藤本代表取締役　管理組合施設ふれあいセンター建設予定地の敷地測量及土質調査業務委託契約締結する

本件業務委託報酬金　五、八八〇、〇〇〇円

三月十一日

午前十時より神社有地北畠八六五の二山林に建設を予定している山中ふれあいセンターの敷地の下見をする。立会者　高村不二義、平山久雄、三橋一郎、高村若友の四人

予定地へビニールテープを張る

三月十二日

第一測量　藤本代表、組合施設建設用地測量のための下見に来村し、平山久雄氏案内する

三月十五日

午前十時三十分より甲府地裁で、平成三年（ワ）第一七五号共有権確認裁判開廷

傍聴者

高村不二義、平山久雄、高村徳治、高村茂、大森清光、椙浦貞良、高村若友、羽田輝次、三橋一郎、高村勇雄、高村朝三、坂本久光、高村次朗、羽田祐雄、羽田春良

原告代理人の主張

川島鑑定では、共有権を認めている総有権でない
裁判官
川島鑑定では共有権は認めていない総有権であると鑑定している　次回には原被告の本人尋問をする。次回は五月十七日午前十時三十分
三月十六日
午後三時、管理組合の理事立候補のうち、大森清光氏退候し無投票が確定する
当選者
高村不二義、高村徳治、羽田輝次、羽田隆司、高村恒行、高村省一、坂本久光、高村一朝
三月十八日
午後五時　管理組合の評議員立候補〆切り、各組無投票当選が確定する
当選者
椙浦貞良、羽田明春、高村次朗、高村茂、高村勇雄、椙浦是光、高村朝三、槌屋義明
三月二十二日
午後三時より虎ノ門法律事務所で、神社有地共有権をめぐる裁判の被告組合の代理人　大野弁護士が最高裁判事となるため、後人に同事務所の広田富男弁護士に継承するため、高村不二義、平山久雄出向、大野、広田弁護士打合せをする
三月二十六日
午後四時より参集殿において、管理組合役員会を開催する

出席者
高村不二義、高村徳治、大森清光、羽田輝次、高村若友、坂本久光、高村一朝、椙浦貞良、高村次朗、高村茂、高村勇雄、高村朝三、槌屋義明、中村永吉、大森寛市、三橋一郎、高村省一
議案
1．山中ふれあいセンター（仮称）建設に伴う周辺測量地質調査、設計監理契約の経過報告
2．平成五年三月十九日執行の評議員、理事選挙の管理者及立会人の報告について
管理者に高村寿雄氏、立会人に高村文七氏、高村虎三、高村若友
3．建築委員の選任及び委嘱について
管理組合、神社、山中区の役員全員を建築委員とする
四月一日発効新役員も建築委員とすること
以上のことを確認し、会議を終了
会議終了後、軍人で三月三十一日をもって役員を退職する人達の送別会を兼ね役員全員の慰労会を行う
四月一日
午後二時より、高村不二義組合長宅において、平成四年度の管理組合一般会計、神社特別会計、入会権擁護費の監査を行う
立会者　高村不二義組合長、平山久雄会計　監査員大森寛市、三橋一郎
四月四日

午後七時より参集殿において、去る三月十九日執行の理事及び評議員に無投票当選者に当選証書授与式を行う
　選挙管理者　高村寿雄
　選挙立会人　高村文七、高村虎三、高村若友
役員出席者
　高村徳治、高村恒行、高村省一、羽田輝次、高村不二義、坂本久光、椙浦貞良、高村次朗、高村茂、椙浦是光、羽田明春、高村勇雄、高村朝三
四月十八日
午後三時より参集殿において、特別会計の監査を執行する
出席者
　高村不二義、坂本任邦、羽田祐雄、平山久雄、大森寛市、三橋一郎、栢植光雄、小林太一郎、高村仁
監査終了後、高村不二義、羽田祐雄、高村仁、平山久雄、小林太一郎五人でさんさいで夕食する
四月十九日
午後七時より参集殿で幹事　中村永吉招集で管理組合の新役員会を開き、組合長副組合長の選任について協議する
出席者
　高村不二義、高村徳治、羽田輝次、高村省一、羽田隆司、坂本久光、高村一朝、椙浦貞良、羽田明

春、高村茂、椙浦是光、高村勇雄、高村朝三、槌屋義明
欠席者
高村恒行、高村次朗
組合長　職務代行　幹事　中村永吉座長となり会議を開会する
1．正副組合長の選任について
組合長に高村不二義を万場一致選任する。引続き副組合長の選任を組合長と選考委員　高村徳治、羽田輝次、坂本久光と高村朝三、高村茂の六名で選考する
副組合長に高村省一を選考し、一同に諮り万場一致承認する
庶務幹事に中村永吉、会計幹事に平山久雄を選任する
監査、相談役の選任については執行部に一任する

四月二十六日
午前十一時、広田弁護士来村した。高村不二義、高村省一、中村永吉、平山久雄で神社有地を案内し、坂本佐内との訴訟について資料を渡す
午後二時より、忍野富士急ホテルで江橋弁護士、広田弁護士による坂本佐内を相手とする裁判について打合せ会をする
打合せ会に出席した役員下記のとおり
高村不二義、高村省一、高村徳治、羽田輝次、高村恒行、羽田隆司、坂本久光、高村一朝、椙浦貞良、大森清光、高村茂、椙浦是光、高村勇雄、高村朝三、槌屋義明、中村永吉、平山久雄、大森寛市

打合せ会終了後、同ホテルで両弁護士を囲んで懇親を兼ね、夕食会をする

四月二十七日

ふれあいセンター建設予定地の確認と、演習場の火入れで類焼を受けた神社有地の下見を行う。被害面積約十五町歩

出席者

高村不二義、高村省一、大森清光、平山久雄、坂本久光、高村茂、高村朝三、高村勇雄、高村恒行、高村次朗、中村永吉

五月十七日　第十一回公判

午前十時三十分より甲府地裁で、平成三年（ワ）第一七五号事件佐内裁判で、佐内の証人尋問が行われる

佐内の主張

神社有地は大正六年十二月十九日二十円拠出して払下げを受けた人達子孫の共同所有地である

佐内は山中五五番地に居住しており、大阪へは出稼ぎで出張している。出張している間の代行は大森虎三が果している。したがって神社有地の権利者である。次回開廷日　八月二日

傍聴者

高村不二義、大森寛市、大森清光、平山久雄、中村永吉、三橋一郎、高村省一、高村徳治、羽田輝次、高村茂、高村恒行、高村次朗、高村朝三、羽田隆司、羽田祐雄、高村友造、坂本久光、高村勇雄、高村若友

五月十八日
午後七時より参集殿において、神社総代と官の組合役員の合同会議を開催する
出席者
高村不二義、高村省一、高村徳治、羽田輝次、高村恒行、羽田隆司、坂本久光、高村一朝、羽田明春、高村朝三、中村永吉、平山久雄、高村若友、三橋一郎、大森寛市、大森清光、羽田祐雄、高村留男、高村友造、高村茂
議案
1. 平成四年度神社有財産特別会計事業報告並びに決算承認について
2. その他
一号議案は原案どおり証人決定する
二号議案、その他で旭丘第七分団消防分団よりの消防活動費助成の請願書については応じられない旨文書をもって回答することとする

五月十九日
組合員の福利厚生事業とし、温泉保養所の利用契約を結ぶため、ホテルサムソン箱根、山中湖伊豆高原の支配人三人組合長を訪れ、組合から組合長、副組合長、相談役、幹事六人出席して話し合い、昨年の契約条件内容で契約締結できるよう上司の了承を得る。そして改めて契約締結することを確認して分れる

五月二十五日

午後七時三十分より参集殿で、神社側から坂本任邦、羽田祐雄、高村留男、組合側から高村不二義、平山久雄、中村永吉、山中区より坂本弥、羽田金祝の代表が集まり、平成五年度の特別家計と各組織の一般会計予算編成の骨格について協議したが、神社側の社務所の継続事業費の残金五、五〇〇万円の他に事業費二、三〇〇万円の予算要求があったので、本年度は社務所工事費の残金五、五〇〇万円で止めるよう再検討することとする。

五月二十八日

午後七時三十分より参集殿で五月二十五日の代表者会議に引続き予算会議を行う

神社側より　坂本任邦、羽田祐雄、柘植光男

組合側より　高村省一、中村永吉

山中区より　坂本弥、羽田金祝

本日の会議に高村不二義、平山久雄は都合により欠席する。各組織よりの予算額修正して提出があった

一般会計予算

	平成四年度	平成五年度	修正後の額	
神　社	四三、九六〇、〇〇〇五〇	一八〇、〇〇〇	四〇、一七〇、〇〇〇	三・七九万
組　合	三七、三九二、〇四九三四	一八八、六〇七	三一、六八八、六〇七	五・七〇万
山中区	二二、七五〇、〇〇〇二四	五〇〇、〇〇〇	二一、八八〇、〇〇〇	八七万

六月二十日

午後七時三十分より参集殿で組合役員会を開催する

出席者

高村不二義、高村省一、高村徳治、羽田輝次、高村恒行、羽田隆司、坂本久光、椙浦貞良、羽田明春、高村茂、高村朝三、中村永吉、平山久雄、高村若友、三橋一郎、大森寛市、大森清光　以上十七名

協議の内容

組合長より

本年度予算編成にあたっては、前年度繰越金七、一四九、五六一円と演習地提供貸地料四六二、四三二、一三六円で処理することとし、演習場に貸してある神社有地が、何日返還されるが解らないので、なるべく現在定期預金は解約しないで基本財産として保管したい

本年度の事業費の支出が予定されている神社社務所建設工事費五五、〇〇〇、〇〇〇円、ふれあいセンター建設工事関係費の二分の一（二ヶ年継続事業として実施）約三〇〇、〇〇〇、〇〇〇円等出費が嵩むので、各組織の一般会計予算の中で更に圧縮できるものは縮小して予算編成したい。しかし神社側が一四、〇七〇、〇〇〇円（トイレ　八四〇万、看板　五六万、上下水道　二〇一万、王垣三一〇万）を予算に計上するよう強く要請している

ふれあいセンターは、小学生から老人にいたるまで幅広く各種団体が使用できる施設であるから、これを優先して本年度は予算を組みたい

協議の結果、神社有財産の実質所有権者である組合としては組合長の説明どおり予算編成することとし、その旨を神社及び区に申し入れることで意見一致を見る。尚多くの役員から次のような意見

がでた
現在浅間神社有財産は最高裁判法（註、判決）を遵守し、神社と組合の共同管理することになっているが、これはあくまで暫定的な措置であって、共同で管理することは将来紛争が起きる恐れがあるので、実質所有者である組合を法人登記して財産を移すべきである。弁護士とも相談して善処することとした

六月二十一日
恩賜林組合より組合長、助役、総務部長、演対課長の四名、高村組合長宅を訪れ、去る四月二十五日に恩賜林組合と旧一一か村入会組合が主体となって実施した演習場内国有入会地の火入れの際、折からの突風で場外である周辺に延焼し、浅間神社有地北畠の山林にも飛火したため、大変迷惑をかけたことを陳謝し、見舞金として￥一〇〇、〇〇〇円届ける。組合長これを受取り、会計平山久雄に渡す
午後一時三十分より参集殿で、組合より高村不二義、高村省一、中村永吉、平山久雄、浅間神社より坂本任邦、羽田祐雄、羽田春良、高村留男が出席し、平成五年度の予算編成について協議したが、組合側と神社側の意見が合わず、お互いに役員会へ持帰って再度協議することとする

六月二十四日
神社氏子総代　羽田祐雄、高村留男、柘植光男三人　平成五年度神社の事業費の件で組合長　高村不二義宅を訪れ、玉垣工事費三、一〇〇、〇〇〇円と宣伝費九十万円を削減するので予算編成してほしいと申し入れた
組合長より、本年はふれあいセンターと社務所建設費三五五、〇〇〇、〇〇〇円で新たな事業費として

神社が計画した一四、〇七〇、〇〇〇円は削減してほしい。神社の申し入れは役員に伝えることを約す

六月二十七日

夜る組合長宅で去る六月二十四日神社から申し入れのあった事業費について、その取扱いを話し合うため、平山久雄、中村永吉、大森清光で協議する

協議の結果

去る六月二十日の役員会で一任をうけたのであるが、神社が便所と上下水道と看板の工事費一〇、九一〇、〇〇〇円を本年度予算に計上してほしい旨強い要請をうけたので、これを執行部だけで拒否すれば問題があるので、近く役員会を開いて報告し対応することとする

七月一日

午後七時三十分より参集殿で役員会を開催する

出席者

高村不二義、高村省一、羽田輝次、高村恒行、坂本久光、椙浦貞良、羽田明春、高村茂、槌屋義明、高村勇雄、高村朝三、中村永吉、平山久雄、大森寛市、大森清光、高村若友、三橋一郎

組合長　挨拶を兼ねて会議招集の趣旨説明を行う。去る六月二十日役員会で執行部に条件付一任をうけた本年度予算編成にあたり、神社が強引に事業費を認めるよう主張している旨報告し、一同の意見を聴取する。一同去る六月二〇日の会議で神社側の主張する事業費のうち、上下水道接続費の必要は認められるがその他の事業予算は削減するよう再度総代に回答すること、それに神社側が応じないときには予算総会を招集することはできないが、必要な予算については前年度踏襲して暫定的に専決処

分を執行することとする
七月六日
午後七時より管理組合より高村不二義組合長他、高村省一、中村永吉、大森寛市、大森清光、三橋一郎、神社より羽田祐雄、高村留男、柘植光雄が出席し、平成五年度の特別会計予算の支出の部で神社一般会計と組合一般会計と山中区一般会計に繰出す金額について協議し、大筋で合意した。これに基づき、来る七月十一日夜合同役員会を開いて承認を受け、来る七月二十一日総寄合を開催することを確認する
七月十一日
午後三時より参集殿において、組合役員と氏子総代が集まり、江橋、広田弁護士との間で来る八月二日行われる佐内裁判原告本人尋問について打合せを行う
出席者
　高村不二義、高村省一、高村徳治、羽田輝次、高村恒行、坂本久光、高村一朝、高村茂、高村勇雄、高村朝三、中村永吉、平山久雄、高村若友、三橋一郎、大森寛市、大森清光、羽田祐雄、高村留男、高村友造、羽田諏訪光、柘植光男、槌屋勝三
打合せ後、両先生は、リゾートホテルに一泊する
七月十一日
夜る七時三十分より参集殿において、神社、組合、区の合同役員会を開く
出席者

高村不二義、高村省一、高村徳治、羽田輝次、高村恒行、坂本久光、高村一朝、高村茂、高村勇雄、高村朝三、槌屋義明、中村永吉、平山久雄、三橋一郎、高村若友、大森寛市、大森清光、高村留男、羽田諏訪光、柘植光男、羽田祐雄、小林太一郎、槌屋勝三、坂本弥、羽田春良、高村明雄、槌屋行男、羽田稔、羽田幸輔、羽田金祝、槌屋公典、渡辺勤

議案

1. 平成五年度、神社、組合、山中区一般会計収支予算及び神社有財産特別会計予算認定について

2. その他

イ、総寄合開催日時、場所決定について

一号議案はそれぞれ原案どおり認定する

二号議案　総寄合開催日時、場所については、次のとおり決定する

イ、日時　平成五年七月二十一日（水）午後二時

ロ、場所　山中湖村公民館七月二十日

広田弁護士より、次のとおり電話連絡あり

1. 坂本佐内の所有地を確認できるよう役場名寄帳のコピーをとってもらいたい

2. 昭和五十二年十一月二十五日組合規約制定の総寄合の通知を佐内に出したか、通知したか、出席しなかった

3. 坂本佐内は大阪に出るとき転出の届出をしたか。届出はしていない。

4. 諸役伝馬を代人と定めてしていたか

代人は定めていないし、諸役伝馬の義務を果たしていない。神社有地の下刈を四十一年から五十年までの間十六日実施したが、佐内の代人として二日間参加している

5．渡辺正保裁判の鑑定書の添付書類の名義は川島武宜先生が作成したもので、その名簿に赤字で転出失権と書いたのは、大野先生の指示で組合長が記入したものである

以上のとおり報告する

七月二十一日

午後二時より山中湖村公民館において、平成五年度定時総寄合を開催する

出席者数　本人出席　　名

委任出席　　名　　計

1．議事

一号議案　平成四年度特別会計、一般会計決算承認、事業報告について

二号議案　平成五年度　一般会計、特別会計予算認定について

三号議案　組合規約十八条に基く監査員の承認の件

その他　平成五年七月二十八日午前十時より午後三時までの間、参集殿で温泉利用券と老人福祉会の配布を行うこと

総寄合終了後、シーホースで夕食会二〇名

七月二十八日

午前十時より参集殿において、組合員に対し一人四枚の温泉利用券を配布する。又組合員の家族で、

七十才以上の老人（但し一戸一人に限る）に老人福祉金一人十万円づつ配布する
立会の役員は、次のとおり
　高村不二義、高村省一、高村徳治、羽田輝次、高村恒行、羽田隆司、坂本久光、高村一朝、高村茂、椙浦是光、高村勇雄、高村朝三、槌屋義明、中村永吉、平山久雄、高村若友、三橋一郎、大森寛市
尚本年度予算に従い、山中区、組合、神社の一般会計へそれぞれ繰出金を支払うとともに、各種団体への補助金を支払う
八月二日　第十二回公判
午前十時三十分より甲府地裁で、平成三年（ワ）第一七五号共有持分権確認等請求事件公判開廷、原告坂本佐内の証人尋問が行われる
弁護士　江橋英五郎、同広田富男
傍聴者
　高村不二義、高村徳治、大森寛市、高村朝三、高村恒行、三橋一郎、大森清光、高村一朝、中村永吉、平山久雄、高村若友、高村留男、羽田祐雄、高村省一、羽田春良、羽田輝次、高村次朗、坂本ひさみつ、高村勇雄
本人尋問は原告代理人の主尋問で終る。甲号証の立証であった
次回は平成五年十月十八日午前十時三十分開廷
八月二十五日（水曜日）
午後七時三十分より参集殿において、役員会を開催する出席者

高村不二義、高村徳治、高村恒行、坂本久光、高村一朝、椙浦貞良、高村次朗、高村茂、高村勇雄、高村朝三、中村永吉、平山久雄、高村若友、三橋一郎、大森寛市　以上十五名出席

議案

山中ふれあいセンター建設経過の報告について、組合長の挨拶に引続き次のとおり説明する

設計監理業務を担当するレーモンド社と測量と地質調査を担当する第一測量から、開発行為の施工等の同意書及び土石採取行為に対する同意書が必要とのことで、所有名義人である宮司にその旨をお願いしたが、神社庁の許可申請と建物が出来上ったときの固定資産税等の関係があるので、江橋弁護士に相談してからとのことであった

江橋弁護士が八月十日役場で宮司と責任役員五名に同意するよう勧奨した。近いうちに氏子総代会を開いて協議するとのことであったが、一向に進展しない。出願書類がスムーズに通らなければ建築は遅れる一方である

如何様な措置をしたらよいか、役員の意見を伺いたい

高村徳治

ふれあいセンターの建設についての経過報告があったが、これだけの大事業をするに役員会も開かないで執行部だけで進めていることは役員無視である。氏子総代の二、三の人達の意見を聞いたが、建築について一度も話しをきいていない。今に組合が困れば氏子総代に相談があるだろうが協力出来ないといっている。設計監理契約も誰がしているか、業者の説明も一度もない。独りでできたやって見ろ

以上の発言あり

組合長

ふれあいセンター建設については、昨年の総寄合で決議され、建物の規模、内容について清水、鹿島建設の模型による説明をうけながら、設計者の計画図の構想をパシフィックとレーモンド設計事務所から参考的に聞く一方、組合独自案も樹立し、役員会を開いて変更修正を加えながら最終的の平面図を決定し、パシフィックコンサルタント設計事務所氏レーモンド設計事務所に設計監理業務の見積り合せを行ない、見積額底額のレーモンド社と契約するについて役員会の承認を得て、業務契約をして基本設計、実施設計している

執行部だけの独断専行はあり得ない

以上のやりとりの意見交換があった

十月十八日　第十三回公判

午前十時三十分より、甲府地裁第一民事部で坂本佐内原告、組合と神社被告の神社有地の共有持分権主張の裁判が開廷されたが、高村不二義は欠席する

傍聴者

椙浦貞良、高村徳治、高村一朝、大森寛市、高村次朗、高村恒行、羽田輝次、槌屋義明、高村朝二、高村若友、平山久雄、坂本久光、高村勇雄、中村永吉、羽田春良、羽田祐雄、高村留男、羽田諏訪光

坂本佐内の尋問

1．高村勇雄と高村良光の住宅が取り壊されたまま山中に住んでいないが、所有権利者扱いになっている

2．高村三枝、乙黒久雄、関野十郎が同一地番で権利者になっている

広田弁護士の反対尋問が行われたが、次回に延期する。次回開廷日　平成五年十二月六日午前十時三十分より

十一月十六日

東京虎ノ門法律事務所において、江橋、広田弁護士と、佐内裁判の原告証人に対する反対尋問事項について打合せのため、高村不二義、平山久雄、高村一朝の三人上京する

十二月六日　第十四回公判

午前十時三十分より甲府地裁において、原告坂本佐内、被告管理組合と神社との間の、神社有地の所有権に基づく共有持分権確認等請求裁判が開かれ、原告本人に対する反対尋問が行われた。高村不二義は欠席する

本日の裁判傍聴者

高村省一、高村徳治、羽田輝次、高村恒子行、坂本久光、高村一朝、高村次朗、高村茂、高村勇雄、高村朝三、平山久雄、大森寛市、羽田諏訪光

反対尋問の主な事項

1．佐内の母死亡後、平成元年十二月十一日までの間に第二組の死亡者の葬式への、佐内の会葬上京

2. 前訴　渡辺正保裁判への佐内の参加状況と大野、江橋弁護士を弁護士法違反で懲戒請求した経緯
3. 神社有地に昭和三十五年頃赤松の植栽をしたことについての状況
次回、主尋問の補充尋問二〇分間
次回開廷は、平成六年一月二十四日午後一時三十分

編著者紹介

北條　浩（ほうじょう　ひろし）

東京市神田に生れる。

千葉敬愛短期大学講師。徳川林政史研究所主任研究員、同客員研究員。帝京大学法学部教授、同大学院法学研究科教授、同文学部教授、アメリカ・ヴァージニア州立ジョージメイスン大学客員教授等を歴任。

主要著書

旧慣温泉権史料集（川島武宜監修・北條浩編著、宗文館書店）、城崎温泉史料集（川島武宜監修・北條浩編著、湯島財産区）、集中管理からみた温泉に関する権利の法制的研究（川島武宜氏と共著、厚生省）、河口湖水利権史（慶応書房）、赤倉温泉権史論（楡書房）その他。

上村　正名（かみむら　まさな）

帝京大学文学部教授、東洋大学文学部教授、同大学院教授等を歴任、博士（経済学）。

主要著書

村落生活と習俗・慣習の社会構造（御茶の水書房）、村落社会の史的研究（東京堂出版）その他。

村田　彰（むらた　あきら）

佐賀大学経済学部助教授等を経て、現在、流通経済大学法学部教授、同大学院教授。

主要著書

リーガルスタディ・法学入門（村田彰編著、酒井書店）、債権総論（村田彰編著、成文堂）、現在とガバナンス（村田彰・大塚祚保編著、酒井書店）、温泉法の立法・改正審議資料と研究（北條浩と共編著、御茶の水書房）その他。

入会訴訟《いりあいそしょう》『日誌《にっし》』とその研究《けんきゅう》——山梨県山中湖村《やまなしけんやまなかこむら》・髙村不二義《たかむらふじよし》の日誌《にっし》——

2014年 9月 12日　第1版第1刷発行

編著者　北條　浩
上村　正名
村田　彰

発行者　橋本盛作

発行所　株式会社 御茶の水書房

〒113-0033　東京都文京区本郷 5-30-20
電話　03-5684-0751

DTP　（株）アイ・ハブ

Printed in Japan　印刷・製本／平河工業社（株）

ISBN978-4-275-01072-8　C3021